U0562824

说不尽的胡适

胡适

朱文华 ——

著

上海远东出版社

图书在版编目（CIP）数据

说不尽的胡适 / 朱文华著. —上海：上海远东出版社，2023
ISBN 978 - 7 - 5476 - 1812 - 7

Ⅰ.①说… Ⅱ.①朱… Ⅲ.①胡适（1891—1962）—人物研究 Ⅳ.①K825.4

中国国家版本馆 CIP 数据核字（2023）第 040863 号

责任编辑 李　敏
封面设计 徐羽情

说不尽的胡适

朱文华　著

出　　版　上海远东出版社
　　　　　（201101　上海市闵行区号景路 159 弄 C 座）
发　　行　上海人民出版社发行中心
印　　刷　上海锦佳印刷有限公司
开　　本　890×1240　　1/32
印　　张　9.75
插　　页　1
字　　数　209,000
版　　次　2023 年 4 月第 1 版
印　　次　2023 年 4 月第 1 次印刷
ISBN 978 - 7 - 5476 - 1812 - 7/K·195
定　　价　48.00 元

新 视 界

始于未知　去往浩瀚

代序

我与胡适研究

"胡适研究会"发起征文，希望有关同人以"我与胡适研究"为主题，回顾中国内地的"胡适研究"学科所走过的三十余年来的历程并总结其经验教训。我认为这的确是一项有意义的活动，至少可以为一部丰富而复杂的中国当代学术思想文化史（可惜至今无人对此做全面、深入、系统的研究整理）留下若干史料线索，所以不揣冒昧撰稿如下，期盼同行师友的批评指正。

我是在何种情况下接触胡适思想的

余生也晚，当胡适于 1962 年逝世于台湾的时候，我还是上海的一个小学生（六年级），同年秋升读初中后，因为上"中国历史"课，加上个人的些许课外阅读，才知道中国现代史上有过"胡适"这个人物，但当时对胡适的"认识"只是：胡适虽然倡导过有进步意义的"五四"新文化运动，但后来"变坏"，成为了"反动（共）

文人"。显然,这样的"认识"其实是当时的主流思想灌输影响青年学生思想的一种结果。

说来难以置信,反而是在乱哄哄的"文革"期间,我有了机会意外地接触胡适的思想言论,由此改变了对于胡适的某种认识与理解。

先是在 1968 年间,上海的各大中学校开始搞所谓的"复课闹革命",于是曾被关闭多时的复旦大学图书馆(老楼)的报刊阅览室重新开放了,而我当时作为复旦大学附属中学的学生,佩戴有校徽,又套着"红卫兵"袖章(尽管已经是"逍遥派"了),自然能够很方便地溜进这间阅览室。于是,约在几个月的时间里,我大致通读了馆藏(上架)的 1949 年以来大陆所出版的文学类和社科类的期刊合订本,其中包括一套完整的《新华月报》杂志(50 年代初一度名为《新华半月刊》),由此了解到:1954—1955 年间,中国大陆曾开展过一场"胡适反动思想批判运动";再通过阅读其中所刊登的几篇批判胡适思想的文章,虽然似懂非懂,但本着中国现代知识分子通常是无师自通地采取的"正面文章反面看、反面文章正面看"的原理与方法,于是对"被批判"的胡适的社会政治思想与学术文化观点有了初步的了解,甚至还觉得它们其实是有点道理的,反而是那些批判词句并没有什么说服力。

再是到了 1973 年秋,由于我比当年大量的被迫"上山下乡""插队落户"的同伴们"幸运"一点,居然成为所谓的"工农兵学员"(第三届),由此脱离农村环境而重返上海入读复旦大学中文系文学评论专业。虽说当年的大学校园仍是闹哄哄的,教学秩序不太正常，但比之国内其他系统的单位部门，毕竟还维持着一丝"教育"的氛围来装点门面，例如，学校的图书馆是开放的，也总有一些师生在频频参加政治活动之余，因各种原因走进图书馆阅览室。当时的校图书馆（新楼）辟有一个专门的"社科图书阅览室"，图书均开架，凡本校师生凭有效证件即可自由出入随意翻阅。我本来以为，"文革"中极"左"思潮泛滥，主流媒体大批"封资修"，听说国内不少地方和单位（包括个别文教部门）甚至大烧图书，至少是把绝大多数书籍判为"大毒草"而列为禁书由此封存起来，我校的这个阅览室大概也是装饰性的（即除了马列毛和鲁迅作品外没有其他）。谁知我第一次进去后就感到十分惊喜，原来这里的图书种类还比较齐全，除了马列毛鲁著作外，也有哲学社会科学各学科（文学、哲学、史学、政治经济学、教育学、新闻学等）的一些基本图书和经典性著作，其中大量的正是被当时的主流媒体视为由"反动学术权威"（或称"牛鬼蛇神"）所著的"大毒草"。为什么会这样呢？我思考分析了一下，明白了其中的奥妙——因为这些上架的图书都被加盖了一个特别的印章（文字为"供批判用"），如此一招，在当时显然可以堵住极"左"者的口，由此躲避政治风险（因为当时的政治宣传正在号召开展"革命大批判"）。我心底暗暗佩服学校图书馆工作人员的政治智慧，同时也对这个阅览室跑得更勤了。更想不到的是，某一天我在这间阅览室的最后一排书架上发现了几册散乱而不成套的《胡适文存》（二十世纪二三十年代的亚东版《胡适文存》共三集，每集分为四册装订），随即又陆续找到了商务版的《胡适论学近著（第一集）》和《胡适留学日记》（当然它们也都被盖上了"供批判用"的印章），无不认认真真地通读了。由于自己已参加过一段时间的"文革"活动（如曾为"红卫兵"），也经历了一段刻骨铭心的社会生活（如知青"插队"），耳闻目睹的乃至有某种切身感受的社会现实与有些宣传的反差实在太大，在这样的情景下读胡适著作，不能不有深刻的体会，以至在一些问题上明显地形成了思想共鸣。——例如胡适坚持倡导"民主政治"和抨击"独裁专制"、强调"人格独立"与"言论自由"、反对"统一思想"与"名教"意识、提倡科学怀疑精神、不要让别人"牵着鼻子走"等，乃至提醒人们"多研究些问题，少谈些主义"和防止"目的热、方法盲"倾向等等——这些曾经一点一滴地哺育了"五四"时期进步青年的思想乳汁，竟然被我在短时间里集中地吸收，当时简直使我耳热心跳，颇有梁启超曾谈到过他早年读龚自珍著述时的那种"如受电然"的感觉。

可以说，正是这一读书经历，使我对胡适思想发生了极大的兴趣。这正是我后来自觉地（乃至几乎是终身）从事"胡适研究"的思想起点。

由此或许也可以领悟到：在人类社会生活中，思想（以书刊为媒介）自有思想的力量，而任何形式（性质）的教育也天然地具有民主主义的因素并发生积极影响，所以那种统制思想、控制舆论之类的做法，尽管在一时一地有效，但毕竟不可能永远牢固地维持"舆论一律"的局面，而这一点也正可以从某一角度解释日后大陆能够自发地形成"胡适研究"的学术热潮的历史必然性。

我研究胡适的第一篇论文

1979 年是"五四"运动 60 周年，这一年内，国内文化界（主要是哲学社会科学界和高校）不约而同地举办了各种形式的纪念活动，其显著的标志之一是许多报刊都发表了一批重新评价胡适生平思想活动的论文。这一现象其实是当时的中国知识分子对于中国共产党十一届三中全会（1978 年 12 月）倡导的"思想解放"运动的自觉响应，也是在哲学社会科学领域贯彻中国共产党开始恢复的马克思主义的"实事求是"的思想路线的具体体现。从这一批论文的基本的思想题旨看，显然都带有一定的"翻案"性质，即否定毛泽东于 20 世纪 50 年代初期发动的那场"胡适反动思想批判"运动在胡适生平思想问题上所作的一系列非科学的、严重违反历史事实的结论性意见。总之，这一批论文的集中发表，表明我国当代的学术文化研究活动开始摆脱"左"倾思想路线的束缚而走上了健康的科学发展的轨道。

在这第一批的重新科学评价胡适的论文中，也有我所写的一篇，题为《试论胡适在五四新文化运动中的作用与地位》（刊于《复旦学报（哲社版）》1979 年第 3 期，同年 5 月出版发行）。这篇论文写于 1979 年 3 月，当时我已毕业留校工作，记得某天我去学校的才复刊不久的《复旦学报（哲社版）》编辑部串门（因为我与从事编辑工作的几位老师熟识），当时这几位编辑老师正在议论将于 5 月份出刊的第 3 期的组稿问题，其中谈到为纪念"五四"新文化运动 60 周年，可发表一组关于"五四"著名人物（如陈独秀、胡适、李大钊、鲁迅、瞿秋白等）的研究文稿（有的可作重新评价）。当时我插嘴说我愿写一篇关于胡适的，多少带点翻案的意思。在得到了同意后，我就回来埋头写作，成稿后即送编辑老师审阅，他们在肯定原稿的基础上，也提出了若干很切实的修改意见，记得在与我一起讨论定稿的时候，张家骏老师还亲自动笔，对其中的一段文字做了仔细推敲与润色。

这段文字是全篇论文的结尾——

根据唯物史观，对胡适这类人物的评定，应该从事实和史料出发进行分析研究，功则功，过则过，不要以其后半生的堕落与反动来否定前半生的某些功绩，因人废言与因言废人，"爱之者欲其生，恨之者欲其死"，都是违背唯物史观的。毛泽东同志曾指出，五四新文化运动本身的缺点是："那时的许多领导人物，还没有马克思主义的批判精神，他们使用的方法，一般地还是资产阶级的方法，即形式主义的方法。他们对于现状、对于历史、对于外国事物——所谓坏就是绝对的坏，一切皆坏；所谓好就是绝对的好，一切皆好。" 60 年过去了，如果我们今天仍用五四新文化运动时期的那种形式主义的方法来研究历史，研究五四人物，难道不是一种倒退吗?!

可以说，这段文字是很出彩的，由此也提升了整篇论文的学术质量。可能正因为如此，该文在《复旦学报》发表后，很快被也是复刊不久的《新华月报》1979 年第 5 期（同年 5 月出版）全文转载。稍后，著名学者、兰州大学赵俪生教授还在上海《学术月刊》（1979 年第 11 期）撰文，肯定了这段话所提出的研究胡适的"原则"。

当然，在今天看来，该文还是存在着一些不足之处，主要是对于一些比较重大的思想理论问题的辨析尚不深入，甚至有些观点与提法（如认为胡适一生"过大于功"、认定胡适"后半生的堕落与反动"），其实还没有完全摆脱"左"的思想观念，历史局限性是明显的。总之，虽说该文是属于重新评价胡适的第一批论文之一，但套用胡适的话说，如同放足毕竟还留有"缠脚时代的血腥气"。另外，该文本还留下一处文字上的重大差错，即把胡适的生卒年排错了，这虽为手民误植，但我却没有认真校对纠正，所以责任在我。想到这一点，至今仍觉惭愧。

关于"把胡适研究当作一件事业做"

在写上述那篇论文时，我是在学校的校长办公室任秘书工作，由于那篇论文的发表以及多少产生一些影响，使我很受鼓舞，由此不安于枯燥乏味的机关工作，决心选择从事学术研究工作为自己的终身职业。于是我申请调到本校新近扩建的中国语言文学研究所（大致与中文系一体）工作，具体被安排在"鲁迅研究室"（后改名

"中国现当代文学研究室"），时在 1980 年春。与之相适应，一开始我个人选报的科研课题是"鲁迅研究史"，对此尽管我认认真真地搞了几年，除发表多篇论文外还完成了最终成果（一部 20 余万字的书稿），但是当时"学术著作出版难"的现象已见端倪，而由于"鲁迅研究"学科专题过热，再加上这一研究领域存在的固有的问题，使得这方面的成果发表变得极为困难，所以我的这部书稿怎么都找不到出版机会，经多次联系投稿，后来总算被一家出版社接受，编辑也对我明确表示争取尽早付排，然而在被拖了几年后仍无动静，最后我才不得已主动索回书稿，至今仍束在我的书箱里。

与此形成鲜明对照的是，当时（80 年代初）国内思想文化界出现了一种新局面：随着"思想解放"运动的深入，更多的人转而关注胡适的思想，于是"胡适研究"作为一门新的专题学科自然形成，并逐渐发展为学术热点，其主要标志是：有关胡适研究的重要的图书资料开始出版（尽管有的标明"内部发行"，如《胡适来往书信选》以及《胡适口述自传》等）；各种哲学社会科学期刊更是争相发表重新认识与评价胡适思想的论文；同时又有一批"胡适研究"专著问世（其中最有影响的是耿云志著《胡适研究论稿》等）。受此局面的鼓舞、启示与引导，我在从事专业的"鲁迅研究"的同时，自然也继续做"胡适研究"方面的工作，甚至投入了更多的精力，而且颇有收获，至 90 年代末，除了继续发表一些"胡适研究"单篇论文（这些论文后来收入个人论文集《再造文明的奠基石》，上海教育出版社，2000 年），还先后出版了三部书稿：《胡适评传》（重庆出版社，1988 年）、《鲁迅胡适郭沫若连环比较评传》（上海文艺出版社，1991 年）和《胡适：开风气的尝试者》（复旦大学出版社，1992 年）。还有，应上海的两家出版社之邀编选了两册相关胡适的文集：《尝试与反省——胡适集》（"二十世纪中国学人文库"，上海人民出版社，1998 年），以及《自由之师——名人笔下的胡适、胡适笔下的名人》（东方出版中心，1998 年）。此外，我也曾应邀参加"胡适全集编辑委员会"的活动，承担了对胡适的两部书稿（《国语文学史》《白话文学史》，编入《全集》第 11 卷）的整理校勘工作。

记得 1991 年在出席纪念胡适诞生 100 周年的学术讨论会（绩溪）期间，我曾向中国社科院的耿云志教授、安徽大学的沈寂教授（这两位学术前辈对于我的研究工作都有过切实的指导与帮助）分别谈到过自己的有关情况，并表示今后将主要从事"胡适研究"活动，愿把这"当作一件事业做"，均得到了他们的鼓励。现在回头去看，应该说，对此我大致是践行了，遗憾的是由于个人的学力不足，取得的成绩并不大。

不过，也有一点我是多少感到自豪的，即本人可能是在国内高校中较早地开设"胡适研究"课程者之一。其缘由是：我虽在研究所任职，但按学校当时的规定也必须承担教学任务。在这种背景下，我在 1984 年前后也就被"逼"上讲坛，而由于当时中文系所鼓励教师根据自己的科研情况多开选修课，于是我为中文系本科生开设的几门选修课中就有一门"中国现代作家研究：胡适专题"，旨在客观地介绍胡适的学术文化思想。据了解，学生的反映尚好，对教学内容观点表示能够理解与接受（这从学生所写的课程论文也可以看出来）。这样的反馈对于我也是一种鼓舞，此后，我除了继续为本科生重复开设过几次（后来该课程曾纳入全系的"经典精读"课程系列，改名"胡适文存精读"），又为本系的（我所归口的）"中国现当代文学专业"研究生（硕士、博士）开设过同类课程，其直接的教学效果之一是，在我所指导的博士研究生中，也有个别对"胡适研究"充满浓厚兴趣以至选择其为学位论文课题的。据说在 80 年代中期的"反对资产阶级自由化"的风潮中，国内某些地方的正常开展的"胡适研究"活动曾一度遭遇过政治性曲折，但从我个人经历以及我校的情况来看，并没有发生过类似现象（尽管我个人因发表个别文稿招致某种不愉快，但与"胡适研究"问题无涉，结果也是一风吹过）。由此可见，"文革"之后的当代中国的社会政治文化环境的确发生了不可逆转的改善，"胡适研究"专题学科的兴起与深入发展恰逢其时，我辈幸甚。

胡适学术文化思想对于我的影响

从理论上说，一个学者对于自己的研究对象（尤其是思想家类型的历史人物，如马克思、毛泽东，或胡适、鲁迅等）应该持纯客观的立场，而避免某种感情倾向，无论是崇敬、热爱，或者是厌恶、鄙视，均不可取，否则势必影响研究工作的科学性。譬如国内的"鲁迅研究"的绝大多数"成果"之所以为人看轻，正是因为那些"研究者"心怀崇敬之情而作，先天地染上了某种"造神"色彩，而那些所谓"贬损鲁迅"之作，有的其实也是某种感情的宣泄，并不可取。

回顾大陆三十多年来的"胡适研究"方面的也可称得上是"汗牛充栋"的著述成果，是否也染有类似的弊病？我个人认为多少是存在的，这是因为：这三十多年来的"胡适研究"，从总体上看，相当程度上起源于人们的某种"翻案"动机，而从心理学的角度说，"翻案心理"又最容易造成"一种倾向掩盖另一种倾向"，"从一个极端走向另一极端"，何况我们的同行可能在总体上也都缺乏严格的科学方法论的训练，甚至事实上还多少残存着胡适当年所揭示批评的那种"目的热、方法盲"的情况，唯其如此，在具体的研究工作中，因满足于做大而化之的"翻案"文章而不吝堆砌溢美之词的现象也就难以避免了。对于这样的问题，如果从事"胡适研究"的同人不能自觉引起警觉并予以纠正，而是任其发展下去，结果将是可怕的，完全可能重蹈某些学科的覆辙。

就我本人来说，虽然能够在理论上对这一问题有一定的认识（如上述我在 1979 年所写的那篇论文中曾经提出过），然而在自身的工作实践中其实并没有完全能够做到这一点——相关的论文、书稿中也都留有不同程度的"溢美"痕迹。造成以上的属于消极面的情况，我不能以所谓"受到胡适学术文化思想的影响"为遁词而原谅自己。

至于讲到"胡适研究"者本身"受胡适学术文化思想影响"的问题，应该属于"胡适研究"活动中的积极现象，这一点在我身上无疑也有一定的体现，这主要是：从我本人以往的三十多年的主要学术研究活动情况看——

首先，凡是我对研究领域乃至具体研究项目（课题）的选择，无不是从自己所最感兴趣的"胡适研究"课题衍生的，即"胡适研究"乃是我的"母题"和"辐射源"，具体如：

因为研究胡适，我进而集中研究与胡适有密切思想联系的其他"五四"人物（陈独秀、鲁迅、郭沫若、郑振铎等），并且着重从中国近代思想文化史的背景予以观照，已出版的有《郑振铎评传》（合著，百花文艺出版社，1992 年）、《陈独秀评传》（青岛出版社，1995 年）和《鲁迅胡适郭沫若连环比较评传》（上海文艺出版社，1991 年）等；

因为研究胡适，而鉴于胡适重视传记文学的理论与实践，我也就一度致力于传记学相关问题的研究，曾著有《传记通论》（复旦大学出版社，1993 年）一书并发表多篇论文，另外还在《光明日报》（1994 年）撰文，在大陆首次提倡"口述历史"；

因为研究胡适，而鉴于胡适作为著名诗人的诗学主张以及个人作品（无论新旧体）对中国近百年的诗歌史产生过重大影响，我也就一度对此做专题研究，著有《风骚余韵论——兼论中国现代文学背景下的旧体诗》（复旦大学出版社，1998 年）；

因为研究胡适，而鉴于胡适的著名长篇论文《五十年来中国之文学》对于中国近代文学史研究所提出的不少重大课题值得重视，所以我也就从 90 年代起自觉地由中国现代文学研究而上溯中国近代文学史的研究，发表了一批论文，还出版了《中国近代文学潮流》（贵州教育出版社，2004 年）和《中国近代文学思想述略》

（大众文艺出版社，2012 年）两书；

也因为研究胡适，而鉴于胡适与台湾近现代历史文化有密切联系，所以我又曾一度涉足台湾历史文化以及台港文学的研究，发表过一批论文。

其次，在上述各学科领域（项目）的研究中，如果胡适对于其中所涉及的具体学术课题提出过明确的见解（即使其他学者有所质疑），而我往往都是明确地服膺和支持胡适的观点，或者根据胡适的基本学术观点做演绎，或者竭力证明胡适的观点的正确性和合理性，例如，从我的上述论文和书稿看，对于中国古代文学（白话文学）的发展线索的梳理、对于中国历代传记作品的评价、关于"晚清文学"诸问题（如"诗界革命""新文体""早期白话文运动"等）的认识，以及对有关"文学革命论争"问题，尤其是"五四"以来的"中西文化论争"问题的把握、理解与定性评述，均是采取了如此的学术立场。与之相适应，我不仅著文特别论证与肯定了胡适所提出并实践的学术思想文化研究的方法论的科学性（主要论文之一为《关于鲁迅讥评"胡适之法"的几个问题》，《鲁迅研究月刊》2001 年第 12 期），而且在个人的学术研究活动中，也都自觉地遵循了如此的方法论原理。

粗浅的分析与思考

以上所述的那些情况，应该说，我的师友乃至我的学生其实也都是看出来的，所以，他们中常有人问我如此服膺乃至"痴迷"胡适思想的原因，当时我未作切实回答，只是打哈哈过去了，而当我今天写本文时，感到对此有必要作认真思索并予以正面回答。

回想起来，我之所以如此服膺、"痴迷"胡适思想，大致有两个方面的原因：

首先，从思想常识出发，我认为胡适思想本身，从整体说来具有明显的合理性，在某些方面甚至与我所理解的马克思主义亦有某种相通之处——如其提倡科学怀疑精神、提倡"实事求是"的思想方法、认定实践为检验真理的标准等等，尤其是胡适主张以"知耻近乎勇"的思想逻辑把握认识中西文化关系，主张虚心学习以"科学和民主"为核心的西方文化，由此提出中华民族必须切实地朝"再造文明"的目标而努力，这更是一种最深沉的爱国主义，至于他本人在努力践行这一伟大的文化使命感的过程中所体现的文化精神，更值得中国当代学人弘扬。这是一种思想认同的基础。

其次，对以往的"胡适思想批判"运动的深切反感。唯物史观的与唯物辩证法的基本原理之一，是强调具体问题具体分析，把问题放到一定的历史条件下考察，主要看历史人物比他同时代人多提供了什么新东西。而反观 50 年代中期的那场"胡适思想批判运动"，则无疑是反科学的，换言之，那种"批判"手法，不仅袭用了民族传统文化中常见的糟粕性的东西（深文周纳、欲加之罪何患无辞之类），而且也正是再现了曾被列宁所唾弃的那种理论论争伎俩（即先把对方的思想归纳为显然是错误的东西，然后予以驳斥）。这种情况，显然也使我被激发形成了一种逆反心理：我非要唱对台戏。可以说，上文所说的那种"思想认同"与这里所说的"逆反心理"本是容易结合的，而一旦结合之后，所谓"服膺""痴迷"现象的发生与发展也就很自然了。

进一步说，上述两大原因，其实也都有历史的因素，换言之，它们也都是特定的历史环境（思想背景）促成的。按理说，像我这样的在新中国成长起来的，即长期来接受正统的意识形态教育的当代学人（譬如，我曾自觉而认真通读了《马克思恩格斯选集》《列宁选集》和《毛泽东选集》，至少是熟悉唯物史观与唯物辩证法的基本原理的），对于本质上属于资产阶级自由主义思想范畴的胡适学说，本该持有一定的警觉，不至于轻易地被"牵着鼻子走"，但事实上却相反。这里的问题是，这种情况发端于"文革"期间，而此时，中共党内左倾路线发展到登峰造极的地步，与之相适应，整个思想文化界唯心主义泛滥、形而上学猖獗（毛泽东语），相比之下，自由主义的意识形态居然更凸显了它的某种合理性的一面，由此对人有吸引，有启迪，乃至在一定程度上引导人们追寻真理。从哲学上说，这就是主流思想发生"异化"的社会历史时期的特殊现象，因此所谓"无政府主义是对机会主义的一种惩罚"（列宁语）的情况也就具有必然性。显然，我的上述思想情况发生的"历史原因"盖缘于此，而 1980 年代的全国范围内的"胡适热"的思想文化背景，庶几也可以由此作出解释。

最后，还可以这么说——我对胡适思想之所以持如此近乎"痴恋"的态度，从根本上说，乃是把对胡适思想的服膺转化为了某种感情因素，即由于把胡适视之为"五四"文化精神的象征与化身，认定他至今仍然不失为当代中国学人的精神领袖，由此自觉接受了胡适思想人格的感召。这样的现象，对于一个严肃的学者来说，似乎未必值得完全肯定，不过，在当代中国语境里，大概也未必是一件丢人的事。

目 录

新时期胡适研究再论

后记 / 289

重评胡适的地位与治学

- 胡适在「五四」新文化运动中的作用和地位
- 胡适《中国章回小说考证》的方法论
- 胡适的《终身大事》
- 胡适与易卜生
- 新诗革命之《尝试集》

胡适在"五四"新文化运动中的作用和地位

胡适曾经是"五四"新文化运动中的著名成员，现代中国政治思想史上的一个重要代表人物。他究竟是以怎样的思想基础和政治目的参加新文化运动的？他在这个运动中所宣扬的学术观点和政治思想应该怎样分析？胡适在整个"五四"新文化运动中的作用和地位又如何？这些，就是本文要探讨的问题。

思想基础与政治态度

要弄清楚胡适参加"五四"新文化运动的思想基础以及他留学美国期间的政治态度，应依据最基本的材料——《藏晖室札记》（即《胡适留学日记》）。

1891年胡适出生于官僚地主商人家庭，少年时期在家乡接受过九年的封建教育。1904年他来上海读书，开始接触"新学"，信奉进化论。1910年至1917年留美期间，胡适偏重学习资产阶级的政治、经济方面的课程，他的资产阶级民主主义思想由此逐步发展。胡适后来追述说，当时他"是一个注意政治的人"，"一面为中国的民主辩护，一面注意世界的政治"①。通观胡适的全部留学日记，所谓"为中国的民主辩护"虽属炫耀之词，但"注意世界的政治"确是事实。在这种情况下，胡适开始了对自己少年时代所接受的封建思想的反叛。例如在辛亥革命前，当他听说"美国今日尚有某校以某君倡言'天演论'致被辞退"，觉得是"怪事"；当他听人作"孔教之效果"的讲演，为之"耻笑"，又听人"大称朱子之功"，则感到"如芒在背焉"。②当时胡适还认为自己"所关心之问题"为："一、泰西之考据学，二、致用哲学，三、天赋人权说之沿革。"他还确信："今日吾国急需之三术"为："归纳的理论""历史的眼光""进化的观念"。③

应该说，以上是胡适留美时期的基本思想，也是他日后参加新文化运动的思想基础，其核心乃是进化论和实验主义。胡适后来自己总结说："我的思想受两个人的影响最大：一个是赫胥黎，一个是杜威先生。赫胥黎教我怎样怀疑，教我不信任一切没有充分证据的东西。杜威先生教我怎样思想，教我处处顾到当前的问题……这两个人使我明了科学方法的性质与功用。"④这里的"科学方法"，在"五四"之前的旧民主主义革命时期的中国思想界，不失为较之封建主义思想进步的新学说，同《新青年》所提倡的"赛先生"是一致的。

正是由于胡适具有上述思想基础，因而他在当时还形成了一种根深蒂固的"教育救国"的观念。胡适认为："欲以增兵备救中国"，"非根本之计"，"根本之计奈何？兴吾教育，开我地藏，进吾文明，治吾内政"。⑤他还认为："国无海军，不足耻也；国无陆军，不足耻也！国无大学，无公共藏书楼，无博物馆，无美术馆，乃可耻耳。"⑥由于阶级的、历史的局限，胡适（也不仅仅是胡适）当然不可能认识到这套"教育救国"论在半封建半殖民地的中国是一条走不通的道路，但他这种思想，却是同辛亥革命后的中国思想文化战线仍由封建主义思想占统治地位这一可悲的局面不相容的。胡适反封建的要求，表现在政治上，是反对北洋军阀对资产阶级民主主义思想的摧残和压制，他说："党禁一日不开，国民自由一日不复，政府手段一日不改"，即"不许爱共和之志士以和平手段改造国家，而夺其言论出版之自由，绝其生路，逐之国门之外"，"则革命终不能免"，"否则政府自取败之耳"。⑦在这里，胡适所强调的"以和平手段改造国家"，无疑具有改良主义的性质，但却与当时其他资产阶级革命家孙中山等人对袁世凯政府的态度大体相仿。

　　胡适留美期间的其他一些表现也值得分析。例如，一方面，他从"执笔报国"的立场出发，拒绝参加留美学生反对日本帝国主义灭亡中国的"二十一条"的集会；另一方面，1915年2月，当有人以"支那一友"的署名发表文章，鼓吹"日本之在中国占优胜，未始非中国之福"，"中国共和已完全失败，中国人不适于自治，日本之干涉，可使中国有良政府"的谬论时，胡适立即作文予以驳斥。⑧当胡适听说"东京及祖国书来，皆言抵制日货颇见实行"，也感到"可喜"⑨；他还从"译书须择其与国人心理接近者先译之"⑩的主张出发，翻译了法国爱国主义作家都德的著名短篇小说《最后一课》（译文改题为《割地》）。同时，1917年4月，当胡适得知俄国推翻沙皇的二月革命的消息后，写了一首充满着资产阶级民主主义激情的词《沁园春·新俄万岁》。词曰：

> 客子何思，冻雪层冰，北国名都。想乌衣蓝帽，轩昂年少，指挥杀贼，万众欢呼。去独夫"沙"，张自由帜，此意如今果不虚。论代价，有百年文字，多少头颅。
>
> 冰天十万囚徒，一万里飞来大赦书。本为自由来，今同他去；与民贼战，毕竟谁输！拍手高歌，"新俄万岁！"狂态君休笑老胡。从今后，看这般快事，后起谁欤？⑪

这首通俗易懂的词，是他对俄国资产阶级革命的推崇和对俄国资产阶级民主斗士的称赞。

胡适是留美期间参加新文化运动的。他说："今日欲为祖国造新文学，宜从输入欧西名著入手，使国中人士有所取法，有所观摩，然后乃有自己制造之新文学可言。"⑫他又在《沁园春·誓诗》中宣称："文章革命何疑！且准备搴旗作健儿。要前空千古，下开百世，收他臭腐，还我神奇。为大中华，造新文学，此业吾曹欲让谁？诗材料，有簇新世界，供我驱驰。"⑬在这前后，胡适开始了他对文学革命的意见的酝酿和白话诗的创作尝试。著名的《寄陈独秀》（1916 年 10 月）和《文学改良刍议》（1917 年 1 月）就是胡适留美时写的。

上述情况表明，尽管在留美期间的胡适身上存在着多种矛盾的现象，但就此不能简单地断言他已经是一个"卖国"的"洋奴"。事实上，他是抱着爱国热情和文化事业上的抱负，参加国内的新文化运动的，后来他继续投入方兴未艾的新文化运动，也绝不是偶然的。

1917年7月，胡适回国后，去北大任教并参加《新青年》的编辑，直接成为新文化运动的领导人物之一。据他自己说："船到横滨，便听见张勋复辟的消息；到了上海，看了出版界的孤陋、教育界的沉寂……方才打定二十年不谈政治的决心，要想在思想文艺上替中国政治建筑一个革新的基础。"⑭显然，胡适参加新文化运动的思想动机有回避正面的政治斗争的消极面，但是应该说，这也是新文化运动本身的缺点。因为《新青年》创刊号的《记者答王庸工书》一文，曾宣布"批评时政，非其旨也"，即是说，仅仅承认以思想文化方面的革新而不是强调政治改革为新文化运动的出发点的。《新青年》只是在1919年12月发表包括胡适在内的《全体社员的公共意见》后，才主张涉及政治问题。

总之，留美时期的胡适是民族资产阶级知识分子的代表人物，他的思想基础是在当时对中国思想界尚有进步作用的进化论和实验主义。由于有这样的思想基础，才使胡适作为一个新启蒙运动的思想家第一个打出文学革命的旗号，在早期新文化运动中独树一帜。我们认为，关于胡适最初就是怀着篡夺革命果实的野心混入新文化阵营中的"大奸细"的说法，未必正确。

厘清胡适在新文化运动中的贡献与历史地位

胡适在新文化运动中的贡献是什么？又如何评价他在这个运动

中的历史地位呢?

在胡适看来,当时新文化运动的主要内容至少有十个方面,即:对孔教的揭露、批判;提倡文学改革;提倡白话(即"国语统一");提倡妇女解放;批判封建贞操观;批判旧礼教;提倡教育改良,否定封建教育的制度、思想、方法;反对封建婚姻;反对封建父子关系;反对旧戏,提倡戏剧改良等等。⑮在上述各个方面,胡适同新文化运动的其他领导人一样,基本上是全面参战的,并且在某些方面有突出的贡献。

首先,胡适首倡文学革命,鼓吹白话文,并付诸创作实践(除写白话诗外,尚写白话小说和话剧,他的《尝试集》是中国第一部新诗集)。这是中国文化史上一件划时代的大事。

1916 年 10 月,胡适致信陈独秀,首先提出"今日欲言文学革命,须从八事入手",即著名的"八不主义"。⑯次年 1 月,胡适在《新青年》正式发表《文学改良刍议》,重申了"八不主义"。同年五月,胡适又发表《历史的文学观念论》,强调"一时代有一时代之文学"。到 1918 年 4 月,发表《建设的文学革命论》,提出"十个大字"的"唯一宗旨":"国语的文学,文学的国语",并且把"八不主义""都改作了肯定的口气",将"单从消极的、破坏的一方面着想",变为"一半消极、一半积极的主张"。⑰稍后,胡适用充满鼓动性的语言说:"现在我们来替他正式发讣文,报告天下'古文死了!死了两千年了!你们爱举哀的,请举哀吧!爱庆祝的,也请庆祝吧'。"⑱正是在胡适首先发难的文学革命和白话文运动的高潮中,从 1918 年起,《新青年》全部改用白话,1919 年,全国出现了四百多份白话报刊。同时，以鲁迅为代表的优秀白话小说和以郭沫若为代表的优秀新诗也开始出现于中国的文坛。陈独秀说："文学之气运，酝酿已非一日，其首举义旗之急先锋，则为吾友胡适。"[19]这个同时代的人的评论是符合事实的。

关于包括胡适在内的一班新人物反对旧文学，提倡新文学；反对文言文，提倡白话文的意义，我们认为应作充分的估价，不能仅仅看成是"文学形式的改良"。不错，胡适确有改良主义其症，例如他的文学革命的主张没有如同后来的陈独秀、李大钊等人那样深刻，而且即使在他们提出了更深刻更进步的文学革命主张后，胡适也没有改进自己的观点。但是，我们要看到，在胡适倡导文学革命和白话文运动之前，文坛上占统治地位的是"桐城谬种，选学妖孽"，胡适冲决这一罗网首先发难，难道应该多作苛求吗？再说，胡适最初提出"八不主义"时，也并非完全从形式上着眼的。例如他把"八不主义"中的"不作无病之呻吟；不摹仿古人，语语须有个我在；须言之有物"称作为"精神上之革命"。[20]所谓"精神上之革命"，用今天的话来说即是改革文风，我们难道能够把文风的改革排斥于内容之外吗？胡适还说："我提到'言之有物'，'不摹仿古人'，'不作无病之呻吟'都是文学内容的问题。"[21]从胡适本人的创作来看，也的确如此。

其次，胡适反对封建礼教和封建道德，宣传易卜生主义，提倡资产阶级民主主义，提倡个性解放，这在当时也是具有极大的进步意义的。

胡适激烈地反对孔教，特别是对吴虞的工作表示极大的支持和推崇，高度赞扬"吴又陵先生是中国思想界的一个清道夫"，用担来的清水"一勺一勺的洒向那孔尘迷漫的大街上"，满腔热情地向人们"介绍这位'四川省只手打孔家店'的老英雄"②，这就扩大了"五四"新文化运动反孔的影响。胡适还用资产阶级人道主义的准则激烈地反对封建的贞操说，痛斥"饿死事极小、失节事极大"的腐朽教条，他说："以近世人道主义的眼光看来，褒扬烈妇烈女杀身殉夫，都是野蛮残忍的法律，这种法律，在今日没有存在的地位。"③胡适在宣传易卜生主义时，大声疾呼："社会最大的罪恶莫过于摧折个人的个性，不使他自由发展。"④我们知道，辛亥革命将皇帝推翻以后，中国的政治局面呈现出错综复杂的情况，其间甚至夹着张勋复辟和"洪宪皇帝"登基的丑剧。文化思想上的复古主义更是甚嚣尘上，郊天祀礼、尊孔读经，宣扬封建道德的旧势力极端顽固。胡适宣传个人自由，强调"自主的意义，只是要发展个人的才性，可以不依赖别人，自己能独立生活，自己能替社会作事"⑤，在实际意义上，的确"是指示个人的解放"，是"对独断、对孔教、对盲从、对迷信的一种抗议"⑥，这无疑是一种有积极意义的观点，具有反封建的作用。胡适后来说，他提倡的"健全的个人主义人生观"，"在民国七八年间所以能有最大的兴奋作用和解放作用，也正是因为它所提倡的个人主义在当日确是最新鲜又最需要的一针注射"⑦。这虽是自诩之词，但不能据此否定它有顺应历史潮流的合理因素。因此，对当时胡适的反孔问题和提倡个性自由问题，都应按照历史主义原则，实事求是地进行分析，既不要回避前者，又不必全盘否定后者。

　　胡适在新文化运动中另一项突出的活动，就是宣传实验主义。从哲学上来说，实验主义是马赫主义即经验批判主义的一个分支，是贝克莱的主观唯心主义的变种，是与马克思主义哲学相对立的。但在五四新文化运动刚兴起的时候，封建主义的思想在我国思想文化战线上还占着优势，极端腐朽的封建教条还具有法律的效力，不容人们怀疑和反对。胡适宣传实验主义，根据尼采哲学思想，主张"重新估定一切价值"，强调"评判的态度"㉒，他说："实验主义决不承认我们所谓'真理'就是永永不变的天理"㉓，"对于习俗相传下来的制度风俗，要问：'这种制度现在还有存在的价值吗'？""对于古代遗传下来的圣贤教训，要问：'这句话在今日还是不错吗'？""对于社会上糊涂公认的行为与信仰，都要问：'大家公认的，就不会错了吗？人家这样做，我也该这样做吗？难道没有别样做法比这更好、更有理、更有益的吗？'"㉔显然，这种实验主义的怀疑论，在当时历史条件下，可以充当资产阶级怀疑、批判和否定旧传统、旧思想的武器，它否认任何真理的绝对性，客观上也起着向"天不变，道亦不变"的封建教条挑战的作用，因而的确是五四新文化运动中出现的新思潮之一，虽然这是资产阶级的思潮。

　　应当指出的是，胡适留美时专门学过实验主义的课程，在"五四"前的不少文章中就已宣传过实验主义的某些观点，《实验主义》一文本是胡适在 1919 年春天的讲演。至于李大钊同志在 1918 年就开始宣传马列主义，这是事实。但我们知道，五四前后新文化阵营中的各种代表人物都很活跃，思想敞开，马克思主义、基尔特社会主义、无政府主义、尼采哲学、罗素哲学、易卜生主义和进化论等主张，都在广泛宣传，大有百家争鸣之势。在这种以宣传科学和民主、反对封建文化为主要旗帜的新文化运动中，由民族资产阶级、小资产阶级和初步具有共产主义思想的知识分子三部人组成的统一战线，在"全体社员的公共意见"的旗帜下共同战斗，而这个"公共意见"也是明确地承认宣扬实验主义的："世界各国政治上道德上经济上的因袭的旧观念中，有许多阻碍进化而且不合情理的部分。我们想求社会进化，不得不打破'天经地义'。'自古如斯'的成见，决计……抛弃此等旧观念"，"我们相信尊重自然科学实验哲学，破除迷信妄想，是我们现在社会进化的必要条件"。[①]因此，认为《实验主义》一文是为了对抗"五四"运动和"六·三"以后开始的有无产阶级参加的政治运动，对抗马克思主义在中国的传播，理由是不充分的。

通过以上的分析，我们认为：胡适对新文化运动所作的贡献不应该抹杀，不能认为胡适同当时抱有青春理想而追求西方真理的中国先进的知识分子丝毫没有共同之点。斯诺在《西行漫记》中称，毛泽东同志曾经说他当年读《新青年》杂志时，"特别爱好胡适、陈独秀的文章，他们代替了梁启超和康有为，一时成了我的模范"。当然，胡适当时也宣扬过许多错误的东西，直到今天都是应该批判的，这除了他的阶级立场和世界观的原因外，还由于受到时代的局限，属于新文化运动本身的缺点。因为新文化运动中所宣传的新学、西学，"基本上都是资产阶级代表们所需要的自然科学和资产阶级的社会政治学说（基本上，是说那中间还夹杂了许多中国的封建余毒在内）"[②]。

至于胡适自己后来说:"我搜索我半生的历史,我就不知道我曾有过'与封建主义争斗'的光荣。压根儿我不知道这四十年的中国'封建社会'是个什么样子。"③我们能不能据此认为,胡适自己也招供,他在新文化运动中并没有反过封建呢?不能。马克思主义要求我们判断一个人不是看他自己怎么说,而是主要看他的实际行动。胡适的这番话只是表明他后来背叛了自己早先的反封建的立场,翻了"五四"新文化运动的案。这样分析问题,胡适从民族资产阶级知识分子堕落为帝国主义和官僚买办资产阶级的"奴才",也就不难理解了。

退出新文化运动统一战线

那么,胡适是从什么时候,又是怎样从新文化运动的统一战线中分化出来并堕落为反动分子的呢?

瞿秋白认为"五四之后不久,《新青年》中的胡适之派,也就投降了。"㉞毛泽东同志也指出:新文化阵营中胡适一类的资产阶级知识分子,"到了第二个时期(引者按:指1921年到1927年),他们中间的大部分就和敌人妥协,站在反动方面了"㉟。这都只是划了一条粗线索。我们认为,胡适的堕落有一个过程;在这个过程中,与当时复杂的国内外阶级斗争和政治形势相适应,胡适的思想言行也呈现出扑朔迷离的样子,尽管他的政治思想方面的反动东西逐步抬头,但仍然在一定程度上充当着后期新文化运动的盟友。胡适完全成为帝国主义和官僚买办资产阶级的"走狗"，似应以 1925 年 2 月参加段祺瑞政府的"善后会议"和同年任"中华教育基金董事会"（帝国主义对华文化侵略机构）的名誉秘书为标志，而不是 1919 年挑起"问题与主义"的论争、1920 年反对《新青年》的编辑方针，或者 1922 年创办《努力周报》。

关于"问题与主义"的论战，胡适前后总共写了三篇文章⑧。文章的基本观点是：高谈主义而不研究具体问题，是思想上"懒"的表现，因为"研究问题是极困难的事，高谈主义是极容易的事"；承认"一切主义、一切学理"固然"都该研究"，但强调抽象的主义要少谈。因为主义"只可认作一些假设的见解，不可认为天经地义的信条；只可认为参考印证的材料，不可奉为金科玉律的宗教；只可用作启发心思的工具，切不可用作蒙蔽聪明停止思想的绝对真理"。总之，"空谈外来进口的'主义'，是没有什么用处的"，"偏向纸上的'主义'是很危险的"，"很容易被无耻政客利用来做种种害人的事"。胡适辩解说："比如'社会主义'一个名词，马克思的社会主义，和王揖唐的社会主义不同，你的社会主义和我的社会主义不同：绝不是这样一个抽象的名词所能包括。你谈你的社会主义，我谈我的社会主义，王揖唐又谈他的社会主义，同用一个名词，中国也许隔开七八个世纪，也许隔开两三万里路。"据此，我们可以认为胡适提出"问题与主义"有两方面的目的：一方面为了反对亲日的北京政府及其安福系的"高谈主义"的政客，另一方面根据实验主义否认任何绝对真理的错误观点来反对刚刚传播到中国的马克思主义理论。关于第一方面，应该承认，"五四"运动后，北京政府虽然被迫罢免了曹、章、陆三人的职务，但并未改变其卖国政策。而安福系的政客趁着五四运动高涨起来的新思潮也高谈起主义来，针对这种情况，胡适说："那些提倡尊孔祀天的人，固然是不懂得现时社会的需要，那些迷信军国民主义或无政府主义的人，就可算是懂得现时社会的需要么？"胡适主张研究的问题有"大总统的权限"和"安福系如何解散"等，显然是针对反动的北京政府的。关于第二方面，胡适竭力鼓吹"多提出一些问题，少谈一些纸上的主义"，这在中国思想界开始传播马克思主义的形势下，的确起了对抗的恶劣作用。这也表明，新文化运动统一战线的分裂是必不可避免的。

关于反对《新青年》的编辑方针。1920 年 12 月，胡适致信陈独秀说："'新青年'色彩过于鲜明"，"若要'新青年'改变内容，非恢复我们'不谈政治'的戒约不能做到"。胡适还说："今'新青年'差不多成了 Soviet Russia（'苏俄'杂志）的汉译本，故我想另创一个专关学术艺文的杂志。"从《新青年》的"全体社员的公共意见"以及该意见发表后刊登的文章来看，政治色彩还是比较浓的，再从胡适本人来看，他挑起问题与主义的论战不也是谈政治问题么？既然如此，所谓恢复"戒约"云云，岂非蛮不讲理？显然，胡适这时候挑起事端，反对《新青年》的编辑方针，攻击《新青年》成了"苏俄"杂志的汉译本，目的仍是为了反对马克思主义的传播。这表明他的改良主义立场与革命形势的发展产生了尖锐的矛盾。但是，由于当时新文化运动仍然受到封建复古主义者（如林纾和"学衡"派）的攻击，因此，胡适还没有公开从新文化阵营中分裂出去。这段时间里，胡适虽然继续在《新青年》发表作品（到一九二二年七月九卷六期上的两首诗为止），却主要是局限于语言文学方面的。

1922 年 5 月，胡适创办了《努力周报》，应该说，在这之后胡适反对中国革命和投降帝国主义、封建军阀的反动思想才开始集中地暴露出来。因为这年 7 月，中国共产党第二次全国代表大会提出了"消除内乱、打倒军阀"和"推翻国际帝国主义的压迫"的口号，而胡适却在该刊发表了一系列文章，提出了许多错误和反动的观点。概括说来，第一，否认帝国主义对华侵略的事实。他认为：说帝国主义侵略中国，"这种观察很像乡下人谈海外奇闻，几乎全无事实上的根据"，"现在中国已没有很大的国际侵略的危险了。……所以我们现在尽可以不必去做那怕国际侵略的噩梦"。⑧这种掩盖帝国主义侵略的辩护词，从根本上否认了中国民主革命反帝斗争的极端必要性。第二，提倡"好人政府"和"联省自治"。胡适说："中国不适宜于单一的国家组织"，并提倡"增加地方权限"，实行"省自治的联邦制"⑨，这就容忍和支持了军阀的武装割据、长期内战。如果说上面这些还只是言论，那么胡适于 1925 年 2 月参加段祺瑞政府为抵制孙中山北上而召开的"善后会议"，同年又出任帝国主义对华文化侵略机构——"中华文化教育基金董事会"的名誉秘书（实际上是控制教育基金的），就完全倒向北洋军阀和帝国主义的反动阵营一边，继而成为帝国主义和买办资产阶级的忠实奴才。

纵观胡适在新文化运动中的表现，他曾经满怀激情地赞颂俄国资产阶级的二月革命，却不可能像李大钊那样热烈拥护俄国的十月社会主义革命；他一度发出许多妙语横生的议论，勇敢地向封建主义的旧道德、旧文化挑战，但始终摆脱不了封建传统的羁绊，更不能在反帝问题上迈出一步；他可以成为前期新文化运动的重要领导人，却不能继续追随这个运动前进，以至最后从新文化运动中分化出去。这个深受封建主义和资本主义教育熏陶的民族资产阶级知识分子，虽然登上过新文化运动的舞台，但又逐步向他所属阶级的右翼转化，最后终于沦为帝国主义和买办资产阶级的反动文人。这种可悲的结局，并不是他个人的罪孽，应该从中国民族资产阶级先天的软弱性和动摇性中去寻找其最终的原因。

胡适无疑是一个过大于功的历史人物。根据唯物史观，对胡适这类人物的评定，应该从事实和史料出发进行分析研究，功则功，过则过，不要以其后半生的堕落与反动来否定其前半生的某些功绩，因人废言与因言废人，"爱之者欲其生，恨之者欲其死"，都是违背唯物史观的。毛泽东同志曾指出"五四"新文化运动本身的缺点是："那时的许多领导人物，还没有马克思主义的批判精神，他们使用的方法，一般地还是资产阶级的方法，即形式主义的方法。……他们对于现状，对于历史，对于外国事物……所谓坏就是绝对的坏，一切皆坏；所谓好就是绝对的好，一切皆好。"⑩60年过去了，如果我们今天仍用"五四"新文化运动时期的那种形式主义的方法来研究历史，研究"五四"人物，难道不是一种倒退吗?!

[注释]

①⑭《我的歧路》,《胡适文存二集》卷三。

②③ 1911 年 3 月 14 日、6 月 17 日,1914 年 1 月 25 日日记。《藏晖室札记》卷一、卷三。

④㉗《介绍我自己的思想》,《胡适文选·自序》。

⑤⑥ 1914 年 12 月 12 日、1915 年 2 月 21 日日记。《藏晖室札记》卷八、卷九。

⑦⑧⑨⑩ 1914 年 11 月 6 日,1915 年 2 月 12 日、5 月 3 日,1916 年 2 月 3 日日记。《藏晖室札记》卷七、卷八、卷九、卷十二。

⑪ 1917 年 4 月 17 日日记。《藏晖室札记》卷十六,载《新青年》第三卷第四号。

⑫⑬ 以上见 1916 年 2 月 3 日、4 月 13 日日记。《藏晖室札记》卷十二。词从初稿。

⑮㉘㉙《新思潮的意义》,《胡适文存》卷四。

⑯⑳《寄陈独秀》,《胡适文存》卷一。

⑰ 两文均见《胡适文存》卷一。

⑱《五十年来之中国之文学》,《胡适文存二集》卷二。

⑲ 陈独秀:《文学革命论》,《新青年》第二卷第六号。

㉑《中国新文学大系——〈建设理论集〉导言》。

㉒《吴虞文录序》,《胡适文存》卷四。

㉓《贞操问题》,《胡适文存》卷四。

㉔㉕《易卜生主义》,《胡适文存》卷四。

㉖ 李何林《近二十年中国文艺思潮论》。

㉚《实验主义》,《胡适文存》卷二。

㉛《新青年》第七卷第一号。

㉜《毛泽东选集》第二卷第 657 页。

㉝《今日思想界的一个大弊病》,《独立评论》153 号。

㉞ 瞿秋白《鲁迅杂感选集序言》。

㉟《毛泽东选集》第二卷第 660—661 页。

㊱ 胡适的三篇文章分别题为:《多研究些问题,少谈些主义》《三论问题与主义》《四论问题与主义》。这三篇文章后以《问题与主义》为总题,收入《胡适文存》卷二。

㊲ 转引自《中国现代出版史料(甲编)》:《关于新青年问题的几封信》。

㊳《国际的中国》,《胡适文存二集》卷三。

㊴《联省自治与军阀割据》,《胡适文存二集》卷三。

㊵《毛泽东选集》第三卷第 788—789 页。

胡适《中国章回小说考证》的方法论

胡适的《中国章回小说考证》（实业印书馆 1942 年版，以下简称《考证》），同他的另一些思想倾向极为明显的政论文相比较，无疑是一部普通意义上的学术性论著。

《考证》一书收入了关于《水浒传》并后传、《红楼梦》、《西游记》、《三国志演义》、《三侠五义》、《官场现形记》、《儿女英雄传》、《海上花列传》和《镜花缘》等十余部明清白话章回小说的 17 篇考证或研究文章。该书考定了一些作品的作者并初步勾勒了他们的情况；理出了一些作品的成书过程的基本线索和各版本之间的关系；对一些作品的思想内容和艺术水平也作了大体说来算是比较客观和正确的挖掘分析；此外还纠正了前人对某些作品所作的附会和曲解。如把《考证》一书同鲁迅的《中国小说史略》比较，在关于明清白话章回小说方面，可以说前者偏于考证，后者重于研究，在对作品的思想内容分析方面，前者参考过后者的意见；但在一些基本事实的考证方面，后者则吸收了前者的不少成果。因此，《考证》一书尽管由于受到各方面因素的限制而存在不少漏洞和谬误，不过总的说来，仍不失为一部为中国小说史的研究作了开创性工作并奠定了一定基础的有价值的学术著作。

《考证》一书的价值，不仅表现为考证所得出的正确结论的本身，更主要的是它同时还比较集中和系统地提出了考证的方法论问题，并且该书所阐述的方法论也不只囿于考证方面的意义。作者曾说：他写这类文章的"目的是注重学问思想的方法"，因而这类文字"可说是方法论的文章"（《胡适文存·序例》），他甚至还颇为自负地说："鸳鸯绣取从君看，要把金针度于人。"（《醒世姻缘考证》）平心而论，这枚"金针"虽在今天看来是有斑锈的，但毕竟还是值得重视的。

本文即拟对胡适的《中国章回小说考证》所提出的方法论问题作一番具体的分析。

《考证》的方法论要点

《考证》一书所提出的方法论原理是比较丰富的，其要点是：

第一，必须确定考证的正当范围。胡适认为，就中国明清白话章回小说来说，这类作品最复杂的问题往往是：其作者何许人，该书又是如何形成的？因此应把这些问题作为考证正当范围内的主要对象。以《红楼梦》为例，胡适指出："根据可靠的版本与可靠的材料，考定这书的著者究竟是谁，著者的事迹家世、著书的时代，这书曾有何种不同的本子，这些本子的来历如何。这些问题乃是

《红楼梦》考证的正当范围。"（《考证》第189—190页，以下引此书语，只注页码）无疑，确定这样的正当的考证范围，是抓住了明清白话章回小说考证中的主要矛盾，也堵塞了各种附会穿凿式的考证的歧路，这是胡适的方法论明显胜于旧红学派的地方。

第二，考证必须从作品本身以及"可以考定作者、时代、版本等等的证据"出发，切忌穿凿附会。这意思是：证据本身应具有质的规定性。胡适认为："所谓证据，单指那些可以考定作者、时代、版本等等的证据，而并不是……随便引来穿凿附会的证据"（第305页），他还在别的文章中指出："方法上共同的戒律是：有几分证据，说几分话。"（《文史周刊发刊词》）也以《红楼梦》为例，胡适说："向来研究这部书的人都走错了道路"，"他们不去搜求那些可以考定《红楼梦》的著作、时代、版本等等的材料，却去收罗许多不相干的零碎史实来附会《红楼梦》的情节"（第175页）。显然，胡适把证据严格局限在"可以考定（作品的）著者、时代、版本"等方面，并强调只有尊重这些确凿的证据，以此做"向导"，才能引到"相当的结论上去"（第232页）。这表明胡适的方法论积极地否定了附会曲解的主观唯心主义的方法。

第三，必须抛弃一切成见，包括对所谓"天经地义"的"科学的律例"的迷信。胡适认为研究学问要采取"评判的态度"（《新思潮的意义》），前人的"一切主义、一切学理，都只是参考的材料、暗示的材料，待证的假设，绝不是天经地义的信条"（《我的歧路》）。胡适说：成见有两种：一是"遗传的成见"（第94页），即受前人的意见（包括谣传）的束缚；二是"先入的成见"（第232），或称"主观的我见",其在相当程度上表现为穿凿附会;而这两者都是在不尊重"物观的证据"问题上失足的。因此胡适强调:考证时必须"搁起感情,只认得事实,只跟着证据走"(《胡适文选·自序》),只有"能打破遗传的成见,能抛弃主观的我见,能处处尊重物观的证据",才"可以得到相当的结论"(第94—95页)。这种方法论显然又是体现了鲜明的求实精神。

第四,强调对不同类型的对象采取不同的考证方法。当年蔡元培先生在考证《红楼梦》时说:"知其所寄托之人物,可用三法推求:一,品性相类者;二,轶事有证者;三,姓名相关者。"①胡适对此反驳说:"蔡先生的方法是不适于《红楼梦》的。有几种小说是可以采取蔡先生的方法的"。"大多数的小说是决不可适用这个方法的"。"用'品性、轶事、姓名'三项来推求《红楼梦》里的人物,就像用这个方法来推求《金瓶梅》里西门庆的一妻五妾影射何人:结果必是一种很牵强的附会"。(第300—303页)这是新旧红学派的一次著名争论。无疑,胡适在驳斥旧红学派时所提出的新的方法论,超过了《红楼梦》考证本身的意义。

胡适方法论是建立在"发展的眼光"和"历史的态度"这两个有联系的基本观念之上的,这就使他的方法论构成了一种较完整的体系。

关于"发展的眼光",胡适说过:"不同的时代发生种种不同的文学见解,也发生种种不同的文学作物。"(第61页)胡适还曾把它称之为"文学的进化观念",认为:"人类生活随时代变迁,故文学史也随时代变迁,故一代有一代的文学";"每一类文学不是三年两载就可以发达完备的。"（《文学进化观念与戏剧改良》）正是从这样的文学观念出发，他在进行小说考证时才不局限于狭隘的文学史的范围，而是结合对有关社会历史阶段的研究，指出了诸如《水浒》《红楼梦》《西游记》和《三国志演义》等书的形成过程同当时社会政治历史之间的某种联系——主要是后者对前者的影响。

所谓"历史的态度"，是与"发展的眼光"互为补充的。在胡适看来，文学发展与社会政治历史发展之间有所联系。例如区别于文人个人创作的明清白话章回小说，其内容和形式从雏形、发展变化到定型，其艺术表现能力从简单粗糙、复杂细腻到完美，都有一个历史的过程。所以胡适说："历史的态度"就是"要研究事物如何发生、怎样来的，怎样变到现在的样子"。（《实验主义》）胡适在考证《三侠五义》时指出："我们看这一故事在九百年中变迁沿革的历史，可以得一个很好的教训。传说的生长，就同滚雪球一样，越滚越大，最初只有一个简单的故事作个中心的'母题'（Motif），你添一枝，他添一枝，便象个样子了。后来经过众口的传说，经过评话家的敷演，经过戏曲家的剪裁结构，经过小说家的修饰，这个故事便一天一天的改变面目，内容更丰富了，情节更精细圆满了，曲折更多了，人物更有生气了"；胡适还特别指出："此事虽小，可以喻大。"（第417页）这就是以上述方法论为指导而发现的中国章回小说发展史上的一个带有普遍意义的规律。

胡适说过："科学的方法，说来其实很简单，只不过'尊重事实，尊重证据'。"（《实验主义》）他在考证《水浒》时说过这样一段话："不懂得南宋的时代，便不懂得宋江等三十六人的故事何以发生。不懂得宋元之际的时代，便不懂得水浒故事何以发达变化。不懂得元朝一代发生的那么多的水浒故事，便不懂得明初何以产生《水浒传》。不懂得元明之际的文学史，便不懂得明初的《水浒传》何以那样幼稚。不读明史的功臣传，便不懂得明初的《水浒传》何以于固有的招安的事之外又加上宋江等有功被谗遭害和李俊燕青见机远循等事。不读明史的文苑传，不懂得明朝中叶的文学进化的程度，便不懂得七十回《水浒传》的价值。不懂得明末流贼的大乱，便不懂得金圣叹的《水浒》见解何以那样迂腐。不懂得明末清初的历史，便不懂得雁宕山樵的《水浒后传》。不懂得嘉庆道光间的遍地匪乱，便不懂得俞仲华的《荡寇志》。"（第 61—62 页）这种从艺术和社会生活以及政治局面的相互关系出发来认识文学史现象的方法，明显地含有科学的合理因素。

《考证》方法论运用上的几个特点

胡适《考证》的方法论在具体运用上也有一些值得注意和重视的特点。简要说来，其主要表现为：

第一，结合其他学科专题的研究。中国古代章回小说与戏曲的关系相当密切，所以胡适对章回小说进行考证，也不囿于狭隘的小说史范围，而是把戏曲史的许多材料作为小说考证的证据，或者把小说考证同戏曲史的研究结合起来。如他在考证《西游记》的成书过程问题时，首先列举元代戏曲中的"丰富的西游记故事"（第345页）；在考证《三国志演义》《水浒》和《三侠五义》等书时，也同样先援引元代戏曲中的相应剧目，这样，他得出上述小说均有几百年的演变史的结论，就建立在可靠的基础上了。

第二，形式逻辑的运用：演绎重于归纳。胡适曾指出自己同清代学者治学方法的异同：清代学者往往是"先收集许多同类的例，比较参见，寻出一个大通则来。完全是归纳法。但是以我自己的经验看起来，这种方法实行的时候，决不能等到这些例都收齐了，然后下一个大断案。当我寻得几条少数同类的例时，我心里已经起了一种假设的通则。……若再遇同类的例，便把已有的假设去解释他们，看他能否把所有的同类的例都解释得满意。这就是演绎的方法了"（《清代学者的治学方法》）。他还说："科学方法不单是归纳法，是演绎和归纳的相互为用。"（《实验主义》）联系到胡适对于"假设"的作用和意义的强调和重视，因此，胡适所主张和实行的实际上是演绎重于归纳。例如，如上所述，他的"进化的文学观念"，先是从几个同类的例证中得出了"一个时代便有一个时代的文学"或"中国白话小说都有几百年的演变史"的假设的通则，然后用它去演绎论证有关作品的具体成书过程。这种先从现象中提炼出规律，再用规律去指导对另一些现象的研究的方法，显然比单纯地运用归纳法更简洁，但更为全面，也就更容易得出比较正确的结论。

第三，借助于心理学的分析方法。胡适虽然反对在古史研究中采取"参之以情、验之以理"的态度，认为这是"以己度人，以今度古"的非科学态度（《古史讨论的读后感》），但他并不是一概地反对借助心理学的分析方法。胡适在考证中借助心理学，包括对作者的心理研究和对社会心理（读者心理）研究两个方面。例如，胡适认为《西游记》中那段"大闹天宫"的故事明显地反映了作者对于现实社会的牢骚："如果著者没有一肚子牢骚，他为什么把玉帝写成那样一个大饭桶？为什么把天上写成那样黑暗、腐败、无人？为什么教一个猴子去把天宫闹的那样稀糟？"（第 356 页）这是从作者心理的角度来分析的。至于从社会心理方面来考证分析小说，胡适认为：历史上宋仁宗亲生母李宸妃的故事为什么会演成《三侠五义》中那样的故事（指"狸猫换太子"）？这是因为，历史上李宸妃的故事是一件涉及面很广的"大举动"，"可以引起全国的注意，唤起全国的同情，于是种种传说也就纷纷发生，历八九百年而不衰"（第 404 页），总之"这样的大案子自然最容易流传，最容易变成街谈巷议的资料，最容易添枝加叶，以讹传讹，渐渐地失掉本来的面目，渐渐的神话化"（第 407—408 页）。

　　第四，引入中外文学比较研究的方法。胡适是较早地注意到中外文学的某种可以作比较研究的问题的。在《考证》一书中，他也引入了这种方法。例如胡适在考证《三侠五义》中包公奇案的故事时指出：《盆儿鬼》中张懒古列举包公的六种奇案都是元曲中的杂剧故事，"这事可有两种解释。也许这些故事在当日早已成了包公故事的一部分，杂剧家不过取传说中的材料，加上结构，演成杂剧；也许是杂剧家彼此争奇斗巧，你出一本《鲁斋郎》，他出一本《陈州粜米》，你出一本《智赚灰阑记》，他又出一本《智赚合同文字》;正如英国伊丽沙白女王时代的各戏园争奇斗巧,莎士比亚出一本《丹麦王子》悲剧,吉德(Kyd)就出一本《西班牙悲剧》(*Spanish Tragedy*),马罗(Mar Io We)出一本《福司特博士》(*Doctor Faustas*),格林就出一本《倍根教士与彭该教士》(*Firar Bacon and Firar Bungay*)"。胡适的结论是:"这两说之中,似后说为较近情理。"(第404页)如果我们联想到近代以来的文艺界也存在着的追逐时髦题材的现象和艺术品的商业化倾向,那么可以认为胡适通过这样的比较研究所得出的结论的确是含有合理因素的。至于胡适在考证《西游记》时,一方面"猜想猴行者是从中国传说或神话里演化出来的",但另一方面又"总疑心这个神通广大的猴子不是国货,乃是一件从印度进口的",理由是:中国产生猴行者的无支祁神话"也许……也是受了印度影响而仿造的"(第337页)。这也是他用中外文学比较研究的方法来进行考证的一个例证。虽然胡适这一猜想的结论可能不正确(目前学术界对此问题尚有争论),但他在考证时能够引入比较文学的研究法,终究是有意义的。

《考证》方法论的得失与实用主义

通看《考证》全书,它在获得许多成功的即正确的结论的同时,也掺杂了不少失败的即错误的论断,此外,还留有一些存疑的问题。人们自然要问:既然是以同一方法论为指导搞考证的,那为什么只能在一些问题上取得成功,而在另一些问题上遭到失败呢？

如果是就事论事地说，《考证》之所以能够在一些问题上获得成功，除了这些问题完全属于学术性问题，基本上不存在用个人政治倾向来改塑事实，或者它们本身较明显地能够成为考证的材料，因而经过一定的整理、分析和鉴别，以及用简单的形式逻辑的方法就可以得出可靠的证据，从而获得正确的结论等客观原因之外，从胡适主观上看，还在于他：

（1）吸收并改进了清代汉学家的治学方法。胡适认为清代学者的方法有着研究范围太窄，且推尊儒学、有门户之见，注重功力而忽略理解，以及缺乏参考比较的材料等缺陷，由此他有针对性地提出并运用了诸如"用历史的眼光来扩大研究范围、用系统的研究来部勒研究的材料和用比较的研究来帮助对材料的整理和解释"（《介绍我自己的思想》）等方法。

（2）较详细地占有了资料，又吸收了前人的研究成果，或从别人发掘的材料中得到启示。如他在考证《西游记》时，就根据鲁迅关于作《西游记》的人或亦受巫枝祁（无支祁）故事的影响的见解，"去寻这个故事的来源"（第 335 页），从而从有关材料中得出了"降无支祁大概也是淮泗流域的僧伽神话之一，到南宋时还流行民间"（第 339 页）的结论。又如胡适对《镜花缘》作者生平事迹的考证，也是明确地得到钱玄同的指点才得以成功的。

（3）不羞于修正自己的观点和结论。胡适在 1921 年写《红楼梦考证》初稿时，由于材料掌握得不充分，其结论有不少漏洞；到了次年写改定稿时，便修正了自己的某些错误，后来他又据《脂砚斋重评石头记》（残本）和新发现的敦诚著的《四松堂集》等书，对曹雪芹的生平家世等问题提出了较之以前更为详尽的新结论。对《水浒》的考证，也有类似情况。

（4）态度上比较客观。这在为《海上花列传》的作者韩子云辩诬的问题上表现得最为明显。其他研究者曾根据一些传闻，认为该书是作者泄私愤之作。胡适便把有关传闻作了认真分析，指出这种传闻有"三大矛盾"（第489页），继而又从作者生平，成书过程以及作品内容本身来分析研究，否定了传闻，客观而公正地指出："这部书决不是一部谤书，决不是一部敲竹杠的书。"（第492页）

同样，从表象看，《考证》一书之所以在另一些问题上失败，除了这类问题本身更复杂一些，或者不属于纯学术意义上的问题之外，就胡适个人讲，则是因为他：

或者过于武断。如胡适认为："元人的文学程度实在很幼稚……元代只是白话文学的草创时代，决不是白话文学的成人时代。即如关汉卿马致远两位最大的元代文豪，他们的文学技术与文学意境都摆脱不了'幼稚'的批评。"（第30—31页）此论虽是比较元曲中的水浒故事和后来的小说《水浒》而言，但由于胡适在这儿忽视了戏曲与小说在语言（文言与白话）和表现手法（完整紧凑和局限较大的戏剧结构与小说笔法的复杂和丰富性）方面应有的区别，在证据的引用方面，也回避了元曲可以同楚辞、汉魏乐府、唐诗和宋词等相媲美的艺术成就，因而他的结论就不能不是武断和片面的了。

或者自相矛盾。如胡适一方面肯定《三侠五义》对白玉堂性格的优缺点刻划得"近情近理"（第430页），但另一方面却否定《三国志演义》对诸葛亮、刘备和关羽等人的矛盾性格形象的描写和处理，这就是明显的自相矛盾。至于胡适认为《三国志演义》的价值只是表现为"在通俗教育史上"的"魔力"，因而不过是一本"趣味浓厚"的"教科书"（第392页），但接着又说："举凡四书、二十四史、通鉴、纲鉴、古文观止和古文辞类纂一类的书都起不到这样的教科书的作用"（第392页），这种自相矛盾的看法，无疑又否定了《三国志演义》作为一部成功的艺术作品与历史教科书之间应有的区别，从而背离了文学批评的原则。

　　还有重要的一点是，胡适自己往往也是理论与实践相脱节，如他自己所说，即是"像张惠言、周济一班腐儒向晚唐的艳词里去寻求'微言大义'一般"地"走入魔道"（第491页）：或在考证中掺入个人的明显的政治倾向，或借题发挥。突出的例子如：他在1923年考证《镜花缘》时，抓住书中人物唐敖在女儿国所谈的治河方法而发挥说：这里"是寓言，含有社会的、政治的意义"，即"这里句句都含有双关的意义，都是暗指一个短见的社会或短见的国家，只会用'筑堤''培岸'的方法来压制人民的能力，全不晓得一个'疏'字的根本救济法"（第544页）。显然这是借小说考证来宣传他所提出的诸如"好人政府"和"联省自治"一类在当时业已失去进步意义的改良主义的政治主张。胡适在考证《镜花缘》时说："我是最痛恨穿凿附会的人"（第531页），殊不知他自己正在这里搞穿凿附会。

　　有的专家指出：胡适的考证方法"有时正确，有时不正确，有时部分正确",换言之,"在论证范围和性质较仄狭的情况下,其正确的保持率就大",反之则"相对地小";在胡适的实验主义和唯心主义观点立场对论证对象影响不大的情况下,其正确率也就为大,反之则几乎很小②,这一分析是有一定道理的。的确,要真正认识《考证》所反映的胡适方法论的得失的根本原因,不能不深入地分析胡适的方法论同实验主义哲学的关系。

胡适曾经说过:他的方法论可以用十个字来概括,即"大胆的假设,小心的求证",他还指出这就是实验主义的方法论(《实验主义》)。不过,从胡适具体的复杂的思想来看,他同实用主义的思想体系却有一定的矛盾和抵触。

胡适的思想较为复杂。他在自然科学问题上表现有一定的唯物主义倾向,如他认为:根据天文学和物理学的知识,叫人知道空间的无穷之大;根据地质学及古生物学的知识,叫人知道时间的无穷之长;根据生物学的知识,叫人知道人是从动物进化而来;根据心理学的科学,叫人知道一切心理现象都有生理的基础(《"一个新信仰的宇宙观和人生观"的补充》)。然而在另一些问题上,他又信奉唯心主义。其实,胡适算不得是一个完全意义上的哲学家,他对哲学问题并未作全面、深入和系统的研究和回答,而是甘抱"不了了之"的态度,所以很难说胡适形成了自己完整的实用主义哲学思想体系。因此,胡适宣布自己信仰实用主义,同他把实用主义中的某些东西视为科学方法论是分不开的。如他反复强调:"实验主义只是一个方法,只是一个研究问题的方法"(《我的歧路》),因而当詹姆士用实用主义来假设上帝的存在问题时，他就明确指出：这是把"实验主义的方法用错了"（《实验主义》）。可能正是因为这一点，胡适才把"实用主义"这个词译为"实验主义"的。

既然如此，我们考察胡适的方法论，便不应当把它完全同实用主义捆在一起，而应作具体的分析。从胡适自己的表述看，他的方法论主要是对杜威的"工具主义"的接受和改造。

杜威的方法论集中体现在他所提出的"思想五步说"。据胡适介绍，杜威说的五步是：（1）疑难的境地；（2）指定的疑难点究竟在什么地方；（3）假定种种解决疑难的方法；（4）把每种假定所证的结果一一整理出来，看哪一个假定能够解决这个困难；（5）证实这种解决使人信用，或证明这种解决的谬误，使人不信用（《实验主义》）。胡适则认为："实验的方法，至少注重三件事：（1）从具体的事实与境地下手；（2）一切学说思想，一切知识，都只是待证的假设，并非天经地义；（3）一切学说与思想，都须用实行来试验过，实验是真理的唯一试金石。"胡适还进一步解释说："第一件——注意具体的境地——使我们免去许多无谓的假问题，省去许多无意义的争论。第二件——一切学理都看作假说——可以解放许多'古人的奴隶'。第三件——实验——可以稍稍限制那上天下地的妄想冥思。实验主义只承认那一点一滴做到的进化——步步有智慧的指导，步步有自动的实验——才是真进化。"（《杜威先生与中国》）由此可见，胡适的方法论特别强调的是：一切从事实出发，从事实中提出问题，提出假设，最后通过实验（即也由事实）来检验学理的真伪正误，如用他自己的话来说，就是"细心搜求事实，大胆提出假设，再细心求证实"（《我的歧路》）。在这里，他所说的"假设"和"求证"的概念都有明确的条件或前提。假设是科学研究（包括考证）的最主要的方法之一，如恩格斯所说：科学的发展只能通过"假说的形式"③。假设需要前提，胡适把这一前提规定为"细心搜求事实"，有了这个前提，大胆的假设虽然可能不成熟，但总是合理的。爱因斯坦曾指出：对于理论科学家，"不应当吹毛求疵地说是'异想天开'，相反，应当允许他有权利自由发挥他的幻想，因为除此以外就没有别的途径可以达到目的"④，也正是这个意思。

综上所述，我们认为：胡适把"工具主义"从实用主义的思想体系中抽出来，并根据自己的理解作了解释，即强化了求实精神的成分，这就使得他的方法论不仅具有了相对独立的意义，而且还包含了相当科学成分。《考证》一书表明。当胡适比较忠实地按这一方法论中的科学精神从事考证、研究时，他往往可以取得成功，反之则遭致失败，这就是说，他的失败主要因为是他未能彻底坚持自己提出的方法论中的正确东西，乃至于受他自己那种潜在的反动政治思想的制约。不妨说，这不是胡适一个人的悲剧，在那些政治思想落后或反动、而在学术研究上有创见的非马克思主义学者中，这是一种常见的现象。胡适曾经说过："考据是一种公开的学问，我们不妨指出某个人的某种考据的错误，而不必悬空指斥考据的本身。"我们倘把此话改为：人们可以指出胡适的错误，而不应一概地否认他的方法论本身的合理因素，大概就比较符合实际了。

［注释］

① 蔡元培：《石头记索隐第六版自序》。

② 参见赵俪生：《胡适历史考证方法的分析》，《学术月刊》1979 年第 11 期。

③ 恩格斯：《自然辩证法》第 218 页。

④《爱因斯坦文集》第一卷，第 263 页，许良英译，商务印书馆 1977 年版。

胡适的《终身大事》

反对中国的旧戏，提倡戏剧改良（改革），这是"五四"新文学运动的一项重要内容。如同倡导白话诗（新诗）的写作一样，胡适在这一方面也是身体力行，作出了值得肯定的成绩。他的独幕剧《终身大事》（刊于《新青年》第六卷第三号，1919 年 3 月）①的创作成就以及戏剧改革的理论，即可说明这一点。

《终身大事》的剧情

中产知识阶级家庭出身的田亚梅女士在留学东洋时，与陈先生自由恋爱，回国后，希望家庭支持她与陈先生结合。但其母田太太相信迷信，先是向观音庙求签，再是请瞎子算命，得出了"配不成"的结论，所以坚决不同意。田亚梅于是把希望寄托在开明的父亲田先生身上。谁知田先生却根据"中国的风俗规矩"和"祖宗定下的祠规"（即田陈同姓不得联姻），也坚决反对女儿的婚事。在这种情况下，田亚梅听从陈先生的意见，毅然决断自己的终身大事——"坐了陈先生的汽车去了"。

全剧虽然简单，但其思想内容的丰富性及其在当时历史条件下的进步意义是显而易见的。这主要是：

第一，揭露了封建迷信活动的欺骗性。田太太求得的签诗说："夫妻前生定，因缘莫强求。逆天终有祸，婚姻不到头。"从宿命论出发，这句话本可任意解释、发挥。瞎子算命先生对八字，"据命直言"，得出"这门亲事是做不得"的结论，并说："想不到观音娘娘的签诗居然和我的话一样。"瞎子的话显然是胡言乱语，但在田太太看来，两者却"合拢"了。这就深刻地讽刺和揭露了以搞迷信活动为职业者的欺骗和信奉迷信者甘心受骗的封建思想意识。

第二，谴责了中国旧风俗和封建宗法制度的落后性和残忍性。田陈同姓不准通婚的历史已有 2500 年之久了，这种"没有道理的祠规"，直到田亚梅时代，仍然"社会承认它"，"那班老先生们承认它"，如果有谁触犯它，便要大祸临头，田先生正是据此反对女儿的自由婚姻。这就清楚不过地说明了中国旧风俗和封建宗法制度对于社会改革和文明进步的祸害。

第三，强调青年男女的婚姻和爱情，应当完全由自己做主，做父母的不能以任何理由横加干涉。"此事只关系我们两人，与别人无关，你该自己决断"——陈先生给田女士信中的这句话，实际上是作者对这一问题的见解，也是全剧所要表达的主题思想。

上述分析表明，《终身大事》是把当时中国社会的封建迷信思想和封建礼教的道德规范结合起来进行否定和批判的，作为它们的对立面——资产阶级人道主义、民主主义的思想和婚姻观，则是予以充分肯定的。

应当指出：该剧从客观意义来说，实际上还提出了这样一个深刻的社会政治课题：根深蒂固的封建主义传统思想比之封建迷信活动是更为可怕的东西，因为后者不过是统治像田太太那样的愚昧者的头脑，而前者却牢牢束缚着像田先生那样的虽然也学得了一些现代科学知识、也曾在口头上或某些具体问题上主张反对封建迷信的人的思想和行动。田女士这样评论她的父亲："爸爸！你一生要打破迷信的风俗，到底还打不破迷信的祠规！这是我做梦也想不到的！"这句话的深刻性正是体现了这一点。

联系到胡适在创作剧本前后的其他言论，对《终身大事》的思想内容的进步性和深刻性可以看得更清楚。

例如，胡适曾经强调：在当时，人们应当要有"评判的态度"，"评判的态度含有几种特别的要求"：

（1）对于习俗相传下来的制度风俗，要问："这种制度现在还有存在的价值？"

（2）对于古代遗传下来的圣贤教训，要问："这句话在今日还是不错的吗？"

（3）对于社会上糊涂公认的行为与信仰，都要问："大家公认的，就不会错了吗？人家这样做，我也该这样做吗？难道没有别样做法比这个更好，更有理，更有益了吗？"[②]

又如，胡适当时介绍易卜生主义，提倡"健全的个人主义人生观"，认为"社会最大的罪恶莫过于摧折个人的个性，不使他自由发展"，由此提出："自治的社会，共和的国家，只是要有个人自由选择之权，还要个人对于自己所行所为负责任。若不如此，决不能造出自己独立的人格。社会国家没有自由独立的人格……那种社会国家决没有改良进步的希望。"③

显然，在《终身大事》中，正是形象地表达了上述进步思想。

胡适这一剧本的命运，也可以反证它的进步性。据作者在该剧的序和跋中说：此剧原是为在北京的美国大学同学会中的中国会员写的（原稿英文），但由于他们找不到女演员而未能排演。剧本发表后，有一个女学堂表示要排演，作者即把它译成中文。谁知由于"戏里的田女士跟人跑了，这几位女学生竟没有人敢扮演田女士"，胡适对此感慨地说："女学堂似乎不便演这种不道德的戏！"作者接下来正话反说："我们常常说要提倡写实主义。如今我这出戏竟没有人敢演，可见得一定不是写实的了。"作者说此话是在 1919 年 3 月，当时思想文化战线上的女子问题、自由恋爱问题等提出来不久，在新文艺运动中发生了重大影响的易卜生的名著《娜拉》（又名《玩偶之家》）也才刚刚介绍到中国来。在这种历史条件下，取材于国内现实生活的、又是反映尖锐的社会问题的《终身大事》的发表，为人们塑造了一个真实可信的中国式的"娜拉"形象，当然是相当的现实主义的了，诚如胡适同时代的著名戏剧家洪深曾经指出的那样："田亚梅是那个时代的现实的人物，而《终身大事》这个问题在当时确实又是一个亟待解决的问题，所以（该剧）也可以说是一出反映（现实）生活的社会剧"；田亚梅好比是中国的"娜拉"，"在封建势力仍然强盛的中国，是没有女子敢做娜拉的，但这正说明了这出戏的意义"。④

　　当然，在今天看来，《终身大事》的思想内容也有它的局限性。例如，它指示给读者（观众）的只是一条简单的离开家庭束缚的道路，而没有更深入一层地指出：为了使这种反叛旧家庭旧道德的行为巩固地而不是"暂时"地取得胜利，必须触及更深刻、更实质的问题——社会政治制度的变革。应当说剧本的这种局限性正是作者思想局限性的反映。这样，剧本所提出的，只是一个问题的开始，而不是问题的结束；只是一种初步的回答，而不是一个圆满的答案。不久，鲁迅提出"娜拉走后怎么办"的问题，并且用小说《伤逝》来回答这一问题。

《终身大事》的艺术成功

　　《终身大事》作为"五四"新文化运动中的一个著名的现代话剧剧本，在艺术技巧方面基本上也是成功的。

　　首先，剧本的艺术构思很巧妙，篇幅虽短，然而剧情紧凑简洁，又不失其波澜起伏，跌宕有致，在成功地塑造了鲜明的人物形象的同时，自然地揭示了深刻的主题思想。

　　剧本从田太太求瞎子算命先生揭幕，通过这两个人物的对话，简洁地交代了引起剧情发展的内容线索，由此初步设置了第一个矛盾，即封建迷信与自由婚姻的矛盾：相信迷信的田太太反对女儿的婚事。

　　算命先生退场后，田女士上场。母女间的争论使第一个矛盾表面化和尖锐化，但剧本趁机又自然地插入、交代了两个重要的细节：（一）田女士叫佣人李妈向陈先生传信，因为陈先生的汽车还在街口等着，这就为后来田女士的毅然出走留下了伏笔；（二）田女士的父亲田先生快回家了，据说他是反对迷信的，这便给读者（观众）设了一个悬念：田先生将支持女儿呢还是站在妻子一边？这个悬念，又自然地引出了第二个矛盾，即封建宗法制度旧风俗与自由婚姻的矛盾。

剧本对第二个矛盾的展示采用了先驰后张的手法。先驰：田先生回来后果真批评了田太太通过迷信来决定女儿的终身大事的糊涂做法，这使田女士感到兴奋："我早就知道你（田先生）是帮助我们的。"后张：剧情接着骤起变化，第二个矛盾尖锐地突出了，因为田先生根据"中国的风俗规矩"和"祖宗定下的祠规"，也反对女儿与陈先生结合。父女俩经过交锋，无奈父亲态度坚决，女儿哀告无用，直到绝望，矛盾冲突达到了高潮。

那么这一矛盾又怎样解决的呢？由于前面已有陈先生在街口等着的伏笔，在接下来一个短暂的平静的场面里，田女士收阅了陈先生托李妈带来的信。田女士为陈先生信中的话所鼓励，毅然出走。这样，当田氏夫妇再次上场时，田女士已经和陈先生一起走远了。

剧本巧妙的艺术构思，还具体表现为把陈先生处理成一个不出场的人物。尽管陈先生是剧情的矛盾冲突和解决矛盾的关键人物，但是，剧本只是通过其他人物的口来介绍其身世和思想品德，最多只是让其他人物读出他信中的话，来揭示其思想。然而即使是这样，读者（观众）虽未见其身影，但仍可想见其人，这就比让其直接出场更能产生艺术感染力。而且这样的处理，又无疑能深化作品的主题：争取婚姻恋爱自由作为当时一股进步的社会思潮，对旧家庭、旧道德、旧观念是具有强大的冲击力量的。另外，从独幕剧的特点来考虑，这样处理显然也可以避免许多枝蔓，使作品更加简练。

其次，剧本所塑造的人物都是具有其性格特点的，以往人们一般是肯定田亚梅这一人物形象的典型意义，其实剧本对田先生这一人物的塑造给予了更多的重视，无论从思想意义或美学意义上来说，都获得了更大的成功。

在田先生尚未上场的时候，读者（观众）通过布景和其他人物的对话了解到，田先生作为一个有着"中西合璧的陈设"、表示"半新半旧的风气"的中产知识阶级家庭的家长，对妻子相信迷信的愚昧行为总是反对的，这就暗示读者（观众），他很可能支持女儿。田先生上场后，首先给人的印象是，他的确是反迷信的，如他这样尖锐、激烈地批评妻子："你不敢相信自己，难道那泥塑木雕菩萨就可相信吗？""你有眼睛，自己不肯用，反去请教那没有眼睛的瞎子，这不是笑话吗。"总之，"什么菩萨哪，什么算命先生哪，都是骗人的，都不可相信"，"现在不许再讲那迷信的话了！"不过，田先生同时对妻子说了一句话：你"该先来问我"（重点号为引者所加），这就表明，他反对封建迷信和有主见的立场态度，在很大程度上是以一家之主的身份来体现的。正因为如此，他最后提出的对女儿终身大事的意见，便和妻子通过迷信活动所求得的答案殊途同归了。剧中还写道：田先生在解释自己的意见时，一方面引经

（《论语》）援史（族史），强调同意女儿与陈先生结合的"难处"，另一方面又说明，他怕人说他因贪陈家有钱而出卖女儿。这样，田先生思想性格的各个侧面都表现了出来，即是说，他虽然表面上颇有新思想，但实际上仍是恪守旧礼教旧道德盼正统的封建式的家长，而他在处理女儿的终身大事时越是小心谨慎，就越反映出他思想上的软弱性和性格上的虚伪性。

我们知道，五四前后，在中产知识阶级中出现了一些半新半旧、貌新实旧的人物，《终身大事》中的田先生正是这类人物中的一个生动的典型。应当说，像田先生这样的艺术形象，在同时期的其他新文学作品中并没有塑造过。

由此引发文学革命理论

胡适在当时不仅写作了《终身大事》，而且提出了包括旧戏改革在内的文学革命理论，他对中国现代戏剧发展史的贡献就体现在理论与实践的结合的两个方面。

在"五四"新文化运动兴起之际，要进行戏剧改革，促使现代戏剧活动的进步和发展，无疑要解决这样两个问题：（一）从理论上总结中国传统戏剧的得失，提出改革旧戏，发展新戏的纲领以及比较具体的原则和方法；（二）在实践上，首先要抓好剧本的创作。"五四"新文化运动初期，刘复、钱玄同、周作人、宋寿舫、欧阳予倩、傅斯年等人虽就上述问题提出了自己的意见，但提出的意见最为系统，实际上产生更大影响的还是胡适。胡适的戏剧改革理论作为他的"文学革命"理论的一个有机部分，也是从文学的进化观念出发的。他的主要观点是：

第一，认定"中国戏剧一千年来（虽然）力求脱离乐曲一方面的种种束缚，但因守旧太大，未能完全达到自由与自然的地位"，因此中国戏剧的改良和进步应以西洋的戏剧"作直接比较参考的材料……取人之长，补我之短；扫除旧日的种种'遗形物'，采用西洋最近百年来继续发达的新观念，新方法，新形式"⑤，因为"西洋文学方法的完备……真有许多可给我们作模范的好处"⑥。

第二，中国戏剧要改良和进步，应树立"悲剧的观念"和掌握"经济的方法"。"悲剧的观念"主要指扫除"团圆迷信"，从而使戏剧文学成为"能发生各种思力深沉，意味深长，感人最长，发人猛省的文学"，以纠正中国旧戏"那种说谎作伪、思想浅薄"的弊病。"经济的方法"包括四个方面，即"时间的经济"——"于最短的时间之内，把一篇事实完全演出"；"人力的经济"——"使做戏的人不致筋疲力竭"，使"看戏的人不致头昏眼花"；"设备的经济"——"使戏中的布景不致超出戏园中设备的能力"；"事实的经济"——"使戏中的事样样都可在戏台上演出来"，"把一切演不出的情节一概用间接法或补叙法演出来"。⑦

关于第一点，虽然胡适日后确实有过某种"民族虚无主义"的态度和"全盘西化"的主张，然而在这里，他是对中国旧戏采取了一定的分析态度的，他提出的取西洋戏剧之长补中国戏剧之短的意见，应当说比当时一些对于中国旧戏的偏激的看法（如

"试问今日中国戏剧，在世界艺术里，当占何等位置乎！吾放言中国无戏剧故不得其位置也。"⑧），无疑是要全面一些，在当时是有进步意义的。

关于第二点，所谓"悲剧的观念"，就反对中国旧戏"团圆迷信"来说，进步意义是显然的，鲁迅先生也是多次指出过这一点的。至于"经济的方法"中的几点，尤以"时间的经济"和"事实的经济"两条，涉及了美学范畴，而这几点总的说来，的确是提出了戏剧文学的基本原则。

另外，胡适曾经说过，新文学的取材，不应只局限于"官场妓院与龌龊社会三个区域"，凡"今日的贫民社会，如工厂之男女工人，人力车夫，内地农家，各处大负贩及小店铺，一切痛苦情形"，以及"今日新旧文明接触，一切家庭惨变，婚姻痛苦、女子之位置，教育之不适宜……种种问题，都可供文学的材料"，而文学家从事创作，必须"注重实地的观察和个人的经验"，而不能靠"关了门虚造"或从"间接又间接得来"的材料而动笔。⑨这些具有普遍意义的原则，显然也适用于戏剧创作。从胡适的《终身大事》来看，如上分析，它实际上是对作者自己的基本正确的戏剧文学观的一次成功的实践。洪深说："五四"新文学运动初期的中国戏剧界，"理论非常丰富，创作却十分贫乏，只有胡适底《终身大事》一部剧本，是值得称道的。"⑩这位胡适同时代的著名戏剧家的评论应该说是合乎事实的。鲁迅也曾经说：当"鸳鸯蝴蝶式文学的极盛时期"，"这时有伊孛生的剧本的绍介和胡适之先生的《终身大事》的别一形式的出现"，便使得"鸳鸯蝴蝶派作为命根的那婚姻问题……因此而诺拉（Nora）似的跑掉了"。⑪这不仅指出了该剧作为新文学的一个重要实绩在思想内容上的积极意义，而且也强调了该剧对于整个新文学发展所带来的积极影响。的确，在胡适的《终身大事》发表之后，整个中国戏剧改良的步伐明显地加快了，在新文化运动的第一个十年中，欧阳予倩、丁西林、田汉、叶绍钧、洪深和郭沫若等又创作了一系列具有进步的思想内容、在艺术上也日臻完善的优秀剧本，由此奠定了现代中国话剧的基础，这虽然不能说完全是受了胡适的戏剧改良理论以及《终身大事》的积极影响的结果，但两者之间多少有一些可寻的关系。

最后值得指出的是：胡适在当时宣传戏剧改革的理论，乃至其他哲学、社会政治思想的一个显著特点是，非常推崇易卜生的思想及其作品。他曾经颇为自负地引用过易卜生这样一段话："我以前每作一本戏的主张，如今都已渐渐成了很多数人的主张。"⑫洪深后来在系统地总结新文学运动第一个十年的中国戏剧史时指出："胡适的教人去学习西洋戏剧的方法，写作白话剧，改良中国原有的戏剧，他底目的，是要想把戏剧做传播思想、组织社会、改善人生的工具"，这"在他底重视易卜生这个事实，完全可以看出"："胡适的这样推崇易卜生主义，对于后来中国话剧的发展，影响是非常广大的。易卜生的戏剧，很快地有许多被译成中文；而在创作方面，有若干的作家，不仅是把易卜生剧中的思想，甚而连故事讲出的形式，一齐都摹仿了"。⑬这种历史的分析是合乎事实的。不过，洪深没有进一步分析指出，易卜生剧中的思想乃至表现方式被国人摹仿的情况，一方面固然说明胡适宣传易卜生的积极意义，但是另一方面又表明胡适所宣传的易卜生主义在中国随着历史的进步而产生了消极作用。这种消极作用，"五四"新文学运动前期的胡适当然不应负责，然而胡适要负责的是，他在堕落为帝国主义和国民党反动派的"过河卒子"后，站在反动政治立场上，继续宣传已在当时失去了进步意义而旨在反对革命的改良主义思想，由此对中国现代思想文化界（包括戏剧界）所产生的恶劣影响。

[注释]

① 该剧曾在北京公演，《鲁迅日记》（1919 年 6 月 19 日）云："晚与二弟同至第一舞台观学生演剧，计《终身大事》一幕，胡适之作……"

② 胡适：《新思潮的意义》，《胡适文存》卷四。

③ 胡适：《易卜生主义》，《胡适文存》卷四。

④⑩⑬ 洪深：《中国新文学大系·戏剧集·导言》。

⑤⑦ 胡适：《文学进化观念与戏剧改良》，《胡适文存》卷一。

⑥⑨ 胡适：《建设的文学革命论》，《胡适文存》卷一。

⑧ 欧阳予倩：《予之戏剧改良观》，见《中国新文学大系·建设理论集》。

⑪ 鲁迅：《二心集·上海文艺之一瞥》。

⑫ 此系易卜生致友人信中的话，转引自《易卜生主义》。

胡适与易卜生

在"五四"新文化运动中，易卜生是被国人介绍得最多、也最受推崇的外国作家之一。当时，他的代表性剧作如《社会栋梁》(1877)、《娜拉》(1881)、《群鬼》(1881) 和《国民公敌》(1882) 等共有十余部被译成中文，其中仅《娜拉》一部，至少有四种译本①。

就胡适来说，他虽然没有翻译很多易卜生的作品，但却是最早且又最全面系统地介绍易卜生的作品和思想的人。另外，胡适对于易卜生思想的推崇和介绍，又对他自己的思想发展和文学活动产生了很大的影响，据他自己说：那篇发表在《新青年》四卷六期"易卜生专号"上的《易卜生主义》，也"代表我的人生观，代表我的宗教"（《介绍我自己的思想》）。因此可以这样认为：胡适之所以能够成为"五四"新文化运动中名噪一时的领导者，他的有关理论主张之所以在"五四"期间能够一度风靡全国，甚至成为不少人心目中的"模范"，也都同他深受易卜生的影响有着密切的关系。

胡适（1891—1962），安徽绩溪人。1904 年来上海读新式学堂，开始接受"新学"，并萌发改良主义思想。1910 年，考取留美

"庚款"生，先入康奈尔大学，后入哥伦比亚大学攻读哲学博士学位，受业于杜威，由此接受实验主义思想。留美期间，胡适还初步形成了"文学革命"的主张，其接触易卜生的作品并引起思想上的共鸣，也在此阶段。据《胡适留学日记》记载：从 1914 年 7 月起，就较为集中地阅读了以易卜生为代表的欧洲"社会剧"（"问题剧"），稍后写了《易卜生主义》的英文稿，曾在康奈尔大学哲学会上宣读过。胡适于 1917 年回国后，改写了《易卜生主义》的中文稿（1918.5.16），通过对易卜生的十来部主要剧作以及书信集《尺牍》的分析，全面地评介了易卜生的思想，同时又同罗家伦一起合译了《娜拉》。另外，胡适还在当时所写的其他文章中，如《李超传》和《非个人主义的新生活》等，都程度不同地谈到了易卜生主义，宣扬了易卜生的思想。

胡适如此钟爱易卜生的作品和思想并作不遗余力的介绍，有着许多深刻的社会原因。重要的一点是：就易卜生来说，作为挪威的爱国主义者、挪威民族戏剧的奠基人、伟大的批判现实文学家和世界戏剧史上继莎士比亚后最有独创性的戏剧大师，他的作品和思想的确是博大精深的，而这一切对于"五四"期间中国思想文化界来说，恰恰具有鲜明而妥切的启迪意义。

亨利·易卜生（H. J. Ibsen，1828—1906），挪威人。少年时代因家庭破产，曾在一家医药店当了六年学徒。在这期间，易卜生接触了拜伦、哥德和莎士比亚等人的作品，由于目睹当地势利庸俗、停滞沉闷的社会风气和生活秩序，心有不满而拿起了笔，写下了一些诗歌等。1848 年，欧洲资产阶级民主革命的爆发，激发了易卜生的民族意识和政治热情。1850 年，他来到首都后，开始了职业的创作生涯。在这之后，他除了参加旨在争取挪威民族独立的进步工人运动和学生运动外，又从事剧院的艺术指导工作，为倡导挪威的民族戏剧做了大量工作。由于易卜生的活动招致了国内资产阶级反动政客和自由主义分子的攻击，他于 1864 年离开祖国，侨居意大利和德国等地，直到 1891 年才回国，1906 年因病逝世。从易卜生的创作生涯来看，其侨居国外期间的创作活动最有光彩，他写于该时期的作品，坚定地采用了批判现实主义的创作方法，集中地以"社会剧"的形式提出了关于道德、宗教、法律、教育和妇女地位等问题，由此揭露资本主义社会的民主、自由的虚伪性和资产阶级的利己主义、市侩主义等丑恶本质，在这基础上还提出了通过道德的改造和发扬个人主义的"叛逆精神"来改良社会的主张。

联系到"五四"前后中国社会的现实情况来看，易卜生在这一时期的作品中所提出的那些尖锐的社会问题，仿佛也是对中国社会的病情的诊断。例如，当时中国虽说已经废除了帝制而得"共和政体"，但封建主义势力仍然十分猖獗，上流社会尤其是染上了西方资本主义世界的通病，这样，逐步觉醒的以知识分子为主体的人民群众，对于切实的民主和自由的渴望、对于个性解放的追求等等，都受到了黑暗的政治势力和社会习惯势力的压制。同样，易卜生在自己的作品中通过对现实的社会秩序的否定而激烈地提出的关于反对专制、反对迷信、提倡个人主义和个性解放（包括妇女解放），强调个人要对社会的改革负起责任等主张，显然是同当时中国的启蒙主义思想家们心心相印的，唯其如此，当时新文化运动的领导者，为了寻找否定和批判旧中国的社会现实的思想武器，为了进一步确立"德先生"和"赛先生"在中国当代思想文化界的权威，以促进思想启蒙运动的深入，自然地要把目光注向易卜生，让易卜生的作品和思想来为中国人民上课。

胡适也是如此。由于他在留美时期接受了杜威的实验主义哲学，也形成了民主主义思想和改良主义的政治立场，所以对易卜生的思想更容易接受和理解。尤其是胡适在返国后，因痛感中国思想界的沉寂，特别希冀从西方资产阶级的进步的社会思想中寻找到一种有明显的实际功效的武器，来打破中国思想界的沉闷的气氛，用他自己的话来说，就是"想在思想文艺上替中国政治建筑一个革新的基础"（《我的歧路》）。这样，胡适凭其资产阶级启蒙主义思想的敏感和学术抱负，也就自然地深切地认识到了介绍易卜生的思想和作品，对于当时中国思想文化界可能产生的积极意义。例如，接受了实验主义哲学的胡适十分强调"评判的态度"，也信奉尼采所提的"重新估定一切价值"的主张（《新思潮的意义》），所以就特别看重易卜生思想中关于提倡怀疑精神和叛逆精神的积极因素，希冀以此来适应当时思想文化界的"反天理"的要求，推动思想解放运动的深入。

还有，胡适当时竭力介绍易卜生，同新文化运动的另一个侧面——戏剧改良所提出的问题也是一种有目的的配合。当时，新文化运动的倡导者基本上把中国的旧戏看作属于"国粹"的死文学，认为其毫无价值，同时认为戏剧改良应当摒弃中国戏剧的旧程式，代之以欧洲近世所出现的那种话剧形式。主张"文学革命"的胡适，也持这样的态度。有所破，便要有所立，于是胡适推崇易卜生的剧作，也就极为自然。

总之，由于胡适具有根深蒂固的改良主义思想，对于社会现实问题相当重视，认为改革社会必须从解决这些具体问题下手，即一点一滴的改良，而易卜生的许多重要作品，几乎都是涉及具体的社会问题的，胡适需要以此使自己的主张获得一种理论上的印证。同时易卜生作品中提出的种种问题和由此反映出来的作者的思想，也的确可以为胡适所借鉴，所以，胡适在新文化运动期间对于易卜生思想和作品的介绍，就不是一时的心血来潮，而是建立在十分自觉的思想基础上的。

胡适个人的思想接受易卜生的影响是多方面的。据他《易卜生主义》一文透露，主要表现在如下几点。

一是对于社会现实持较为清醒的批判的态度。胡适认为"易卜生的文学，易卜生的人生观，只是一个写实主义"。胡适还援引易卜生1882年致朋友信中的话："我做书的目的，要使读者从心中都觉得他所读的全是事实"，由此阐述说："人生的大病根在于不肯睁开眼睛来看世间的真实现状。……易卜生的长处，只在他肯说老实话，只在他能把社会种种腐败龌龊的实在情形写出来叫大家仔细看。"胡适还联系当时中国的社会现实而发挥说："明明是男盗女娼的社会，我们偏说是圣贤礼仪之邦；明明是赃官污吏的政治，我们偏要歌功颂德；明明是不可救药的大病，我们偏说一点病都没有。"正是由此出发，在新文化运动中，胡适用他那枝尖锐犀利而又妙趣横生的笔，对中国社会的一些丑恶腐败的现象作了较为深刻的批判。

二是重视解决具体的社会问题。易卜生的剧作触及了资本主义社会许多具体的社会问题，如法律、教育、道德、妇女、家庭和宗教等。据胡适的理解，在易卜生看来，"世上没有入情入理的法律"，而宗教又久"已失去了那种可以感化人的力量"，至于社会上的道德，"不过是许多陈腐的旧习惯"，凡此种种，才派生出许多不合理的、罪恶的社会现象，所以改革社会就要从解决这些具体的社会问题下手。胡适对此是完全服膺的。例如他认为，重视对于社会问题的研究，远比空谈"主义"和口号更迫切，更需要；他还说："舆论的第一天职，就是细心考察社会实在情形"，因而要"多提出一些问题，少谈一些纸上的主义"；联系到中国社会的具体情况，胡适又提出：中国必须解决的问题，不是什么"资本主义""封建势力"和"帝国主义"等，而是"贫穷""疾病""愚昧""贪污"和"扰乱"等所谓"五大仇敌"②。

三是在个人与社会的关系上，强调"健全的个人主义人生观"。易卜生曾说："我所最期望于你的是一种真实纯粹的为我主义，要使你有时觉得天下只有关于你的事最要紧，其余的都算不得什么。……你要想有益于社会最好的法子莫如把你自己这块材料铸造成器。……有的时候我真觉得全世界都象海上撞了船，最要紧的还是救出自己。"胡适认为这是一种"完全积极的主张"，即"主张个人须要充分发达自己的天才性，须得充分发展自己的个性"，因为"社会最大的罪恶莫过于摧残个人的个性，不使他自由发展"。胡适还把易卜生这种观点主张称之为"健全的个人主义",认为其要点是"把自己铸造成自由独立的人格",而它又有两个方面的涵义:一是像娜拉那样,具有反叛精神,保全自己的个性,"无论如何,务必做一个人";二是像斯铎曼医生那样,敢于独立独行,敢说老实话,敢向恶势力作战,敢攻击社会上的腐败情形,即使由此被人视作为"国民公敌"也在所不惜,因为坚信"世界最强有力的人就是最孤立的人"。

易卜生的作品和思想,对于胡适的文学理论和创作活动的影响也是很大的。

文学理论方面。胡适曾专门写有《文学进化观念和戏剧改良》一文,该文提出:"现在中国戏剧有西洋的戏剧可做直接比较参考的材料,若能有人虚心研究,取人之长,补我之短,扫除旧日的种种'遗形物',采用西洋最近百年来继续发达的新观念,新方法,新形式,如此方才可使中国戏剧有改良进步的希望。"纵观全文,胡适虽然没有具体例举易卜生作品的创作经验,但他着重提出的"悲剧的观念""文学的经济"两个问题,无疑是对易卜生创作经验的概括。另外,在《建设的文学革命论》一文中,胡适在论述"集收材料的方法""结构的方法"和"描写的方法"时,也明确强调要向包括易卜生作品在内的西洋名著学习,指出"最近六十年来,欧洲的散文戏本,千变万化。……最重要的如'问题戏'专研究社会的种种重要问题……"这些意见对于中国现代话剧理论的建设,无疑是有意义的。

创作活动方面。胡适在"五四"期间写过若干文学作品,如短篇小说《一个问题》和杂文式作品《差不多先生传》等，虽不是戏剧体裁，但表述的主题思想同易卜生的"问题剧"却是很接近的。胡适的创作受易卜生影响最明显的是他的独幕剧《终身大事》。该剧叙述的是留学东洋的田亚梅女士不顾父母反对，与陈先生自由恋爱的故事。该剧留下不少摹仿《娜拉》的痕迹，然而毕竟取材于中国的现实生活，反映了国内当时的一个社会问题，所以其意义还是很大的。正如洪深在《中国新文学大系·戏剧集导言》所指出的那样：剧中的"田亚梅是那个时代的现实的人物，而《终身大身》这个问题在当时确又是一个亟待解决的问题，所以（该剧）也可以说是一出反映生活的社会剧"，田亚梅好比是中国的"娜拉"，"在封建势力仍然强盛的中国，是没有女子敢做娜拉的，但正说明了这出戏的意义"。

综上所述，关于胡适与易卜生的思想联系，我们可以得出如下几点结论。

第一，易卜生如同杜威和赫胥黎一样，对于胡适的思想也产生了重大的影响，而在"五四"新文化运动中，在当时反对封建主义旧思想旧文化、对广大群众进行启蒙主义教育的历史条件下，这种影响的基本意义，以及由此产生的客观的社会效果，主要是积极的。胡适说，那篇《易卜生主义》"在民国七八年间所以能有最大的兴奋作用和解放作用，也正是因为它所提倡的个人主义在当日确是最新鲜又最需要的一针注射"（《介绍我自己的思想》），这是符合事实的。

第二，胡适宣传易卜生主义的意义，除了表现在政治思想和人生观方面外，在文学革命方面也有体现。胡适在介绍易卜生作品和思想的同时又搞创作，这就构成了新文学运动（尤其是戏剧创作）的一个实绩，由此推动了文学革命的深入，正如鲁迅在《二心集·上海文艺之一瞥》中所说："当鸳鸯蝴蝶式文学的极盛时期"，"有伊孛生的剧本的绍介和胡适之先生的《终身大事》的另一形式的出现"，便使得"鸳鸯蝴蝶派作为命根的那婚姻问题……因此诺拉（Nora）似的跑掉了"。

第三，胡适对易卜生作品和思想的介绍，在当时既有积极意义，但同时又留下了改良主义的消极性。这是因为，即使在"五四"期间，易卜生的思想到了胡适那儿，也不完全是易卜生的本意，而是因中国社会环境，因接受者的思想基础和政治倾向而异，发生了某种质变，就是说，胡适当时所接受和宣扬的"易卜生主义"，深深地打上了胡适的中国式的改良主义的烙印。这样，胡适宣扬易卜生主义所呈现的进步性和消极性的两个侧面，就必然随着历史的发展和中国革命形势的变化而出现此消彼长的情况。例如关于对社会现实的认识和批判，胡适看到的，或者说只愿意看到的，基本上属于表象的东西，而对实质性的问题，则否认或回避了；当中国共产党提出反帝反封建的问题时，胡适就说"这很象乡下人的海外奇谈"；关于重视解决社会问题也是如此，由于胡适的目光囿于"男盗女娼"一类，至多看到"五大仇敌"，所以就不赞同从根本上解决社会的经济制度问题的社会革命的主张，仍是强调所谓"一点一滴的改造"，鼓吹用这种所谓"自觉的改造"来"替代盲动的所谓'革命'"；至于他倡导"健全的个人主义"，主张的"独立思考"和"怀疑精神",稍后也变质为反对马克思主义的遁词,说什么"对于什么马克思、牛克思等主义都不致盲从";他主张的每个人都要负起"自觉替社会国家想出路"的"重大的责任",最后更是具体表现为追随反共反人民的国民党政府。③总之,胡适由于把易卜生的思想经过改铸而纳入了他的改良主义的思想体系,所以尽管在"五四"时期产生了相当的积极意义,但到后来终究是走向了反面。尽管易卜生思想本身自有它的局限性,但到了胡适那儿所发生的变化,却不是易卜生的责任了。

[注释]

① 参见蒲梢:《汉译东西洋文学作品编目》,收入张静庐辑注:《中国现代出版史料(甲编)》,中华书局,1954 年 12 月版。

② 参见胡适:《研究社会问题底方法》《问题与主义》和《我们走那条路》等文。

③ 参见胡适:《国际的中国》《我们走那条路》和《科学的人生观》等文。

新诗革命之《尝试集》

胡适在留美期间既已立志倡导文学革命，"为大中华，造新文学"①，根据实验主义原理——据他说："实验主义教训我们：一切学理都只是一种假设，必须要证实了（Verified），然后可称是真理。证实的步骤，只是先把一个假设的理论的种种可能的结果都推想出来，然后想法子来试验这些结果是否适用，或是否能解决原来的问题"，而考虑到其"白话文学论不过是一个假设，这个假设的一部分（小说词曲等）已有历史的证实了，其余一部分（诗）还须等待实地试验的结果"②，于是就自觉地诉诸创作实践。而充分反映胡适白话诗创作实践的，当是他于 1920 年 3 月出版的中国新文学史上的第一本新诗集——《尝试集》。

从旧体白话诗到白话自由体新诗的过渡

《尝试集》初版以及广为流传的增订四版（1922 年 10 月），除附《去国集》③外，正文均为三编。其中第一编所收篇什，均为胡适自 1915 年 8 月到 1916 年 7 月间的作品，它们在形式上的主要特点是：基本袭用旧体诗体，但用的是白话，且不拘平仄和押韵不严格。如胡适写得最早的一首白话诗：

> 两个黄蝴蝶，双双飞上天。
>
> 不知为什么，一个忽飞还。
>
> 剩下那一个，孤单怪可怜；
>
> 也无心上天，天上太孤单。
>
> ——《蝴蝶》（原题《朋友》，1916.8.23）

该诗虽然在音节、押韵、重字等方面都显得有些随心所欲，但从整体上看，受旧形式束缚还很明显，近似于一首"古风"。至于另一首《十二月五夜月》（"明月照我床……"）除了用白话文外，其他方面与旧体诗更为接近，即使在语言方面，如"欲眠君照我"等句，也有文言诗的痕迹。还有一些篇什，如《沁园春》（五年十二月十七日）和《百字令》（六年七月三夜）等，尽管用的是白话，但却是填词之作。以上是问题的一方面，从另一方面看，即使在以上诸篇中，还是透露出了新时代的诗人才具有的思想气质和语言特色，如《百字令》下阕有"念我多少故人，如今都在明月飞来处。别后相思如此月，绕遍地球无数"句，明显地融合了近代自然科学知识。

以上情况表明，胡适在迈出文学革命创作实践的第一步时，是以旧体白话诗为主要形态的。从旧体白话诗向体现五四时代特点的白话自由体新诗的过渡，在结束留美生活前尚未完成。这一过渡的真正完成，是在 1918 年之后，即是说，只有在《尝试集》第二编和第三编中，才可以找到完全意义上的自由体新诗，如写于 1919年 3 月的《应该》：

> 他也许爱我，——也许还爱我，——
> 但他总劝我莫再爱他。
> 他常常怪我；
> 这一天，他眼泪汪汪的望着我，
> 说道："你如何还想着我？
> 想着我，你又如何能对他？
> 你要是当真爱我，
> 你应该把爱我的心爱他，
> 你应该把待我的情待他。"
> 他的话句句都不错：——
> 上帝帮我！
> 我"应该"这样做！

这首诗纯粹是用口语，诗体又是散文化的，诗句长短不一，音节、句式和押韵也相当自由，且用了一套新式标点符号，更重要的是，诗中运用了相当丰富的修辞手法，恰如其分地写出了一对旧情人各自复杂、微妙而曲折的感情世界，由此确实有一种言近而旨远的韵味和境界，读者也可以据此产生许多联想。胡适曾自评此诗说："这首诗的意思神情都是旧体诗所达不出的。别的不消说，单说'他也许爱我，——也许还爱我'这十个字的几层意思，可是旧体诗能表得出的吗？"①此言不谬。显然，把这类诗作比之《尝试集》第一编诸篇，无疑是划了一个时代：所谓的"尝试"至此有了可贵的初步的绩效。

胡适后来说："我现在回头看我这五年来的诗，很像一个缠过脚后来放大了的妇人回头看他一年一年的放脚鞋样，虽然一年放大一年，年年的鞋样上总还带着缠脚时代的血腥气。"⑤从整体上看，胡适这段话对于自己的作品从旧体白话诗到白话自由体新诗的过渡的基本线索的勾勒是形象而准确的，尤其是《尝试集》初版。只是胡适那本流行最广的《尝试集》四版经过了任鸿隽、陈衡哲、鲁迅、周作人、俞平伯和康白情等人的筛选，剔去了一些非新非旧的诗作，使得上述情况反而不那么明显了。

《尝试集》的主要思想内容和价值

《尝试集》中的那些白话自由体新诗的思想内容是值得重视的，其突出的特点和价值，在于带着鲜明的时代色彩，热烈宣扬和表达了五四新文化运动以科学和民主为主要旗帜的新思潮。具体说来，有如下几个方面：

首先，揭露和抨击了以孔孟思想为核心的封建礼教和封建道德观念。

封建礼教与封建道德观念是中国几千年封建社会的精神支柱。辛亥革命虽然推翻了帝制，剪除了人们头脑上垂下的辫子，然而传统的封建礼教与封建道德观念在思想意识领域内，仍然占有统治地位。因而，为了鼓吹科学和民主，新文化运动的启蒙家们首先把斗争矛头指向它们，新文学创作也同样把反封建作为主要内容。胡适的白话自由体新诗正是鲜明地体现了这一点。例如《礼》，它用对比的手法写了两种人物对于丧礼的不同态度：儿子不肯为丧父行礼，遭到别人的打骂；别人对死者流着"现成的眼泪"，而儿子却忍不住地发笑，以至跑开。诗的最末一段是：

> 你们串的是什么丑戏，
> 也配抬出"礼"的大帽子！
> 你们也不想想，
> 究竟死的是谁的老子？

十分显然，这段发问不仅歌颂了封建礼教的叛逆者，而且还讽刺和揭露了封建礼教的卫道士们伪善和丑恶的嘴脸。这首诗虽然没有达到揭露封建礼教"吃人"本质的高度，但反封建的立场却是鲜明不过的。读者如果把诗中写到的"老子"的"死"赋予象征意义，那么该诗显然又蕴含着更深沉的思想内容：五四时期的青年毫不惋惜中国旧文明的衰亡，而不管卫道者以何种形式和手段唱挽歌。

其次，与反封建礼教相联系，胡适的另一些诗作还表达了相当强烈的追求个性解放的思想，从而使作品增添了资产阶级民主主义的色彩。如《鸽子》一诗描绘一群鸽子"三三两两，回环来往，夷犹如意"地在"云淡天高"中游戏，"忽地里，翻身映日，白羽衬青天，十分鲜丽"。诗中那自由飞翔的白鸽，实际上是包括胡适在内的那个时代追求个性解放和民主自由的资产阶级知识分子的形象的化身，作品所赞美的那种自由生活，正是当时绝大多数知识分子所憧憬的。

如果说《鸽子》一诗还只是描绘出资产阶级知识分子为争取民主自由的孤独的形象的话，那么在题为《老鸦》的新诗中，则树立了对立面，从而更加突出地表达了作者敢于同旧思想旧道德对抗的反封建精神：

（一）

我大清早起，

站在人家屋角上哑哑的啼。

人家讨嫌我，说我不吉利：——

我不能呢呢喃喃讨人家的欢喜！

（二）

天寒风紧，无枝可栖，

我整日里飞去飞回，整日里又寒又饥。

我不能带着鞘儿，翁翁央央的替人家飞；

也不能叫人家系在竹竿头，赚一把黄小米！

全诗句句有象征意义。被人讨嫌为"不吉利"的老鸦坚定地表示：不愿"呢呢喃喃讨人家的欢喜"，"翁翁央央的替人家飞"，更不愿为了"赚一把黄小米"而受人束缚，这无疑又是倡导科学与民主的五四新人物的形象的写照。至于"我大清早起，站在人家屋角上哑哑的啼"，更有深刻的思想含意，它表明胡适等一批新文化运动的倡导者的言论不啻为呼唤新时代的先声。胡适曾在不少文章中明确地肯定过包括他自己在内的启蒙主义者的思想言论的价值，在本诗中则是把这层意思形象化了，这对他的盟友们是一种鼓励，而对新文化运动的追随者们则是一种鞭策。

复次，为了配合当时的政治斗争和思想斗争，胡适还写了不少政治色彩更为强烈、也更富有战斗性的诗篇，这是《尝试集》中思想意义和政治价值最高也最可取的一部分。例如：

1919 年 6 月 11 日，陈独秀被捕，胡适当夜写了《威权》一诗。诗中把反动势力比作高坐在山顶的"威权"人物，把五四新人物比作套着铁索开矿的奴隶。诗的末段为：

奴隶们同心合力，
一锄一锄的挖到山脚底。
山脚底挖空了，
威权倒撞下来，活活的跌死！

显然，这是对"五四运动总司令"陈独秀的声援，对以北洋军阀为代表的反动势力的警告，也是表达了对当时的反封建斗争的必胜信念。

同年 8 月 30 日，由李大钊、陈独秀等人主编的、在五四新文化运动中为宣传新思潮做了许多工作并产生过广泛的积极影响的《每周评论》为北洋政府军警当局封禁。胡适作为该杂志的编辑之一⑥，在激愤中写下了《乐观》一诗。该诗把《每周评论》比作一棵参天大树，诗中写到：这棵大树因碍着反动势力的路而被砍倒，并被挖去了树根。然而当砍树人很得意地"觉得很平安"之时，却不知大树留下了"许多种子"，并将在雪消之后萌芽：

> 过了许多年，
> 坝上田边，都是大树了。
> 辛苦的工人，在树下乘凉；
> 聪明的小鸟，在树上唱歌，——
> 那砍树的人到哪里去了？

在这里，作者对于砍树者（反动势力）的文化专制主义的抨击、讽刺和嘲笑，无疑是有力的，而再次表达的对于民主政治的胜利信念，同样是坚定的。

同年的 11 月，北洋军阀政府又查封了北京的《国民公报》并逮捕该报主笔，将其判刑监禁。胡适再次作诗《一颗遭劫的星》。诗中说：

> 忽然一大块黑云。

把那颗清凉光明的星围住；

那块云越积越大，

那颗星再也冲不出去！

乌云越积越大。

遮尽了一天的明霞；

一阵风来，

拳头大的雨点淋漓打下！

大雨过后，

满天的星都放光了。

那颗大星欢迎着他们，

大家齐说"世界更清凉了！"

这又是一如既往地诅咒反动派的灭亡，同时预言民主政治的必然胜利。

在这里有必要指出，有些研究者对于上述三首诗歌的思想内容和价值的评判极为苛求，如认为《威权》一诗对于"奴隶怎样磨断铁索"没有写，"山脚底挖空了，威权才倒撞下来，是活活的跌死，不是给奴隶们揍死。这只是一场空想。也只是胡适发的一点小牢骚"；又说《乐观》这首诗，"从题目到诗句都是平淡地叙述大树被砍，种子发芽的过程，这也叫做五四时代的狂风暴雨式的战斗诗吗？"而《一颗遭劫的星》也仅仅把"一件社会斗争的大事"写成了"暴风雨前后的光景。这是平淡无奇，软弱无力的分行散文"⑦。很显然，这样的指责离开了上述作品所产生的历史环境的具体分析，也忽视了诗歌艺术本身的特点，因而是没有说服力的。例如既然要求写"奴隶怎样磨断铁索"，为什么不允许"叙述大树被砍，种子发芽的过程"呢？又难道写威权"给奴隶们揍死"才是唯一正确的，而写成"活活的跌死"就是"空想"和"牢骚"了？至于"五四时代的狂风暴雨式的战斗诗"，难道应该是革命口号的堆砌，否则就是"平淡无奇，软弱无力的分行散文"了吗？

除了以上几个方面外，《尝试集》中还有一些作品还赞美了勇敢地参加辛亥革命乃至英勇献身的烈士的斗争精神，如《黄克强先生哀辞》和《四烈士冢上的没字碑歌》；宣扬了"劳工神圣"和"平民教育"思想，如《平民学校校歌》；有些甚至有相当激烈的言辞，如《双十节的鬼歌》中说："大家合起来，赶掉这群狼，推翻这鸟政府；起一个新革命，造一个好政府：那才是双十节的纪念了。"总的说来，《尝试集》中那些有明显的政治倾向的作品，其对于封建主义的批判，对于北洋军阀政府反动政治的否定，以及对于"五四"进步思潮的宣传，同整个新文化运动的潮流是合拍的，它们作为《尝试集》的思想内容的基调，无疑是有价值有意义的。

当然，即使是上述作品，若干方面也呈现出瑕瑜并存的情况。如《双十节的鬼歌》，在对北洋军阀政府表示强烈不满的同时，也宣扬了改良主义的"好人政府"的主张，这比之于当时另一些新诗人如郭沫若（1892—1978）的《女神》中的篇什，在政治思想方面的深度自然有差距。然而即使如此，也仍然不能否定《尝试集》中那些作为我国的第一批新诗作品在思想内容方面的价值。

《尝试集》的艺术价值及其在新诗发展史上的地位

由于胡适是最早创作新诗的，而在当时，新诗创作又是完全没有前人的经验可供借鉴，所以迫使胡适认真地探索和开拓新诗写作的道路。另一方面，由于新诗的出现遭到封建主义顽固派或旧文化的卫道者的嘲讽，要使新诗站住脚跟，又迫使胡适不得不对新诗的艺术形式和和表现手法作认真的研究。当年胡适刚立志搞文学革命时，在《沁园春·誓词》的修改稿中写道："文章要有神思。到琢句雕词意已卑。定不师秦七，不师黄九，但求似我，何效人为？语必由衷，言须有物，此意寻常当告谁？从今后，傥傍人门房，不是男儿。"⑧话是这么说，但真正做到"似我"，即写出自己的风格，却是一个艰巨的课题。不过由于胡适抱着实验主义的态度，孜孜不倦地"尝试"，所以在《尝试集》中也的确留下了若干成功之作，由此也形成了一些值得赞许的、至少对于新诗的发展有启示意义的特点。

胡适新诗突出的艺术价值和特点在于：擅长用象征性手法写重大的政治题材，并尽可能地注意摄取鲜明生动的意象，创造浪漫主义的意境，即采用"寓言"体的构思，通过描写一个简短而完整的"寓言"故事或"寓言"场面，富于情感地表达自己的政治见解。上面提到的《鸽子》《老鸦》《威权》《乐观》和《一颗遭劫的星》

等篇，大抵都是如此。从这个意义上可以说，胡适是中国现代诗歌史上的一位别具一格的"政治抒情诗"诗人，他的那些作品实际上是在象征主义的外衣中，裹着积极的现实主义的思想内容。当然，这些作品一般说来尚是较粗糙的，浅露有余、浪漫不足是比较明显的通病。以《乐观》一诗为例，全诗除序文外共有五节，第一节以砍树人的口吻交代砍树的缘由，第二节写砍树人在砍树后的得意之情，第三和第四节则写大树留下的种子终于在冰雪消融的春天萌芽，末句是种子的话语："我们又来了。"按说诗歌在这里结束就可以了，因为仅从这四节来看，作为一个富有象征意义的寓言已是完整的了，诗人所要表达的政治寓言也清晰地留了下来，何况这句话也点了题。而胡适在这之后又加了一节，添了四句，虽说更加明确地点了题，但毕竟显得有点拖泥带水。不过尽管有这样的缺点和不足之处，在新诗运动刚兴起的时候，有这样水平的作品问世，已是难得的了。

另外，诗歌的艺术特点同艺术形式和艺术表现技巧的关系尤为密切，"五四"时期的新诗人以及以后的几代新诗人，为了使新诗成为能同旧体诗抗衡匹敌的精巧的艺术品，不断地进行了可贵的探索，经过几十年来的努力，目前人们基本上都认为新诗当有以下三个最基本的艺术要求：（一）语言流畅；（二）音节整齐；（三）大体押韵。就胡适来说，他在新诗理论中也曾提出过类似意见，而在创作实践中对此又予以相当的重视。例如：

关于语言流畅，由于胡适从小接受过中国古典文学的训练，又因为在新诗尝试过程中经历过用白话文写旧体诗的阶段，因而他的新诗语言基本上是流畅的，尤其是没有欧化句式的痕迹。如《梦与诗》中的一节："都是平常情感，都是平常言语，偶然碰着个诗人，变幻出多少新奇诗句！"

关于音节整齐，胡适曾有意识地试验过音节问题，如他所说，他的白话诗"代表二三十个音节上的试验"⑨。总的说来，胡适的作品强调自然音节，而对每句诗音节的重视稍嫌不足，如《新婚杂诗》中的一首（"十三年没见面的相思"），前四行诗句的音节基本上是整齐、和谐的，而最末一行"且牢牢记取这十二月三十夜的中天明月"，共有十七字之多，语言既啰嗦，音节也太乱。但是对于这种试验的不成熟性，也不能一概否定，因为直到今天，新诗人们对于自由体新诗（尤其是分行的散文诗）的音节处理问题尚未取得完全一致的意见。

关于押韵，如上所说，胡适在理论上是主张"有韵固然好，没有韵也不妨"的，但在创作实践中，还是基本上采用了中国古典诗歌的隔句押韵的办法，同时为了更自由地表达思想，胡适在那些多节段的新诗中又往往采用每节换韵的手法，而另外又大体用现代国语（普通话）的韵，并不拘泥于古韵。如《威权》三节三换韵（ang、an、i），《一颗遭劫的星》则五节又换韵（en-ong、ao、u、a、ang）。

还可以指出的一点是，目前的新体诗的一种最普遍的形式是：以四行为一节，每行内大致三四个音节，隔句押韵，全诗换韵。回过头去看胡适的新诗，在《尝试集》中确实已经有大致符合这种形式的作品了，最典型的如《一笑》：

十几年/前，

一个人/对我/笑了/一笑。

我/当时/不懂得/什么，

只觉得/他/笑的/很好。

那个人/后来/不知/怎样了，

只是/他那/一笑/还在：

我/不但/忘不了/他，

还觉得/他/越久/越可爱。

　　因此可以说，《尝试集》中这样一类作品，在艺术形式方面的示范性是值得肯定的，正是它构成了《尝试集》的艺术价值的第二个侧面。

　　综上所述，胡适首倡新诗并付诸创作实践，基本上是成功的，《尝试集》的出版雄辩地证明：用白话文写诗，写白话文的自由体新诗是完全可行的。一部《尝试集》尽管自有它的缺点和不足之处，但整体上说，它标志着"五四"新文学运动在创作领域——新诗领域的第一茬收获，同时也给中国的新诗创作从理论和实践的结合上开拓了一条可供借鉴的道路。还在《尝试集》正式出版前，有人就指出："戊戌以来，文学革命的呼声渐起，至胡适登高一呼，四远响应，而新诗在文学上的正统以立"[⑩]，至于《尝试集》出版后"两年之中销售到一万部"的事实[⑪]，更是充分反映了这本诗集在中国新文学史上所产生的重大意义和深远影响。

《尝试集》出版后，在受到人们热烈赞扬的同时，也招致了猛烈的诋毁。如有人说："胡君之《尝试集》，死文学也。以其必死必朽也。不以其用活文字之故，而遂得不死不朽也。物之将死，必精神失其常度，言动出于常轨。胡君辈之诗之卤莽灭裂趋于极端，正其必死之征耳。"⑫这段话是极有代表性的，认定胡适是用"活文字"写"死文学"，似是采取"以子之矛，攻子之盾"的战法，但判定《尝试集》是精神失常、言动离轨，讲得明确些，就是认为这些作品从内容到形式都是"离经叛道"的，显然这是守旧派、顽固派（哪怕他们也曾学得西学）反对新文学运动的最基本的口实。对于这一点，新文学运动追随者的批驳是正确而有说服力的：《尝试集》的"真价值"主要在于"与人放胆创作的勇气"，从中体现的又是"那种'前空千古，下开百世'的先驱者的精神"。⑬在这个问题上，当年胡适也说过一段很诚恳的话：

> 我自己对于社会，只要求他们许我尝试的自由，社会对于我，也很大度的承认我的诗是一种开风气的尝试。⑭

的确，用"开风气的尝试"来概括《尝试集》最根本的价值是恰如其分的。

《尝试后集》及其他

在《尝试集》增订四版（1922 年 10 月）之后，胡适继续有新诗创作，且偶尔也发表一些。对于这些作品，他在晚年曾自编了两本诗集，分别题为《努力集》（收 1921—1923 年诗作）和《日黄中》（收 1924—1927 年诗作）。到 1952 年，胡适又自编《尝试后集》，收前两集以及集外的为自己稍感满意的诗作凡 44 首（包括少许译诗）。《尝试后集》有序，并附以写于 1936 年的旧稿（即《谈谈"胡适之体"的诗》）。据台湾出版的《胡适手稿》（第十集），《尝试后集》以外的诗作共有七十六首。从现有资料来看，胡适《尝试集》增订四版出版后的诗作共一百二十首。上述作品中的一部分，在收入《胡适手稿》（第十集）之前，在港台地区曾被编选出版过，其中主要选本有：《胡适之先生诗歌手迹》⑮《胡适的诗》⑯和《胡适选集·诗歌》⑰。

从胡适这些诗作来看，大抵有这样几个特点：（一）一部分属于白话旧体诗，其艺术风格和水准与《尝试集》第一编诸篇相似，其中《飞行小赞》可视为代表作，曾获得好评；（二）大部分为自由体新诗，但较之《尝试集》中的优秀之作，艺术水平没有明显的提高，有的由于是不准备发表的手稿，所以比较粗糙；（三）就思想内容而言，除了个别明显反动的外⑱，总的说来显得贫乏，即与作者当时的思想状况和政治倾向相适应，不再有如同《尝试集》中那样的健康积极的政治抒情诗，应酬之作反而多了起来，由此也缺乏原有的那种"新鲜气息"⑲。

不过平心而论，即使如此，在胡适的这些诗作中，有些篇什的艺术水准也是不低的，还有个别作品在思想内容和艺术表现手法的结合方面也做得较好。前者如《也是微云》（1925 年）：

也是微云，

也是微云过后月光明，

只不见去乡的游伴，

也没有当日的心情。

不愿勾起相思，

不敢出门看月。

偏偏月进窗来，

害我相思一夜。

作为一首情诗，音乐感很强，也很有意境，无怪乎被赵元任谱曲后流传甚广。后者如胡适于 1938 年 8 月 4 日自伦敦寄周作人的那首诗：

藏晖先生昨夜作一个梦，

梦见苦雨庵中吃茶的老僧，

忽然放下茶钟出门去，

飘然一杖天南行。

天南万里岂不太辛苦？

只为智者识得重与轻。

梦醒我披衣开窗坐，

谁知我此时一点相思情。[20]

就思想内容而言，作者站在抗日爱国的立场上规劝友人在人生道路的转折关头作出正确的选择[①]，这是极为可取的。而从艺术上来看，针对具体特殊的对象，用如此洒脱、含蓄的语言提出严肃的"识轻重"的问题，也堪称大家手笔。

胡适曾写过一首颇有意境的《小诗》（1921 年 4 月）："开的花还不多，且把这一树嫩黄的新叶，当作花看罢。"可以说，这里体现的也是一种"开风气的尝试"的意思。然而，如果说用这首诗来概括《尝试集》是很妥帖的话，那么胡适《尝试集》外的全部诗作似乎就与此难以相配了。这一点可以作为我们对《尝试后集》的总认识。

［注释］

① 胡适：《沁园春·誓诗》（1916 年 4 月 12 日），后收入《尝试集·去国集》。

② 胡适：《逼上梁山》，收入《中国新文学大系·建设理论集》。

③ 胡适从中国公学时代起就开始写旧体诗，留美之初，曾结集为《天半集》。留美以来，他仍不断有旧体诗之作，包括用旧体诗（含骚体）译外国诗歌。1916 年 7 月，当胡适正式决定实践本人的文学革命主张，"自誓将致力于其所谓'活文学'"时，便把这些作品辑为《去国集》，作为本人"六年以来所作'死文学'之一种"保存，意在留下自己"文字进退及思想变迁之迹"。（《尝试集·自序》）

④ 胡适：《谈新诗》。

⑤⑪⑭ 胡适：《尝试集·四版自序》。

⑥ 在陈独秀被捕后，李大钊也离开北京，《每周评论》即由胡适接办。

⑦ 廖子东：《论五四时期新诗的主流》，《华南师范学院学报》1979 年第 3 期。

⑧ 见《藏晖室札记》（1916 年 4 月 16 日）。

⑨ 胡适：《尝试集·再版自序》。

⑩《新诗年选》编者：《1918 年诗坛略记》，转引自朱自清：《中国新文学大系·诗集·导言》。

⑫ 此为胡先骕语，转引自《尝试集·四版自序》。关于当时人们对《尝试集》的批评，可参见胡怀琛编：《尝试集批评与讨论》，泰东书局，1923 年版。

⑬ 陈子展：《最近三十年中国文学史》。

⑮ 台北商务印书馆 1964 年 12 月版。

⑯ 台北亚洲书局 1964 年版，次年易题为《胡适诗选》，改由台北平平出版社出版。

⑰ 香港文星书店 1966 年 6 月版。

⑱ 如《悼叶德辉》（1931 年 6 月）和《游仙小诗·祝黄晴园（纯青）八十大寿》（1954 年 2 月），内有反动字句。

⑲ 日本学者青木正儿曾说过："胡适只要作诗，便会闪现西学的新知识，而且具有新鲜气息"。参见《以胡适为旋涡中心的文学革命》。

⑳ 该诗手稿原题为"寄周岂明"，在入编《尝试后集》时易题为"寄给在北平的一个朋友"。

㉑ 此时周作人已有附逆的初步行动，如 1938 年 2 月出席了日寇召开的"更生中国文化建设座谈会"，但抗日文艺界的朋友仍希望他悬崖勒马，幡然悔悟。

胡适研究的展开：成就，学术，思想

杂文家胡适

现代意义上的杂文即鲁迅式的杂文，发韧于五四新文化运动时期。在这期间，比之鲁迅的杂文出现更早、更有重大社会影响，而且也自有特色的，还有陈独秀和胡适的作品。从这个意义上说，胡适自然也是中国现代杂文作家的著名代表人物之一。

胡适，字适之（原名洪骍，字嗣穈），安徽绩溪县人，1891 年12 月出生于上海。童年时代在家乡接受过九年的旧式教育，因广泛接触中国古代文化典籍而打下了旧学的根底，更因为通过阅读大量的明清白话章回小说，接受了白话文的训练，所以文学兴趣也得以确立。1904 年，胡适来上海求学，开始接触西学，接受维新思想，还因与资产阶级革命党人的交往，形成了一定的反清革命的倾向。在上海求学期间，他一度主编白话报刊《竞业旬报》，文学才能崭露头角。1910 年，胡适作为"庚款"留学生赴美，先入康奈尔大学农学院，不久转入文学院，到 1915 年 9 月又考取哥伦比亚大学研究生，师从著名的实验主义哲学家杜威，因受实验主义思想方法的积极影响，萌芽了文学革命理论，并于 1917 年 1 月在《新青年》第二卷第五号发表《文学改良刍议》，由此揭开五四文学革命运动的序幕。1917 年秋，胡适回国，任北京大学教授，稍后又参加《新青年》编辑工作，全面地投入了方兴未艾的新文化运动。之后，胡适的政治立场和思想倾向有所反复，但从二十年代末三十年代初开始，逐步地靠向了国民党政权。抗战期间，胡适曾任驻美大使（1938—1942），抗战胜利后，任北京大学校长，1948 年底飞离北平，不久即流寓美国，至 1958 年回台定居，1962 年 2 月因病在台北逝世。

胡适作为五四文学革命的发难者，作为著名的中国新文学家，主要的文学活动集中在 1919 年前后的几年内。在这之后，由于他的学术活动兴趣和方向的转移，加上其他一些原因，一般不再以新文学家的身份从事狭义的新文学活动了。与此相适应，他的杂文也主要写于 1917—1925 年间。换言之，作为杂文家的胡适，他在这一时期所写作发表的各种文体的著述，无论是随感录、小品文、序跋、通信、读书笔记、游记、日记和书刊评论，还是讲演词或学术论文，都可以视为他的杂文，而事实上，他的上述各类文章，也的确不同程度地染有人们现在通常理解的那种"杂文笔法"。例如，他那篇《五十年来之中国文学》①虽属一般意义上的学术论文，但杂文笔法仍是宛然可见，典型的如这样一段话：

> 这个文学革命便不同了；他们说，古文死了二千年了，他的不孝子孙瞒往大家，不肯替他发丧举哀；现在我们来替他正式发讣文，报告天下"古文死了！死了两千年了！你们爱举哀的，请举哀罢！爱庆祝的，也请庆祝罢！"

　　总的说来，胡适之所以在五四新文化运动中产生很大的社会影响并获得很高的声誉，乃至为当时的进步青年目为心中的"模范"，其媒介物之一正是这些可以称之为杂文的各类著述。章士钊当年站在新文化运动反对派的立场曾讥讽当时的青年人，"以适之为大帝，绩溪为上京，遂乃一味于胡氏《文存》中求文章义法……以致酿成今日的底他它吗呢吧咧之文变"②，显然是反证了这样一个事实。

　　进一步说，胡适的杂文之所以获得当时的进步人士的热烈好评和欢迎，其基本原因有这样两点：第一，从思想内容方面来看，他的作品在整体上张扬着民主和科学的旗帜，坚决而猛烈地抨击封建主义旧思想旧文化旧道德，由此深切地体现了五四时代精神；第二，从语言文字形式上来看，胡适的作品用最纯正和娴熟的白话文体来清晰地表述自己的进步的思想理论主张，由此也切实地证明了白话文的优越性，并打破了"那美文不能用白话的迷信"③。

　　而具体地从杂文艺术的角度来考察，胡适的作品至少有如下一些鲜明的特色：

　　一、能够用浅近和通晓的语词来透彻地解释说明深刻而复杂的学理问题，五四是输入学理的时代，西方社会政治学说中的新名词、新概念大量引入。但在某些思想启蒙家的著述里，对于它们的诠释与讲解却不那么通俗易懂。胡适的杂文明显地改变了这种情况。例如，当时人们大谈"重新估定一切价值"，胡适在《新思潮的意义》④一文中就把这解释为"评判的态度"，同时又指出这一态度应该含有的"几种特别的要求"：

（1）对于习俗相传下来的制度风俗，要问："这种制度现在还有存在的价值吗？"

（2）对于古代遗传下来的圣贤教训，要问："这句话在今日还是不错的吗？"

（3）对于社会上糊涂公认的行为与信仰，都要问："大家公认的，就不会错了吗？人家这样做，我也该这样做吗？难道没有别样的做法比这个更好，更有理，更有益了吗？"

显然，这样的诠释讲解抓住了问题的精神实质，更易于读者理解和接受。这也就是说，胡适在他那些大量的以阐述学理为主而更接近于狭义的学术论文的作品中，由于普遍地采用这样浅近而不失为简单、通晓而不流于肤浅的语言文字，从而使得每篇作品既具有充分的说服力，又具有强烈的感染力。如《易卜生主义》和《古史讨论的读后感》等文，也显著地体现了这一特点。

二、行文的逻辑思路极其严密，论证也相当充分，使论敌几无空子可钻。这种情况得益于胡适本人受过严格的逻辑训练，同时也因为他对中国古代逻辑思想史作过深入的研究（他的博士论文《先秦名学史》即是这方面的专著）。例如《论女子为强暴所污——答肖宜森》⑤，虽然全文十分简短，但逻辑思路相当清晰：

（1）女子为强暴所污，不必自杀。

我们男子夜行，遇着强盗，他用手枪指着你，叫你把银钱戒指拿下来送给他，你手无寸铁，只好依着他吩咐。这算不得懦怯。女子被污，平心想来，与此无异。都只是一种"害之中取小"。不过世人不肯平心着想，故妄信"饿死事极小，失节事极大"的谬说。

（2）这个失身的女子的贞操并没有损失。

平心而论，她损失了什么？不过是生理上、肢体上，一点变态罢了！正如我们无意中砍伤了一只手指，或者是被毒蛇咬了一口，或是被汽车碰伤了一根骨头。社会上的人应该怜惜她，不应该轻视她。

（3）要了一个被污了的女子，与要一个"处女"究竟有什么分别？

若有人敢打破这种"处女迷信"，我们应该敬重他。

这篇杂文依次提出的三个鲜明的观点，有针对性地驳斥或澄清了当时人们在这一问题上存在的糊涂认识，而对这三个观点的论述，由浅入深，层层展开，任何一句话都是紧扣着主旨，至于这三个观点本身，又是紧密联系在一起，具有不可或缺的完整性和严密性。如果说，该文对于第三个观点的论述有较大的跳跃幅度，那么这其实也是胡适杂文作品的一个派生特点，即看似有很大的跳跃，但实质上仍是以严密的逻辑思路为基础，环环相扣，有条不紊。如"若有人敢打破这种'处女迷信'，我们应该敬重他"。在这里，前半句既是对社会上的糊涂认识的一种总概括（"处女迷信"），又是以假设的语气提倡打破这种陈腐的观念，而后半句则是从另一个视角出发，主张从理论和实践的结合上正确对待被强暴的女子：女子遭此不幸，不是个人的责任，女子个人不必自杀，男子也不应轻视之，相反，娶其为妻倒是一种值得敬重的打破"处女迷信"的举动。显然，也正是通过这一意见的表述，总结了全文的中心大意，从逻辑思路上看，则是由分段分层次的论述而归于集中。有类似的特点的，特别明显的还如《爱情与痛苦》⑥：

> 每周评论第二十五号里，我的朋友陈独秀引了我的话"爱情的代价是痛苦，爱情的方法是要忍得住痛苦"。他又加上了一句评语道："我看不但爱情如此，爱国爱公理也都如此。"这几句话出版后的第三日，他就被北京军警捉去了，现在已有半个多月，他还在警察厅里。我们对他要说的话是："爱国爱公理的报酬是痛苦的，爱国爱公理的条件是要忍得住痛苦。"

全文主要以三段话缀成，而这三段话虽然句式相同，仅是改变部分字眼，但它们之间内容上的跳跃很大，按通常的逻辑思路来说，在表述上也应该做到缜密无隙。然而在胡适的笔下，通常的论证程序都略去了，只是在第二段话到第三段话之间简单地披露了一个事实，由此自然地把"代价——方法"的句式内容改变为"报酬——条件"。不难看出，正是有了前面一句对事实（陈独秀被捕）的提示，所以在把"代价——方法"转换为"报酬——条件"时，逻辑思路仍是清晰的。如果要问作者为什么不像通常的文章那样深入地去论述这一问题，那么可以认为，作者故意采用这样的行文方法，不但是考虑到受"随感录"文体篇幅的限制，更重要的正是想以此引起读者的思索，增强作品的启迪性和感染力。

三、胡适的杂文充分注意语言的形象化和生动性，特别是善于恰到好处地运用各类比喻，由此寓深刻的思想内容于活泼流畅、妙趣横生的语言文字中。例如，《归国杂感》⑦中说：

> 如今的中国人，肚子饿了，还有些施粥的厂把粥给他们吃。只是那些脑子叫饿的人可真没有东西吃了。难道可以把《九尾龟》《十尾龟》来充饥吗？

把宣传进步思潮的作品比作精神食粮，把启蒙运动比作慈善事业，无疑是很熨帖的。顺便说，那一精神食粮的比喻，大概也是由胡适首次发明的。又如《文学进化观念与戏剧改良》⑧一文的末尾，作者在抨击封建主义旧文化的卫道士时说：

> 现在的中国文学已到了暮气攻心、奄奄断气的时候！赶紧灌下西方的"少年血性汤"还恐怕已经太迟了；不料这位病人家中的不肖子孙还要禁止医生，不许他下药，说道，"中国人何必吃外国药！……哼！"

这一段，句句有比喻，而各个比喻又合成一个富有象征意味且富有戏剧性的场面，尤其是虚拟一句"中国人何必吃外国药"，又把封建主义文化卫道士（"病人家中的不肖子孙"）的心态特征最形象地揭示出来，这较之用通常的文句来正面地表达倡导科学民主反对封建主义旧文化的意见，无疑显得更深刻、更尖锐。另外，在有些作品中，胡适还把大量运用比喻与抒情手法结合起来，换言之，也是通过比喻手法来创造一种富有象征意义的场景，而同时则用浓厚的抒情笔法来表达自己正确的思想主张。最典型的《吴虞文录·序》⑩，该文第一段这样写道：

> 吴又陵先生是中国思想界的一个清道夫。他站在那望不尽头的长路上，眼睛里、嘴里、鼻子里、头颈里，都是那迷漫扑人的孔渣孔滓的尘土，他自己受不住了，又不忍见那无数行人在那孔渣孔滓的尘雾里撞来撞去，撞的头斫折脚。因此，他发愤做一个清道夫，常常挑着一担辛辛苦苦挑来的水，一勺一勺的洒向那孔尘迷漫的大街上。他洒他的水，不但拿不着工钱，还时时被那无数吃惯孔尘的老头子们跳着脚痛骂，怪他不识货，怪他不认得这种孔渣孔滓的美味，怪他挑着水拿着勺子在大路上妨碍行人！他们常用石头掷他，他们哭求那些吃孔尘羹饭的大人老爷们，禁止他挑水，禁止他清道。但他毫不在意，他仍旧做他清道的事。……

在这里，把吴虞比作中国思想界的一个"清道夫"，是十分形象而准确的，把吴虞的批孔比作清道夫担着水"一勺一勺的洒向那孔尘迷漫的大街"，同样是妥帖的。至于"无数行人在那孔渣孔滓的尘雾里撞来撞去"，比作五四新文化运动前夜中国知识分子在整体上的混沌；"那无数吃惯孔尘的老头子们跳着脚痛骂"清道夫，并"哭求那些吃孔尘羹饭的大人老爷们"禁止清道夫的工作,比作思想启蒙者的工作遭到传统力量和反动政治势力的抵制迫害,这也都是一种形象化的高度概括。而以上一系列比喻的基点,在于把孔子儒家学说对中国思想文化史带来的严重消极影响比作一条"望不尽头"的"孔尘迷漫的大街"。由此不难看出,胡适的这段文字不仅深刻地揭示了五四新文化运动的舞台背景,同时也通过对舞台上几类代表性人物心态的对比揭示,由衷地赞颂了吴虞这位"只手'打孔家店'的老英雄"所作出的贡献,而且。由于这样一种赞颂是以抒情的语言来表述的,因此对读者也有更大的感召力。此文发表后,"打倒孔家店"成为五四新文化运动中的著名口号,为广大进步人士所接受,其原因之一也正在这里。

四、胡适的杂文还善于用"正话反说"或"反话正说"的手法来揭示主题思想,从而在亦庄亦谐的语言中增强了作品的思想力度。如胡适的《终身大事·跋》[①]这样写道:

> 这出戏本来是因为几个女学生要排演,我才把它译成中文的。后来因为这戏里的田女士跟人跑了,这几位女学生竟没有人敢扮演田女士,况且女学堂似乎不便演这种不道德的戏!所以这稿子又回来了。我想这一层很是我这出戏的大缺点。我们常说要提倡写实主义。如今我这出戏竟没有人敢演,可见得一定不是写实的了。这种不合写实主义的戏,本来没有什么价值,只好送给我的朋友高一涵去填《新青年》的空白罢。

在这篇文字中，反复说明自己创作的剧本《终身大事》是"不合写实主义的"，因而也是"没有什么价值的"，但这些话恰恰都在肯定作品的写实主义的思想主题的价值，因为有些女学生不敢演出，正是从反面证实了这一点。很显然，这样的"反话正说"或"正话反说"，比之正面的阐述，艺术效果更佳。与这种艺术手法有联系或相接近的还有另一种情况，即胡适的杂文在注重语言风格的亦庄亦谐、谐庄结合的同时，在某种情况下，对于某种特殊题材，也通篇采用诙谐的语调，由此使读者在忍俊不禁的阅读过程中引起一种深沉的思索。典型的如《差不多先生传》[①]。这篇寓言体的杂文旨在针砭当时国民的一种凡事不讲认真的精神状态或人生态度，它通过为一个虚拟人物立传，用近似纯客观的立场叙述了这一高度概括的典型形象的几个耐人寻味的言行片断。例如，这位差不多先生，幼年时母亲叫他去买红糖，他却买了白糖回来，并说："红糖白糖不是差不多吗？"读书时老师向他提问题，正确的答案是"山西"，他却答为"陕西"，也说："陕西同山西不是差不多吗？"在他做了钱铺的伙计后，常常把"千""十"两字写错，但仍然说："千字比十字只多一小撇，不是差不多吗？"甚至有一天他因有急事去赶火车而误了时候，还是对自己说："今天走同明天走，也还差不多。可是火车公司未免太认真了。八点三十分开，同八点三十二分开，不是差不多吗？"而且他"心里不很明白为什么火车不肯等他两分钟"。最令人咀嚼的是这样一幕：

　　有一天，他忽然得了急病，赶快叫家人去请东街的汪医生。那家人急急忙忙地跑去，一时寻不着东街汪大夫，却把西街的牛医王大夫请来了。差不多先生病在床上，知道寻错了人；但病急了，身上痛苦，心里焦急，等不得了，心里想道："好在王大夫同汪大夫也差不多，让他试试看罢。"……

差不多先生差不多要死的时候，一口气断断续续地说道："活人同死人也差……差……差不多……凡事只要……差……差……不多……就……好了……何……何……必……太……太认真呢？"他说完这句格言，方才绝气了。

从这篇杂文还可以认识到，尽管胡适的杂文在整体上不常用讥刺手法，然而当他用诙谐的笔调来叙事摹人的时候，讥刺手法也就自然地流泻出来了。《差不多先生》是这样，《"老章又反叛了！"》等文也是如此。

以上是对胡适杂文的艺术特色的大致分析。当然，胡适杂文也自有不足之处。这种不足之处，自然也包括思想内容方面的某种片面性，如《差不多先生传》中说：差不多先生是"中国全国人的代表"，"无数无数的人都学他的榜样。于是人人都成了一个差不多先生。——然而中国从此就成了一个懒人国了"，这里的片面性是显而易见的。不过，这种情况应该说是五四时代新人物的思想方法上的一个通病，诚如毛泽东后来所分析的那样："他们对于现状，对于历史、对于外国事物，没有历史唯物主义的批判精神，所谓坏就是绝对的坏，一切皆坏；所谓好就是绝对的好，一切皆好。"⑫

至于从杂文艺术的角度来看，胡适的杂文的欠缺之处主要表现为：

第一，从整体上说，杂文手法比较单一，他更善于写说理性的杂文，而这往往近于严肃的、正统的、篇幅也较长的学术论文或政论文，尚未能够像鲁迅那样，手法丰富，形式活泼，嬉笑怒骂，皆成文章。例如，对于"随感录"一类杂文笔法的运用，胡适毕竟还比较生疏，因而在数量上也比陈独秀和鲁迅等人少得多。

第二，严格地讲来，胡适的杂文对于遣词造句的推敲有时略嫌粗糙了些，以致个别词儿用得较随便，也不够精确。如《自述古史观书》⑬中说："现在先把古史缩短二三千年，从《诗三百篇》做起"，"将来等到金石学、考古学发达上了科学轨道以后，然后用地底下掘出的史料，慢慢地拉长东周以前的古史"。这话的意思虽不错，但"缩短"和"拉长"两词却不妥。之所以如此，诚如胡适自己所承认的那样："适每谓吾国散文中最缺乏诙谐风味，而最多板板面孔说规矩话，因此，适作文往往最喜欢在极庄重的题目上说一两句滑稽话，有时不觉流为轻薄，有时流为刻薄。"⑭

"文章千古事，得失寸心知"。胡适作为中国现代最杰出的文章大家之一，出现这样的情况，其深层原因之一，似是由于胡适本人对于狭义的"杂文"（随感录、杂感、小品文之类）的功用，没有更深的认识，甚至有点轻视。这有他自己的话为证："近来思想界昏谬的奇特真是出人意表！我也想出点力来打他们，但我不太愿意做零星的谩骂文章。这种膏肓之病不是几篇小品文字能医的呵。"⑮可以认为，胡适在五四之后之所以未能像鲁迅那样继续以杂文武器对旧思想作韧性的战斗，除去政治思想方面的原因，也同他的这种认识有关。

综上所述，胡适作为中国现代的杂文家之一，他的作品在中国现代杂文史上也占有一席之地。胡适杂文的深浅得失，很大程度上受到了非文学因素的制约，所以文学史家似乎也就不能仅仅从文学角度去作评判。

[注释]

① 此文写于 1922 年 3 月，见《胡适文存二集》卷二。

② 章士钊：《评新文化运动》，《新闻报》1923 年 8 月 21 日，收入《中国新文学大系·文学论争集》。

③ 胡适：《五十年来之中国文学》。

④ 此文原刊《新青年》第七卷第一号（1919 年 12 月 1 日），见《胡适文存》卷四。

⑤ 此文写于 1920 年 6 月，见《胡适文存》卷四。

⑥ 此文刊《每周评论》第 28 号（1919 年 6 月 29 日）。

⑦ 此文刊《新青年》第四卷第一号（1918 年 1 月 15 日），见《胡适文存》卷四。

⑧ 此文刊《新青年》第五卷第四号（1918 年 10 月 15 日），见《胡适文存》卷一。

⑨ 此文刊《晨报副刊》1921 年 6 月 20、21 日，见《胡适文存》卷四。

⑩ 此文刊《新青年》第六卷第三号（1919 年 3 月 15 日），见《胡适文存》卷四。

⑪ 此文刊《申报》1924 年 6 月 28 日。

⑫ 毛泽东：《新民主主义论》。

⑬ 此文系致顾颉刚函，写于 1921 年 1 月 28 日，收入《古史辨》第一册，1926 年版。

⑭ 胡适致梁漱溟函，写于 1923 年，收入《胡适书评序跋集》，岳麓书社 1987

年 10 月版。

⑮ 胡适 1925 年 4 月 12 日致钱玄同函，收入《鲁迅研究资料》第九辑，天津
　人民出版社。

附

致 钱 玄 同

胡 适

绩溪，上川

七年一月十二日

玄同先生：

得十二月三十日手书，感谢感谢！曾有小诗一首奉寄，想已收到了。此次新婚，曾做了几首杂诗，大都记述家事，不足以示外人。只有一首是切本题的，写出来请先生和尹默、仲甫诸位先生指教指教罢！诗如下：

> 十三年没见面的相思，如今完结。
>
> 把一桩桩伤心旧事，从头细说。
>
> 你莫说你对不住我，我也不说对不住你，——
>
> 且牢牢记取这"三十夜"的中天明月！

你老先生的《〈尝试集〉序》想早已脱稿，可惜我还没有读过。我大概能于一月廿日左右（老实说个"后"字罢！）动身来京，所以，你若不曾把序稿寄下，请你就不必寄吧！

《新婚诗》还没有做完，便又要做《新婚别》了！你想我哪里还有功夫做什么"钓者负鱼，鱼何负于钓"的文章？

然而百忙中居然还做一篇《惠施、公孙龙的哲学》，预备送与《东方杂志》，赚几个钱来请喜酒！你老别见笑罢！

昨日同一班朋友去游一个明末遗臣叫做"采薇子"的坟墓*，

人家要我做诗，我便做了二十个字：

> 野竹遮荒冢，残碑认故臣。
>
> 前年亡虏日，几个采薇人？

这首诗有点旧派习气，先生定笑我又"掉文"了。

如今没有工夫了，有个俗客来会，只好不写了。

尹默、仲甫、幼渔、叔雅、半农诸位先生均此不一一。

适

＊〔原注〕墓上有碑"明采薇子之墓"。此人清初来吾乡，不言姓名，自称"采薇子"，遗墨颇多，洪杨乱后多散失。

（录自《胡适来往书信选·上册》，中华书局 1979 年 5 月第 1 版）

差不多先生传

胡　适

你知道中国最有名的人是谁？

提起此人，人人皆晓，处处闻名。他姓差，名不多，是各省各县各村人氏。你一定见过他，一定听过别人谈起他。差不多的名字天天挂在大家的口头，因为他是中国全国人的代表。

差不多先生的相貌和你和我都差不多。他有一双眼睛，但看的很不清楚；有两只耳朵，但听的不很分明；有鼻子和嘴，但他对于气味和口味都不很讲究。他的脑子也不小，但他的记性却不很精明，他的思想也不很细密。

他常常说："凡事只要差不多，就好了。何必太精明呢？"

他小的时候，他妈叫他去买红糖，他买了白糖回来。他妈骂他，他摇摇头道："红糖白糖不是差不多吗？"

他在学堂的时候，先生问他："直隶省的西边是那一省？"他说是陕西。先生说："错了。是山西，不是陕西。"他说："陕西同山西不是差不多吗？"

后来他在一个钱铺里做伙计，他也会写，也会算，只是总不会精细。十字常常写成千字，千字常常写成十字。掌柜的生气了，常常骂他。他只笑嘻嘻地赔小心道："千字比十字只多一小撇，不是差不多吗？"

有一天，他为了一件要紧的事，要搭火车到上海去。他从从容容地走到火车站，迟了两分钟，火车已开走了。他白瞪着眼，望着远远地火车上的煤烟，摇摇头道："只好明天再走了。今天走同明天走，也还差不多。可是火车公司未免太认真了。八点三十分开，同八点三十二分开，不是差不多吗？"他一面说，一面慢慢地走回家，心里总不很明白为什么火车不肯等他两分钟。

有一天，他忽然得了急病，赶快叫家人去请东街的汪医生。那家人急急忙忙地跑回去，一时寻不着东街汪大夫，却把西街的牛医王大夫请来了。差不多先生病在床上，知道寻错了人；但病急了，身上痛苦，心里焦急，等不得了，心里想道："好在王大夫同汪大夫也差不多，让他试试看罢。"于是这位牛医王大夫走近床前，用医牛的法子给差不多先生治病。不上一点钟，差不多先生就一命呜呼了。

差不多先生差不多要死的时候，一口气断断续续地说道："活人同死人也差……差……差不多……凡事只要……差……差……不多……就……好了……何……何……必……太……太认真呢？"他说完了这句格言，方才绝气了。

他死后，大家都很称赞差不多先生样样事情看得破，想得通；大家都说他一生不肯认真，不肯算账，不肯计较，真是一位有德行的人；于是大家给他取个死后的法号，叫做圆通大师。

他的名誉越传越远，越久越大。无数无数的人都学他的榜样。于是人人都成了一个差不多先生——然而中国从此就成了一个懒人国了。

（录自《申报》1924 年 6 月 28 日）

关于胡适生平思想的几个问题

以十年前的纪念"五四"运动 60 周年为契机，国内学术界对于胡适的研究，开始摈弃了"政治批判"的方法，而代之以实事求是的科学态度。然而，由于研究对象的复杂性，当然也由于对科学研究方法的把握上的差异，因此对于胡适生平思想的具体评判，无疑还存在着明显的分歧。本文拟就其中的几个重要问题提出些新的看法，以求教于学术界的朋友。

"整理国故"问题

"五四"时期，胡适在倡导新文化运动的同时，也提出了"整理国故"的口号并付诸实践。这似乎是一种矛盾现象，然而，这种情况恰恰反映了胡适思想的深刻性。

"整理国故"问题的提出，最早见于《新思潮的意义》[①]。胡适在该文中指出："五四"新思潮对于旧有的学术思想有三种态度：反对盲从，反对调和，主张整理国故，"整理国故"当是一种积极的主张，所谓整理，"就是从乱七八糟里面寻出一条脉络来；从无头无脑里面寻出一个前因后果来；从胡说谬解里面寻出一个真意义来；从武断迷信里面寻出一个真价值来。为什么要整理呢？因为古代的学术思想向来没有条理，没有头绪，没有系统，故第一步是条理系统的整理"，总之，"整理国故"就是"用科学的方法来做整理的工作"，对各类"国故"，"还他一个本来真面目"，"还他一个真价值"。

从胡适这段话来看，他既是把"整理国故"当作进行思想启蒙工作的一个具体方面，又是强调把贯彻求实精神的实验主义的思想方法引入学术研究领域，其目的显然是希望五四新人物去主动地占领被封建主义顽固派长期控制的"研究国故"的阵地。这就是说，胡适提出"整理国故"的问题，体现的也是新文化运动的最基本的反封建精神，带有明显的针对性。胡适在同一篇文章中说，"现在有许多人自己不懂得国粹是什么东西，却偏要高谈'保存国粹'。……现在许多国粹党，有几个不是这样糊涂懵懂的？这种人如何配谈国粹？若要知道什么是国粹，什么是国渣，先须要用评判的态度，科学的精神，去做一番整理国故的工夫"，足以证明这一点。在胡适此文发表两年多之后，鲁迅也用类似的语言抨击"国粹党"说：这些人"于旧学并无门经，并主张也还不配。倘使字句未通的人也算是国粹的知己，则国粹更要惭惶煞人！"② 很显然，如果以鲁迅的话为是，而又以胡适的话为非，这怎么能说得通呢？

应当说，在胡适提出"整理国故"的问题后，确实有一些人利用此说诱引青年学子"蹜入研究室"，这一情况胡适自己后来也是承认的，如他说：在自己提出这一问题后，一时蔚成风尚，"研究国故的人整日价摇旗呐喊，金鼓震天"，"线装书的价钱上涨了二三倍"。③但是，这种情况的出现，有更复杂的社会原因，即是说，客观上出现的这种消极影响，不应由胡适负责。事实上，胡适当时也解释了别人对于他提出"整理国故"问题的误解。如除了《整理国故与打鬼》一文外，胡适还在致友人的信中说："'挤香水'的话是仲甫的误解。我们说整理国故，并不存挤香水之念；挤香水即是保存国粹了。我们整理国故，只是要还他一个本来面目，只是直叙事实而已，粪土与香水，皆是事实，皆在被整理之列。如叙述公羊家言，指出他们有何陋处，有何奇特处，有何影响，有何贡献——如斯而已，更不想求得国粹来夸炫于世界也"，"近来思想界昏谬的奇特，真是出人意表！我也想出点力来打他们，但我不大愿意做零星的谩骂文章。这种膏肓之病不是几篇小品文字能医的呵。'法宜补泻兼用'：补者何？尽量输入科学的知识、方法、思想。泻者何？整理国故，使人明了古文化不过如此。"④这种情况又表明，胡适坚持提倡"整理国故"，并不是所谓迎合"复古思潮"，而仍然是强调用釜底抽薪的方法来反对封建主义旧文化，或者说恰恰是为了反击复古思潮。

还值得指出的是：胡适"整理国故"的主张，实际上还有着纠正新文化运动初期人们在对待中国文化遗产上的某种形而上学倾向的意义。众所周知，新文化运动之初，为了彻底批判和否定封建主义旧文化旧思想，人们讲过一些偏激的话。如钱玄同说："二千年来用汉字写的书籍，无论那一部，打开一看，不到半页，必有发昏做梦的话",因而"废记载孔门学说及道教妖言之汉文",当是"根本解决之根本解决"⑤;周作人则说:中国旧文学大都是"非人的文学""色情狂的淫书""迷信的鬼神书""神仙书""妖怪书""奴隶书""强盗书""才子佳人书""下等谐谑书"和"黑幕书"充斥其间,甚至包括《西游记》《聊斋》和《水浒》等在内⑥。在当时,矫枉过正或许是需要的,但毕竟不准确不科学,反对派也正是由此抓住了一些口实。在这种情况下,胡适提出"整理国故",主张在对古籍作科学的系统的整理的基础上,区别"香水""粪土",用事实来说话,即用更富有说服力的研究结论来击退"国粹党",这无疑比五四初期相对说来更为笼统地否定一切旧文化进了一步。从中国现代学术文化史来看,胡适的这一主张起了积极作用,换言之,胡适提出的"整理国故"的积极意义,也从 20 年代初开始就影响了中国现代的学术文化研究。最显著的两例是:由于胡适的直接诱导,顾颉刚形成了"疑古学派"并提出著名的"层累地造成的古史说"⑦;郑振铎则是在理论上阐发胡适的"整理国故"主张的同时,又切实地致力于中国古代文学的整理研究,其成绩也极为可观⑧。至于胡适本人,他对中国古代章回小说的考证研究,对中国白话文学史的研究,对中国哲学史(包括禅宗史)的研究,以及对《水经注》版本的考证研究等等,其成绩和积极影响也都是基本的。由此可以说,"五四"新文化运动之所以没有割裂中国文化,没有使中国文化在整体上的延续发展更新出现所谓的"断裂层",胡适适时地提出"整理国故"的主张,不能不说是其中的一个重要原因。

《新青年》编辑方针的分歧

·种传统的说法是：胡适因不满《新青年》宣传共产主义，而在《新青年》同人中制造分裂，以期改变《新青年》编辑方针。笔者十年前的旧稿也曾沿袭这一说法。⑨现在看来，事实并非如此。

1920 年春，正在酝酿成立上海共产主义小组的陈独秀，似有把《新青年》办成上海共产主义小组的机关刊物之意，于是自上海致函李大钊、胡适和钱玄同等在京的 12 位主要撰稿人，谓在七卷六号结束后，"以后拟如何办法，尚请公讨论赐复"："（1）是否继续出版？（2）倘续出，对发行部初次所定合同已期满，有无应与交涉的事？（3）编辑人问题：（一）由在京诸人轮流担任？（二）由在京一人担任？（三）由弟在沪担任？"⑩李大钊和胡适等十二人在收信后如何回答，因缺乏材料，不得而知。但有一点是清楚的，从八卷（1920 年 9 月 1 日出版）起，《新青年》的确成了上海共产主义小组的机关刊物，由陈独秀在上海主编。

在这之后，《新青年》的编辑方针自然起了相应变化，以宣传共产主义为主要思想倾向。起先，胡适对此也没什么异议，只是对这份刊物采取敷衍态度，如对于陈独秀的几次约稿都没有应允，所发表的只是一般化的诗文。

1920 年 12 月中旬，上海当局下令邮局停寄《新青年》，此时陈独秀又将去广州，于是他又致函在京的李大钊、钱玄同、胡适和鲁迅等人，通报说："此间编辑事务已请陈望道先生办理，另外新加入编辑者，为沈雁冰、李达、李汉俊三人。……以后来稿请寄编辑部陈望道先生收。"⑪陈独秀在离沪赴穗的那一天，又专门致函胡适和高一涵说："新青年色彩过于鲜明，弟近亦不以为然，陈望道君亦主张稍改内容，以后仍以趋重哲学文学为是，但如此办法，非北京同人多做文章不可。"⑫

胡适收到陈独秀后一封信后，即回信陈独秀："新青年'色彩过于鲜明'，兄言'近亦不以为然'，但此是已成之事实，今虽有意抹淡，似亦非易事。北京同人抹淡的工夫赶不上上海同人染浓的手段之神速。现在想来，只有三个方法：1. 听新青年流为一种有特别色彩之杂志，而另创一个文学的杂志，篇幅不求多，而材料必求精。我秋间久有此意……2. 若要新青年'改变内容'，非恢复我们'不谈政治'的戒约，不能做到。但此时上海同人似不便做此一着，兄似更不便，因为不愿示人以弱。但北京同人正不妨如此宣言。故我主张趁兄离沪的机会，将新青年编辑的事，自九卷一号移到北京来。由北京同人于九卷一号内发表一个新宣言，略根据七卷一号的宣言，而注重学术思想艺文的改造，声明不谈政治。孟和说：新青年既被邮局停寄，何不暂时停办，此是第三办法。但此法与新青年社的营业似有妨碍，故不如前两法。总之，此问题现在确有解决之必要。望兄质直答我，并望原谅我的质直说话。"在这封信末，胡适还注明："此信一涵、慰慈见过。守常、孟和、玄同三人知道此信的内容。他们对于前两条办法，都赞成，以为都可行。"⑬

据胡适说，陈独秀看了他的这封信后"颇多误解"，于是胡适不久便给在京的李大钊、鲁迅、钱玄同和周作人等写信，信中表示，他原先对《新青年》的基本态度是：移回北京，声明不谈政治，或另办一个"专关学术艺文的杂志"，因为"今新青年差不多成了 Soviet Russia 的汉译本"，但为了避免陈独秀的误解，现在只"盼望新青年'稍改变内容，以后仍以趋重哲学文学为是'（独秀函中语）。我为了这个希望，现在提出一条办法：就是和独秀商量，把新青年移到北京编辑"。[14]对于胡适这一意见，张慰慈、高一涵、陶孟和、王抚五和李大钊都表示赞同；鲁迅、周作人和钱玄同则认为，可以让《新青年》分为京、沪两家，甚至北京的一家可不必去争"新青年"的"名目""金字招牌"。[15]鲁迅对此还有一个说明：在《新青年》移回北京之后，"至于发表新宣言，说明不谈政治，我却以为不必，这固然小半在'不愿示人以弱'，其实则凡新青年同仁所作的作品，无论如何宣言，官场总是头痛，不会优容的。此后只要学术思想艺文的气息浓厚起来——我所知道的几个读者极希望新青年如此——就好了"。[16]

正在京、沪两地的《新青年》同人讨论不休的时候，本应在 1921 年 2 月 1 日出版的《新青年》八卷六号，在付排中即被上海法租界巡捕房的包探到印刷厂搜去了全部原稿。2 月 15 日，陈独秀自广东致函胡适说："我当时不赞成新青年移北京，老实说是因为近来（北京）大学空气不大好，现在新青年已被封禁，非移粤不能出版，移京已不成问题了。你们另办一个报，我十分赞成，因为中国好报太少……"[17]但不久后，《新青年》八卷六期仍在上海印刷出版（4 月 1 日），只是托称"广州新青年社"出版而已。至此，关于

《新青年》的争论不了了之。自此之后的《新青年》继续成为上海共产主义小组的机关刊物，直到 1921 年 10 月 1 日出到九卷六期后解散，则属另一个问题了。

根据以上的情况，我们可以得出如下结论：

（一）问题的争论是由陈独秀提出的，认为《新青年》八卷一期后"色彩过于鲜明"，应"改变内容"，本是陈独秀（包括陈望道）的看法，只是包括胡适在内的北京同人对此也有同感而已。就胡适来说，他是附和了陈独秀的意见，他称《新青年》"差不多成了 Soviet Russia 的汉译本"，正是对陈独秀意见的发挥，尽管用词偏激了些。因此，当时对于《新青年》编辑方针的分歧，主要属于新文化运动联盟内部的正常的关于策略问题的讨论，认为胡适是为了争夺《新青年》而挑起论争的说法，显然不符合事实。

（二）在这一讨论中，胡适关于把《新青年》移回北京的意见，得到了在京的包括李大钊在内的《新青年》同人的一致支持，而在上海的编辑人员则表示不同意。这实际上反映了京沪两地《新青年》同人的思想水平的差异：前者大都还坚持资产阶级启蒙主义者的立场，而后者已是具有初步共产主义思想的知识分子，唯其如此，便在向人民群众宣传什么（思想解放抑或社会革命）的问题上，不可避免地发生了分歧。

（三）由于上海方面的坚持，《新青年》最终还是在上海办，并继续成为共产主义小组的机关刊物。如果说这是新文化运动联盟的分化，那么，引起分化的主要矛盾一方是上海的具有初步共产主义思想的知识分子，是他们感到在新的社会革命的形势下有必要相应地采取新的宣传方针，并且认为胡适已是不可信任了[18]。既然如此，就不能认为是胡适首先主动地采取了分裂行为。

（四）胡适在这一问题上的态度和立场具有两重性，他对于宣传共产主义的社会革命论"不以为然"，自然是错误的，然而他本着"想在思想文化上为中国建立新政治的基础"[19]的愿望，继续强调思想启蒙工作的重要性和迫切性，则无疑有着合理的成分。

（五）在今天看来，不管怎么说，《新青年》杂志最终解散，这是很可惋惜的。"五四"新文化运动的落潮，自然有多方面的原因，而《新青年》这个阵地的丧失，无疑也是原因之一。倘若《新青年》按照七卷一号的《宣言》精神办下去，"五四"新文化运动的发展可能会出现另一种不至于妨碍中国革命的新局面。

《晨报》事件后胡适与陈独秀的争论

胡适社会政治思想的右倾强化，有着主客观多方面的原因。其中，他在 1925 年底与陈独秀围绕《晨报》事件的一场争论，最有不容忽视的重要性。

《晨报》创刊于 1916 年 8 月，原是"研究系"的机关报，但其第七版的副刊，自 1919 年 2 月改革后，先后由李大钊等人主持，在促进新文化运动的开展方面起了很大的作用。副刊自 1921 年 10 月 12 日起改出单张，名为《晨报副镌》，仍在当时发生积极影响，只是自 1925 年以来，《晨报副镌》渐为"新月派"（雏形）人物把持，但即使如此，仍属一份文化刊物。总之，它与《晨报》由同一家报馆编辑出版，两者既有联系，也有区别。

1925 年 11 月间，在中国共产党领导下，北方的革命势力高涨，从 11 月 22 日以来，北京各界人民多次举行游行示威，反对北洋军阀政府的反动统治。29 日，北京市民又在天安门举行国民革命示威大会，会后游行时，有部分群众捣毁了沿途各照相馆里悬挂的段祺瑞的照片，并纵火焚烧了《晨报》报馆。事后，胡适与陈独秀谈起此事，胡适表示不赞成这种幼稚过火的举动，但陈独秀则反问说："你以为《晨报》不该烧吗?"正是这一争论，引出了胡适给陈独秀的一封信:

五六天以来，这一句话常常来往于我脑中。我们做了十年的朋友，同做过不少的事，而见解主张上常有不同的地方。但最大的不同莫过于这一点了。我忍不住要对你说几句话。

几十个暴动分子围烧一个报馆，这并不奇怪。但你是一个政党的负责领袖，对于此事不以为非，而以为"该"，这是使我很诧怪的态度。

你我不是曾同发表一个"争自由"的宣言吗? ⋯⋯争自由的唯一理由，换句话说，就是期望大家能容忍异己的意见与信仰。凡不承认异己者的自由的人，就不配争自由，就不配谈自由。

我也知道你们主张一阶级专制的人已不信仰自由这个字了。我也知道我今天向你讨论自由，也许为你所笑。但我要你知道，这一点在我算一个根本的信仰。我们两个老朋友，政治主张上尽管不同，事业上尽管不同，所以仍不失其为老朋友者，正因为你我脑子背后多少总还同有一点容忍异己的态度，至少我可以说，我的根本信仰是承认别人有尝试的自由。如果连这一点最低限度的相同点都扫除了，我们不但不能做朋友，简直要做仇敌了。你说是吗？

我记得民国八年你被拘在警察厅的时候，署名营救你的人中有桐城派古文家马通伯与姚叔节。……

但这几年以来，却很不同了。不容忍的空气充满了国中。并不是旧势力的容忍，他们早已没有摧残异己的能力了，最不容忍的乃是一班自命为最新人物的人。我个人这几年就身受了不少的攻击和污蔑。我这回出京两个多月，一路上饱读了你的同党少年丑诋我的言论，真开了不少的眼界。我是不会怕惧这种诋骂的，但我实在有点悲观，我怕的是这种不容忍的风气造成之后，这个社会要变成一个更残忍更惨酷的社会，我们爱自由争自由的人怕没有立足容身之地了。⑳

从这封信来看，至少可以说明以下几点：

（一）胡适从实验主义思想方法出发，虽然不赞成"社会革命"，但对于中国共产党人在言论上宣传马克思主义的权利并不否定。这应该说比之一般意义上的政治改良主义立场要进一步。换言之，胡适在当时至多只是思想形态上的资产阶级知识分子，而并非已是实际政治生活中的反革命。

（二）胡适酷爱言论自由，也具有两重性。一方面，他把容忍言论自由看作是判断一个人和一个政党优劣的唯一标志，这有很大的片面性；另一方面，他强调容忍言论自由的意义（即使从政党的策略角度来考虑也是如此），显然也含有合理因素。

（三）唯其如此，在1925年前后，胡适其实还是可以被中国共产党争取的，至少可以拉着他，不至于使他迅速地走向中国共产党的对立面。对此，有些共产党人的确有类似的认识[21]。然而，由于从整体上说，当时中国共产党尚处于幼年时期，在实际的革命斗争中不免出现"左"倾的幼稚过火的行动，又由于作为当时中国共产党的主要负责人陈独秀的思想方法的偏激，包括其他一些共产党人对胡适时有带着一定的谩骂色彩的政治批判，引起了胡适对于中国共产党的从理性到感性的全面反感，以至以偏概全地把个别的《晨报》事件和一位党的负责人的谈话，同马克思主义的无产阶级专政学说扯在一起，从而也流露了对于中国共产党的失望。

（四）在这之后，虽然胡适的政治思想还有所反复[22]，但由于他固有的改良主义立场和资产阶级民主观念，受到像陈独秀这样的"不是一个好的马克思主义者"的刺激和催化，毕竟是右倾强化了。1927年蒋介石"清党"时，胡适在海外仅凭阅读分析报刊材料而表示支持蒋介石，所持的一个基本理由是：既然为他所信赖的"吴雅晖、蔡元培等一班人"也在支持蒋介石，那么蒋介石是可望成功的。[23]这便是一个佐证。联系到胡适后来所有的反共言论来看，几乎都是以此为出发点的。因此，胡适与陈独秀围绕《晨报》事件的这场争论，在胡适一生的政治思想的演变过程中是最关键的一环。

关于胡适的"战犯"身份

胡适曾被称为"战犯"。其实，这一问题是相当复杂的。

1948 年 12 月 25 日，新华社报道说，中共中央权威人士提出了国民党政府系统的以蒋介石为首的 43 人的战犯初步名单。次年 1 月 26 日，新华社又广播说：对这一初步名单，"有人感觉遗漏了许多重要战犯，例如军事方面的朱绍良、郭忏、李品仙……重要的战争鼓动者胡适、于斌及叶青等人"㉔。胡适的"战犯"称谓，由此而来。

那么胡适究竟算不算"战犯"？笔者认为，既然 43 人的战犯名单中没有胡适，那么胡适至少没有被正式判定为战犯，而中国共产党方面又以上述灵活机动的形式点出胡适的名字，从广义上说，胡适又是沾上了"战犯"的边。这是问题的一个方面。例如，胡适当时长住北大，虽然未在国民党政府里任职，不像国民党的要员那样掌握某一方面的政治权力，也不像国民党的高级将领那样在"剿共"的战场上冲杀，但是他确实是支持国民党当局的反共内战的，如支持伪"制宪国大"和"行宪国大"的召开，也发表了一系列反共言论，甚至鼓吹"和比战难"㉕，鼓动蒋介石把内战打下去。

问题的另一方面是，胡适即使是在从事上述带有"战犯"性质的活动时，也并没有完全脱下学者的长衫，而是由衷地谈论过发展国家的科技文化教育问题和制定国家的学术计划等问题。例如，在伪"制宪国大"上，胡适领衔提出了"教育文化应列为宪法草案专章"的提案；1947 年 9 月前后，胡适又向蒋介石建议并草拟了《争取学术独立的十年计划》，谓"我很深切的感觉中国的高等教育应该有一个自觉的十年计划，其目的是要在十年之中建立起中国学术独立的基础"㉕。同年内，胡适还致函白崇禧和陈诚并请求转达蒋介石，"提议在北京大学集中全国研究原子能的第一流物理学者，专心研究最新的物理学理论与实验，并训练青年学者，以为国家将来国防工业之用"㉖，与此相适应，胡适还联系了一批尚在欧美的中国著名的物理学家（如钱三强、何泽慧夫妇，袁家骝、吴健雄夫妇，吴大猷，张文裕等），约请他们回国主持这方面的工作。

这就表明，胡适当时政治倾向上的反动，并没有冲击他作为一个中国现代知识分子对于发展民族的科技和教育文化事业的责任感，这种情况是叶青（任卓宣）之流所不可比拟的。当然，在当时的情况下，胡适提出这些意见、主张和计划，是过于天真的，然而它们本身的富有眼光的内容并不因为当局的漠视而黯然失色。

胡适在解放战争期间所表现的这种双重人格形象，具有相当的典型意义。就胡适本人而言，在他另一些生平活动阶段中，事实上也大抵如此。例如，20 世纪 20 年代末 30 年代初，他一方面在政治上逐步靠拢国民党政权，一方面又站在自由主义者的立场上对国民党政府的某些反动政策有过尖锐的批评；抗战时期，他虽然对政治抱有成见，但仍是忍辱负重地为全民族的抗战事业做了大量特殊的工作；乃至 1949 年离开大陆、晚年定居台湾时，他在政治上支持台湾当局的同时，也同样对台湾当局有所批评，并且其最热心的工作仍是着眼于发展科技和教育文化问题。这就意味着，作为一个中国现代的启蒙主义者，胡适的政治倾向和他的文化思想是可以分析的：两者既有联系，也有区别，有时又各具相对的独立性，或者说，否认胡适思想和人格形象的两重性，就不可能全面认识胡适和正确评价胡适。

而就中国现代资产阶级知识分子来说，鉴于胡适是他们的代表性人物，因而通过对胡适矛盾的人格形象的分析，也就可以求得一些带有规律性东西，例如：为大多数中国现代资产阶级知识分子所崇尚的根深蒂固的改良主义政治理想，其积极意义和消极意义也是并存的，难以作一概的否定；这些人当中有时会出现"左右开弓"（既不理解中国共产党领导下的人民革命斗争，也不满于政府当局的统治秩序），这实际上反映了中国现代复杂的社会政治局面对于资产阶级知识分子的强有力的思想制约，如此等等。

由此可以自然地引出这样一个结论：不仅对于胡适，对于五四以来其他一些著名的资产阶级知识分子（例如在近十年中似乎并没有被重新提起的傅斯年和丁文江等人），也应该本着实事求是的精神予以重新评价。

[注释]

① 刊《新青年》七卷一号，1919 年 12 月。

② 鲁迅：《热风·估学衡》，1922 年 3 月。

③ 胡适：《整理国故与打鬼》，《现代评论》第 119 期，1927 年 3 月 19 日。

④ 胡适致钱玄同，1925 年 4 月 12 日，收入《鲁迅研究资料》第九辑。

⑤ 钱玄同：《中国今后之文字问题》，1918 年 3 月 14 日，收入《中国新文学大

系·建设理论集》。

⑥ 周作人：《人的文学》，《新青年》第五卷第六号，1918 年 12 月 15 日。

⑦ 参见顾颉刚：《古史辨·序》。顾氏把胡适于 1920 年 11 月写给他的那封仅 48 字的短信以"询姚际恒著述书"为题置于《古史辨》卷首，足以说明这一点。

⑧ 如郑振铎在《新文学之建设与国故之新研究》（《小说月报》十四卷一号，1923 年 1 月）一文中说："我的整理国故的精神便是'无征不信'。以科学的方法，来研究前人未开发的文学园地"，"我们怀疑，我们超出一切传统的观念——汉宋儒至孔子及其同时人——但我们的言论，必须立在极稳固的根据地上。"这完全是对胡适"整理国故"主张的阐发。

⑨ 参见朱文华：《试论胡适在五四新文化运动中的作用和地位》，《复旦学报》1979 年第 3 期。

⑩ 此信写于 1920 年 4 月 26 日，收入《胡适来往书信选》。

⑪ 此函写于 1920 年 12 月中旬，收入《胡适来往书信选》。

⑫ 此函写于 1920 年 12 月 16 日，收入张静庐辑注：《中国现代出版史料（甲编）》。

⑬ 此信写于 1920 年 12 月 27 日，收入张静庐辑注：《中国现代出版史料（甲编）》。

⑭ 此信写于 1921 年 1 月 22 日，收入张静庐辑注：《中国现代出版史料（甲编）》，但该书把写信日期误印为"十一，廿二"，其实当是"十，一，廿二"。

⑮ 这些人的意见都被写在胡适 1921 年 1 月 22 日致陈独秀信的末尾。

⑯ 鲁迅致胡适函，1921 年 1 月 3 日。

⑰ 此信收入张静庐辑注：《中国现代出版史料（甲编）》。

⑱ 如陈望道于 1921 年 1 月 28 日致函周作人说，对于胡适，"我们颇大不大敢领

教他了"，同年 2 月 13 日，又致函周作人说，"我是一个不信实验主义的人……适之先生的态度。我却敢断定说，不能信任"。参见《陈望道书简》，《复旦学报》1979 年第 3 期。

⑲ 胡适：《我的歧路》，《努力周报》第 4 期，1922 年 5 月 28 日。

⑳ 此信写于 1925 年 12 月上旬，收入《胡适来往书信选》。

㉑ 如毛泽东在 1923 年 4 月写的《外力、军阀与革命》一文中，认为以胡适为代表的"新兴知识阶级"属于"非革命的民主派"，邓中夏在同年 11 月发表的《中国现在的思想界》一文，也认为以胡适为代表的"科学方法派"和以陈独秀、李大钊为代表的"唯物史观派"，都是"科学的"，可以"结成联合战线"。

㉒ 如 1926 年胡适在欧游途中访莫斯科时，写信给友人表示：赞同苏联的社会主义的"政治试验"，以致他的朋友认为胡适被"赤化"了。参见胡适《欧游道中寄书》，收入《胡适文存三集》。

㉓ 参见胡适：《追念吴稚晖先生》，收入胡颂平编《胡适之先生年谱长编初稿》。

㉔ 参见叶青：《我是怎样成为'战犯'的》，收入《任卓宣评传》，台北帕米尔书店 1965 年 3 月版。

㉕ 如张治中曾对胡适说："我对你什么都佩服，就是对你的'和比战难'不敢领教。"参见胡颂平编：《胡适之先生年谱长编初稿》。

㉖ 此文刊《中央日报》1947 年 9 月 28 日。

㉗ 此信收入《胡适来往书信选》。

胡适与近代中国传记史学

在近代中国，传记文学一词的最早运用，似始于胡适，之后通行于世。^①就胡适来说，综观其所有谈及传记问题的言论，虽然也常常把传记与传记文学两词置换互用，但总的说来，则是把传记界定为史学类作品。唯其如此，胡适倡导的传记，也可称之为传记史学^②。胡适较之同时代的其他学者，其一生学术文化活动的显著特点之一，正是在于他几十年中一贯地从理论和实践的结合上倡导近代传记史学在中国的建立和发展。

胡适倡导传记的几个阶段及相应特点

第一，中国公学——主编《竞业旬报》时期。

胡适早年在家乡接受旧式教育时，即对朱子《小学》等古籍注释中记载的若干古代人物的轶事琐闻等产生浓厚兴趣。1904 年来上海后，他开始接受新学，而在 1906 年就读中国公学并于次年起主编《竞业旬报》以后，则开始有意识地写作发表白话短篇传记作品，主要有《姚烈士传》《中国第一伟人杨斯盛传》《世界第一女杰贞德传》和《中国女杰王昭君传》等。联系到辛亥革命前后国内进步报刊大量发表中国历代政治文化伟人、民族英雄和当时资产阶级革命家以及中外女界豪杰的传记③的情况，可以说，胡适的上述传记作品是与当时的进步社会思潮相吻合的。当然，虽然胡适在本阶段尚未从理论上把握传记的有关问题，但他的写作实践却无疑地使他巩固了对于传记的兴趣，他一生的"传记热"正是由此而奠基。

第二，留美时期。

胡适于1910—1917年间留学美国。当时，他广泛地涉猎了西方传记作品，且对古希腊罗马的普鲁塔克（Plutarch）的《英雄传》和色诺芬（Xenophon）的《苏格拉底回忆录》，欧美近代传记名家鲍斯威尔（Boswell）、莫烈（Morley）、洛楷（Lockhart）等人的长篇传记，以及穆勒（Mill）、斯宾塞（Spencer）、弗兰克林（Franklin）和吉朋（Gibbon）等人的自传（Aubobiography），都有一定的研究。④与此同时，胡适结合以前阅读中国历代传记作品获得的总印象，首次写下了题为《传记文学》的札记，从理论上比较分析了中西传记的"差异益不可掩"的情况⑤，由此使得自己对传记的感性上的兴趣上升到了理论上的重视。在这前后，胡适也开始自觉地以西方近代传记理论为指导尝试写作新的传记作品，其中最可注意的是那篇六千余言的《康南耳君传》⑥。至于《藏晖室札记》⑦，因随时记录了自己的学习、生活、社交等情况，以及思想（包括学术文化思想）的发展演变轨迹，也具备了相当的传记要素，如胡适本人所说，至少构成了"留学时代的自传原料"⑧。

第三，"五四"前后至四十年代末。

在本时期，胡适的"传记热"呈高峰值，突出表现为：

理论阐述。胡适当时因讲授中国哲学史编写讲稿而系统地阅读研究了中国古籍中的历代哲学家传记，兼及其他，并撰文从传记理论的角度评论了其中若干篇什。他还先后为许多传记作品写序，对传记理论中的一些问题作了重要的阐述。另外，在《领袖人才的来源》这篇政论文中，又以近一半的篇幅论及传记问题，并对中国古代传记作了总评价。上述各文从各个侧面深化了胡适的传记理论。

劝人撰写传记（自传）。据胡适说："我在这几十年中，因为深深的感觉中国最缺乏传记的文学，所以到处劝我的老辈朋友写他们的自传"，"替将来的史家留下一点史料"。⑨受胡适劝说的，至少有梁启超、蔡元培、陈独秀、梁士诒、熊希龄、林长民、张元济、高梦旦、范静生和施植之等人，其中一些人后来果然着手写了。

本人写作实践。（1）自传，胡适除写有大量的自传性质的单篇文字（如《我的歧路》《我的信仰》《介绍我自己的思想》等），还专门写了一组有系统的自传稿，其结集出版的则为《四十自述》⑩。（2）他传（包括年谱、回忆录以及回忆性兼评论性的讲演稿），按传主的情况大致有三类：一为纯粹的友人，如许怡荪、胡明复、徐志摩、田中玉、高梦旦和丁文江等，这些传记（尤其是《追想胡明复》等篇）因追述本人与传主的交往，所以也留下了本人的许多重要的传记资料；二是有所接触交往的同时代的各界人士或在某方面令其感兴趣的中国近代人物，如辜鸿铭、曾孟朴、陈独秀、胡汉民、伍廷芳、孙中山、林森、溥仪、吴稚晖、张伯苓、齐白石、曾国藩、康有为和李超等，这些传记的评论性大都较强，学术性也较浓，在社会上产生重大影响的主要有《李超传》和《齐白石年谱》等；三是中国历代著名文学家或思想家等，如老子、崔述、费经虞父子、达摩、王梵志、贺双卿、吴敬梓、戴震、章实斋、赵一清、朱敦儒、神会、曹雪芹、王若虚、欧阳修和王莽等，这些作品大都有考证性内容，学术气息更浓。

第四，晚年寓居美国和定居台湾时期。

胡适于 1949 年春去美国，至 1958 年返台湾定居，1962 年春在台北"中央研究院"院长任上病逝。这期间他继续传记学术活动，且有若干新特点。

一是局部深化了原先的传记理论，即除了在台湾以《传记文学》为题再次演讲外，还通过为友人的传记作品写序的形式，对台湾地区的传记（自传）写作实践中所提出的若干带普遍性的问题，作了进一步的理论探讨。

二是更切实地劝说、支持乃至组织他人的传记（自传）写作，如他曾建议台湾当局"参政会"成员写自传，甚至建议台北当局的"光复大陆设计委员会"增设"个人传记资料组"。[11]特别是在 1958 年底，胡适接受旅美学者唐德刚的建议，在自己主持的"中央研究院"内增设"口述历史"（Oral History）的专门机构，该机构从次年起即开展工作。[12]

三是本人的传记写作也有新收获。1956 年前后，胡适应哥伦比亚大学之邀作口述自传，其文字稿即为唐德刚校译注的《胡适口述自传》。至于他在本时期写的他传，除了零星的短篇之作（其中最有史料价值的有《追忆吴稚晖先生》等），也有长篇的《丁文江的传记》和以考证见长的《薛瓒年表》等。

四是发表大量谈话，以亲见、亲闻、亲历的点滴史料入手，忆及某些友人或其他各界人士，由此为中国近现代史上的若干重要人物的生平活动和人格特征等情况，提供了一批鲜为人知的宝贵的传记资料。仅从胡颂平编的《胡适之先生年谱长编初稿》和《胡适之先生晚年谈话录》两书所记载保存下来的材料看，涉及的主要历史人物就有宋耀如、张继、马君武、葛里普、梁启超、王国维、李石曾和于右任等。1962 年 2 月 24 日，即在胡适逝世的那天，他还由袁家骝的身世谈到其父（寒云）和其祖（袁世凯）的部分情况。⑬由此可以说，胡适的传记学术活动是与他的人生一起终结的。

胡适传记作品深浅得失的示例分析

自传类（以《四十自述》为例）

相较而言，在胡适的所有自传作品中，《四十自述》最有特色，也最为成功，社会影响又最大。该书的主要价值至少有如下几点：

（1）敢于真实地近于赤裸裸地揭示家庭身世和本人少年生活的实际情形，做到既不避父母之讳，也不掩饰自己曾有过的不光彩的历史。例如，年方十七、出身清贫的胡母，主要是出自"做填房可以多接聘金"的庸俗而现实的考虑而主动答应去做时年四十七岁的胡父的继室的；胡适本人在留美前有一段日子"在昏天黑地里胡混"，乃至某雨夜因发酒疯而入拘巡捕房并被课以罚款。这些情况，书中都一一如实写出。

（2）有意识地记载保存了涉及中国近代教育史的重要史料。如对因反对日本"取缔清国留学生规则"愤而返国的留学生于1906年在上海创办的中国公学的概况，以及该校学潮的前因后果等，书中均作较详细而客观的追述，并请有关当事人批评改正了若干与当日事实不符之处。

（3）自我评判能够尊重客观历史。如书中承认自己早年思想"受了梁（启超）先生的无穷恩惠"而并非"先知先觉"；承认自己之所以赴京参加庚款考试由此走上人生道路转折点，主要有赖于友人们从精神上到物质上的种种帮助，而不在单纯的"自我奋斗"；至于自己留美期间萌芽文学革命理论和尝试白话新诗写作，认为"一半是在朋友们一年多讨论的结果"，而后又因为有了陈独秀"这样一个坚强的革命家做宣传者，做推行者"，才发展"成为一个有力的大运动"。这些都避免了名人自传中常见的自我吹嘘的弊病。

（4）从文笔上看，虽然起初有意借用文学方法，即想从这四十年中挑出十来个比较有趣味的题目，用每个题目来写一篇小说式的文字，但胡适"究竟是一个受史学训练深于文学训练的人"，所以在写了一章"序幕"后"就不知不觉的抛弃了小说的体裁，回到了谨严的历史叙述的老路上去了"。这表明，该书整体上采用"谨严的历史叙述"的笔法，尽管其中也很注意行文的修辞色彩，因此全书简洁、清晰、流畅的文笔和传记作品所要求的内容的真实性是相吻合的。

顺便说，上述特点在《四十自述》以外的自传作品中也都有不同程度的体现。另外，胡适其他的自传作品还有一个共同的特点，即偏重于对自己社会政治思想和学术文化思想的梳理，尤其是《胡适口述自传》，更是一部"别开生面、自成一格的学术性的自传"，是"辞简意赅，夫子自道的胡适学案"⑭。

他传类

能够从各个不同侧面反映胡适的传记观念，体现他的传记（他传）写作特点和经验教训的，主要有：

（1）《李超传》⑮

传主是一个与胡适本无任何联系的普通女学生，而胡适为之立传，则是考虑到"这一个无名的短命女子的一生事迹，很有作详传的价值"，因为"她的一生遭遇可以用做无量数的中国女子的写照，可以用做中国家庭制度的研究资料，可以用做研究中国女子问题的起点，可以算做中国女权史上的一个重要牺牲者"，换言之，李超的一生遭遇，与"家长族长的专制""女子教育问题""女子承袭财产的权利"和"有女不为有后的问题"等有密切联系。显然，这篇写于"五四"新文化运动高潮中的传记，其社会功用正在于配合"五四"新思潮的宣传而以真实典型的社会材料向中国封建主义旧思想旧道德宣战。

（2）《章实斋先生年谱》⑯

年谱是中国传记中的一种独创的形式，宋代以来久为袭用。胡适虽然以这种旧传记形式为章实斋立传，但在体例上却有明显的创新。据该书《自序》说，鉴于中国旧年谱"太简略"，即"只有一些琐碎的事实，不能表现他的思想学说变迁沿革的次序"，所以该书不仅记载谱主一生事迹，还特别注重"写出他的学问思想的历史"。具体如，对谱主的著述，"凡是可以表示他的思想主张的变迁沿革的，都择要摘录，分年编入"；与此相适应，凡谱主"批评同时的几个大师"的重要言论，不问其对错，"也摘录抄出，系在被评者死年"，由此"不但可以考见实斋个人的见地，又可以作当时的思想史的材料"；此外，又在年谱中移用"评传"的体例，不时地对谱主的思想学术成就等作评判。据胡适说，"这种批评的方法，也许能替年谱开一个创例"。这表明，该书通过对旧年谱的体例的改造，使之更接近了西方近代传记，即使年谱类著作也具有了更完备的传记要素。

（3）《菏泽大师神会和尚传》⑰

此篇是以传记为载体而学术研究色彩尤为浓烈的作品，其最大特点乃在考证性的内容占很大篇幅，即根据大量的原始文献资料，通过对一个人物生平事迹作逻辑严密、丝丝入扣的考证研究，由此解答某一重大的学术悬案。由于该文提出的新的学术见解（神会是新禅学的建立者，也是《坛经》的作者）具有推翻旧说的性质，所以全文特别注重材料证据的发掘，即把每一个基本史实的揭示、解释，以及每一个观点和结论的提出，都建立在确凿的文献资料的基础上。这篇传记的价值，除了本身提出的新的学术见解外，更在于提供了考证性的传记作品的写作范例。

（4）《丁文江的传记》⑱

这是胡适晚年写的最主要的一部传记，长达 12 万字，用纯粹的白话写成。传主是胡适生前最亲近的友人之一，据该书"引言"说：传主逝世 20 年来的"天翻地覆大变动，更使我追念这一个最有光彩又最有能力的好人"。唯其如此，该传的主旨是把传主"这一个天生的能办事、能领导人、能训练人才，能建立学术的大人物"的一生经历、思想学问和品德描述出来。不过，由于此传较多地掺入了作者的感情因素，却留下了某些"避讳"性质的严重失误，例如有的研究者已指出的那样，对传主曾"帮助军阀孙传芳的一段经历，则颇有曲护"[19]。由此可以说，这表明胡适晚年的学术思想有某种退步。

胡适的传记理论要点及其价值意义

胡适一生在有关的论文、序跋、书信、日记、演讲和谈话中，广泛涉及了传记理论的许多基本问题，其中有价值的理论要点，体现在以下几方面。

对于传记要素与功用的认识

西方近代传记理论的主要观点之一是"藉传窥史"说（A biographical approach to human experience），而不满足于所谓的"以传属史"说（Biography is not a branch of history）。[20]胡适在赞同这一理论的基础上又有发挥。例如，他所理解的"史"，不只局限于一般的社会政治情况，而更着重于社会经济、思想文化乃至风俗习惯等方面的课题。他强调传记作品要留下有关思想史的线索[1]，强调传记要充分反映传主所处时代的各种特殊的政治文化背景[2]，称赞友人的传记能"坦白详细的描写他做学问的经验"[3]，在劝人写回忆录时建议"把他少年时代的乡土风俗习惯都写出来"[4]，乃至表示"我将来如有工夫来写自己的传记，要用很大的一章来写我那个时代的徽州的社会背景"[5]，如此等等，都表明了这一点。

与此相适应，胡适又特别强调传记作品对于各方面史料的尽可能地充分保存，并把这视之为评判传记作品质量优劣的一条重要标准。如他在劝人写自传或回忆录时，总强调"真正的历史都是靠私人记载下来的"[6]，而他之所以认为《梁任公先生年谱长编初稿》一书"最值得印行"，也正是鉴于这部"没有经过删削"的稿本中有"最值得保存"的"最可宝贵的史料"。[7]

此外，胡适也十分重视以"模范人物"为传主的传记作品在人格教育方面的特殊功用。他鉴于世界文化史上，"《新约》里的几种耶稣传记影响了无数人的人格"、普鲁塔克的"《英雄传》影响了后世的许多的人物"的事实，表示赞赏并支持中国的当代史学家编撰《士大夫集传》和《外国模范人物集传》一类的书，认为"这都是很应该做的工作"，因为这"未尝不可以做少年人的良好的教育材料，也未尝不可介绍一点做人的风范"[8]。联系并且对比胡适的另一著名的学术观点——"整理国故只是研究历史而已，只是为学术而作工夫，所谓实事求是是也，从无发扬民族感情的作用"[9]，很显然，胡适特别肯定传记作品的社会教育功用，是以认识到传记作品的要素与其他史学著作的明显差异为前提的。

关于传记作品的真实性原则

传记作品在内容上应该高度的真实，无论是中国古代史学家推崇的"其文直、其事核，不虚美，不隐恶，故谓实录"[30]，还是西方学者强调的"唯真无它"（Nothing but the truth）或"赤裸无隐之真"（The naked and plain truch）[31]，表述的是同一意思。胡适反复强调"传记的最重要的条件是纪实传真"[32]。如在评论沈宗瀚的《克难苦学记》时说："这本自传最大贡献在于肯说老实话，平平实实的老实话，写一个人，写一个农村家庭，写一个农村社会，写几个学堂，就成了社会史料和社会学史料，教育史料。"[33]

在谈及许世英的《回忆录》时指出："写回忆录，一定要有材料，如日记、年表、题名录等等……不能专靠记忆。记忆是很危险的。"[34]

另外，鉴于自传作品所提供的史料往往未必完全可靠，所以胡适对自传的真实性原则有别一种理解，如他明确指出：有的自传"也许是要替他自己洗刷他的罪恶。但这是不妨事的，有训练的史家自有防弊的方法"，自传只要能"写出他心理上的动机，黑幕里的线索，和他站在特殊地位的观察"就好了。[35]显然，这意见与西人所说的"回忆录的主要价值不在于提供了事实，而在于他常常无意暴露的思想"[36]，是基本一致的。强调这一点，无疑是具有更深刻的传记的真实观。

关于传记写作的史学方法论训练和传记作者的学术作风问题

胡适作为一位受过严格的史学训练的学者，对于如何写出一部纪实传真的传记所要求的史学方法论训练，他认为"但用大刀阔斧的人也须要拿得起绣花针儿的本领"㊲。所谓"绣花针儿"的本领，包括这个几个环节（程序）：一是广泛收集并熟悉各种传记资料和相关的文献材料；二是重视对有关文献材料的实地调查，如为了求证蒲松龄的卒年，胡适曾请人访求蒲氏的墓碑㊳；三是依据校勘学的原理对传记资料作考订（尤其是辨伪）工作，特别注意"寻求古本"——原稿本或最接近原稿的古本，以"多寻求最直接的、最早的证据"㊴。

胡适针对近代中外传记写作实践中暴露出来的普遍性问题，强调"四忌"：一是忌"商业投机"㊵；二是忌"借题发挥"㊶；三是忌"轻薄的批评"㊷；四是忌"妄语"㊸。另外，胡适又指出，对于自传作者尚有一个正确对待自己的问题，如修族谱、家谱之类谈到先祖的世系，要破除"源远流长"的迷信，不要"不肯承认自己的祖宗，都去认黄帝、尧、舜等不相干的人作远祖"㊹，至于写回忆录，又应充分肯定那些曾匡助过自己的人，要有"终身不忘人之功"的"伟大风度"。㊺

中西传记比较和对中国旧传记的清理和批判

胡适认为，中西传记在整体上是西优于中。例如中国旧传记一般过于简略，"所择之小节数事或不足见其真"，而西方近代传记涉及内容广泛，尤其"写琐事多而详，读之者如见其人，亲聆其谈论"。总之，中国旧传记"惟以传其人之人格"（character），而西方近代传记则"不独传此人格已也，又传此人格进化之历史"（The development of a character），中国旧传记"大抵静而不动"，"但写其人为谁某"，而未能像西方近代传记那样又写"其人之何以得成谁某是也"。[46]

由此出发，认为中国旧传记弊病太多："历史人物往往只靠一些干燥枯窘的碑版文字或史家列传流传下来，很少的传记的材料是可信的，可读的已很少了；至于可歌可泣的传记，可说是绝对没有"[47]，欧美的鲍斯威尔和莫烈等的长篇传记以及穆勒、弗兰克林和吉朋等人的自传，"都是中国从不曾见过的体裁"[48]。

胡适又进而分析中国传记不发达的根本原因是："没有崇拜伟大人物的风气""多忌讳""文字的障碍"[49]。其中第一点，诚如有的学者指出的那样，胡适于 1953 年作讲演时对此已作了修正取消[50]；关于"忌讳"，胡适说：由于"圣人"立下"为尊者、亲者、贤者讳"的"谬例"，因而后人作传便"对于政治有忌讳，对于时人有忌讳，对于死者本人也有忌讳"[51]，延至现在，"社会里还有太多的忌讳，史家就没有勇气去整理发表那些随时随地可以得罪人，或触犯忌讳的资料了"[52]。讲到"文字的障碍"，胡适认为，中国古文本来就难以担负起写出传主的"真实身份、实在精神、实在口吻"而"使读者如见其人"或"可以尚友其人"的"传神写生的工作"，更何况"后来的古文家又中了'义法'之说的遗毒，讲求文句之古而不注重事实之真，……硬把活跳的人装进死板板的古文义法的滥套里去"[53]。

应该说，胡适的上述看法在今天看来虽有一定的偏颇，但在当时以西方近代传记理论和作品为参照系，对中国旧传记所作的整体的清理批判，却是必要的和合理的。因为胡适毕竟抓住了影响中国传记（其实何止是传记）未能按其本身规律正常健康发展的根本原因：政治上的封建专制主义的统治与文化上的保守主义惰性的结合。

胡适对近代中国传记史学发展的积极影响

中国传记发展的基本轨迹是：它在先秦时期以"脱胎于经"和"依附于史"（即记事之作无一与人相始终）的形式萌芽。至两汉和魏晋南北朝时期，因先后分别形成"史传"和"杂体传记"，由此才基本确定传记的人物本位观念。而自唐宋以降直至晚清，其间虽有"年谱"和"学案"一类传记新形式出现，由此表明中国传记一定程度上按自身规律有所发展。但总的说来，中国并不发达的旧传记也正是在这一时期内不可避免地走向了以"谀墓"和"程式化"为主要特征的衰败。而就传记理论来说，虽然自刘勰《文心雕龙》到刘知几《史通》再到章实斋《文史通义》等书有所论及，但大抵也是零散的。如果说其中有些论述多少指摘了中国旧传记的固有弊病，同时也不无正确地强调过传记的真实性原则的话，然而由于它们终究未能像胡适那样触及要害问题，所以在事实上也就未能发生明显的积极影响，其对中国旧传记的批判力度，甚至还逊于纪昀在《阅微草堂笔记》中以寓言形式所作的批判㉔。何况明人的"传乃史职，身非史官，岂可为人作传"㉕之说，倒在事实上为一大批迷恋功名仕途而皓首穷经的知识分子所接受。

中国新旧传记的交替过渡始于西学东渐的戊戌维新前后，梁启超在这方面作了开创性贡献。他因接受西方近代传记理论的初步影响，曾撰写过若干带有新的传记观念的篇什，还在《新史学》和《中国历史研究法补编》等书中运用西方近代传记理论初步探讨了新传记的写作问题。不过梁氏的研究没有深入下去。

唯其如此，在近代中国文化界和史学界，真正从理论和实践的结合上有力地倡导传记史学的，不能不首推胡适。——根据上文的评述可以认定：胡适最早从理论上批评了中国旧传记，也最早且是较系统完整地把西方近代传记的基本理论观念介绍给中国学者，与此同时，他也通过自己持续不断的写作实践，扩大了新传记（特别是白话文体传记）在读者中的影响力。至于胡适提出的若干有独到见解的传记理论，在某些方面又是对西方近代传记理论的丰富和发展。总之，正是由于胡适几十年来身体力行的倡导，中国新旧传记的交替过渡才得以最后完成。

这一事实具体表现为："五四"新文化运动以来，在胡适的影响下，中国近代传记史学开始作为一个相对独立的史学文体（史学研究著作的一种特殊的载体形式）为越来越多的史学工作者和一般读者所接受，以至在（二十世纪）三十年代和八十年代的大陆，以及五六十年代的台湾，三次形成了"传记热"。再试看郁达夫、许寿裳、孙毓棠、朱东润、湘渔、寒曦、郑天挺、曹聚仁和刘绍唐等人的传记理论⑩，以及郑振铎、吴晗、朱东润、李长之、蔡尚思和沈云龙等学者，乃至一批受胡适直接劝说而写传记（自传）的人们的作品，事实上都不同程度地留下了接受胡适传记理论影响的痕迹，而不管他们本身是否愿意承认。

综上所述，可以这样说：如果把胡适看作一位纯粹的近代中国史学大家，那么他对中国近代传记史学的倡导，如同他倡导"整理国故"、诱发"古史辨"讨论，建立"小说研究"的学术主题，从事禅宗史研究，以及提倡重视方法问题（主张去"目的热"和"方法盲"）一样，有着相似的价值意义，都是对中国近代资产阶级史学发展的一大贡献。

如果说胡适的传记学术活动尚有欠缺的话，依笔者的看法，那主要是因为受到种种主客观条件的限制，胡适对于西方近代传记理论——从高斯（E. Gosse）到斯特拉屈（L. Strachey）、尼科尔森（H. Nicolson）再到奠洛亚（A. Maurois）以及日人鹤见祐辅等人的传记理论，缺乏一种全面系统的介绍评判，同时对于西方传记理论界的几个争论不休的问题（如传记的史学笔法与文学笔法的关系、传记写作与精神分析法的关系）也未作明确的回答——而根据胡适的学力，他是能够这样做的。但即使如此，也无损于胡适在近代中国传记史学发展史上的地位和影响。

[注释]

① 胡适《藏晖室札记》卷七的 1914 年 9 月 23 日条即题为"传记文学"。此后，郁达夫等人便袭用"传记文学"一词，而朱东润是先译用"传述文学"，后改"传记文学"。

② 中国旧学在习惯上有"史传"一词，盖指纪传体正史中的"列传"。这一"史传"的概念与本文所说的"传记史学"有所不同，因为后者涵盖面更大。

③ 参见阿英:《传记文学的发展——辛亥革命文谈之五》,《人民日报》1961 年 11 月 10 日。

④ 参见胡适:《藏晖室札记·传记文学》和《建设的文学革命论》等文。

⑤㊻ 胡适:《藏晖室札记·传记文学》(1914 年 9 月 23 日)。

⑥ 此传写于 1911 年,刊《留美学生季报》1915 年春季第 1 期。

⑦ 此书 1939 年由亚东图书馆出版,后商务印书馆改题"胡适留学日记"重版。

⑧ 胡适:《四十自述·自由中国版自记》。

⑨㉟ 胡适:《四十自述·自序》。

⑩ 该书 1933 年由亚东图书馆出版,后在台湾再版,把《逼上梁山》一文作为附录。

⑪ 参见胡颂平编:《胡适之先生年谱长编初稿》1959 年 12 月 23 日条。

⑫ 参见唐德刚:《文学与口述历史》,台湾《传记文学》1984 年第 45 卷第 4 期。

⑬㉔㉕㉖㊵㊶㊷ 参见《胡适之先生晚年谈话录》第 313 页、207 页、321 页、187 页、275 页、280 页。

⑭ 唐德刚:《胡适口述自传·写在书前的译后感》。

⑮ 此文刊《新潮》第 2 卷第 2 号,1919 年 12 月 1 日。

⑯ 此书 1922 年由商务印书馆出版,后经姚名达补订,1931 年再版。

⑰ 此书收入《神会和尚遗集》,亚东图书馆 1930 年出版。

⑱ 此文刊《丁文江先生逝世二十周年纪念刊》,台北,1956 年印行。

⑲ 耿云志:《胡适年谱》,四川人民出版社 1989 年 12 月出版。

⑳㉛ 转引自(美)汪荣祖:《史传通说》之"传记·第八章",台北联经出版事业公司 1988 年出版。

㉑ 参见胡适:《章实斋先生年谱·自序》。

㉒㊺　胡适：《施植之先生早年回忆录·序》，《胡适书评序跋集》，岳麓书社 1987 年出版。

㉓　胡适：《师门五年记·序》，《胡适书评序跋集》。

㉗　胡适：《梁任公先生年谱长编初稿·序》，《胡适书评序跋集》。

㉘㊼　胡适：《领袖人才的来源》，《胡适论学近著》第四卷。

㉙　胡适：《致胡朴安》（1928 年 11 月 29 日），《胡适来往书信选》中册。

㉚　班固：《汉书·司马迁传》。

㉜㊾㊿㊼　胡适：《南通张季直先生传记·序》，《胡适文存》第 3 集第 8 卷。

㉝　胡适：《介绍一本最值得读的自传》，《胡适书评序跋集》。

㉞㊸㊷《胡适之先生年谱长编初稿》第 3589 页、3092 页、3341 页。

㊱　爱·克兰克肖：《赫鲁晓夫回忆录续集·前言》。

㊲《胡适的日记》1922 年 2 月 26 日条，中华书局 1985 年出版。

㊳　胡适：《辨伪举例》，《胡适论学近著》第 3 卷。

㊴　胡适：《校勘学和考据学的题语》，《胡适手稿》第 2 集上册。

㊹　胡适：《曹氏显承堂族谱·序》，《胡适文存》第 4 卷。

㊽　胡适：《建设的文学革命论》。

㊿　参见耿云志《胡适研究论稿》，四川人民出版社 1985 年出版。

㊴　参见《槐西杂志》（三），《阅微草堂笔记》第 13 卷。

㊵　转引自章学诚：《文史通义·传记》。

㊶“五四”以来到 1949 年间，传记理论的代表作有：郁达夫《传记文学》《什么是传记文学》，许寿裳《谈传记文学》，孙毓棠《传记与文学》（论文集），朱东润《张居正大传·自序》《传叙文学与人格》，湘渔《新史学与传记》，寒曦《现代传记的特征》，郑天挺《中国的传记文》。又，曹聚仁《谈传记文学》和刘绍唐编著的《什么是传记文学》、《传记文学与文史新刊》等书，近几年中施影响于港台地区。

胡适"文学革命"论的文化意义

　　胡适一生从事的思想文化活动，与现代中国在近百年来某些方面所发生的变化，在很大程度上有着因果关系。其中最明显和最重要的一点，乃是他所首倡的"文学革命"，因在理论和实践的结合上取得决定性的胜利，由此改绘了现代中国的人文基础工程的蓝图，同时也促进了现代中国由更深层次的思想革命为开端的社会变革。

胡适倡导"文学革命"的文化背景

　　一百年前，当胡适从位于停满外国军舰的黄浦江西岸的"淞沪厘卡总巡"的衙署内房里发出第一声啼哭的时候，积贫积弱的古老中国正处于"三千余年，一大变局"的严峻时刻。甲午之战虽以丧权辱国、割地赔款的《马关条约》的签订而画上句号，但接踵而来的却是西方列强对于中国的更疯狂的掠夺，中国由此面临遭致瓜分乃至"亡国灭种"的现实危险。

面对这一严酷的局势，以康、梁为首的那批在"西学东渐"的文化背景中成长起来的维新派人士，本着深切的爱国主义立场而倡言维新变法。其虽是打出"托古改制"的旗号，但宣扬的则是"中国自强之学"，并且也主张从"开民智"入手，用梁启超的话说，则是"新民"。即"新国"必先"新民"，"苟有新民，何患无新制度，无新政府，无新国家"①。可惜的是，虽然戊戌维新运动因一度得到年轻的光绪帝的支持而出现了一些新气象，但因封建顽固派的猖狂反扑和维新派本身的种种弱点，终究以"百日维新"的形态而宣告流产。嗣后，又有孙、黄为代表的抱有别一种社会改革主张的革命党人横空出世，前仆后继，组会党、筹军费、搞暗杀、闹起义，期待"驱除鞑虏，恢复中华"而求"革新中国的伟大目标"②，而且借着武昌首义的炮火，也果真推翻了满清王朝。然而，孙中山仅当了几十天的"临时大总统"就被迫让位于袁世凯的事实表明，辛亥革命虽胜犹败，这一点连当时的革命党人也不得不承认："此次之革命，非能革去恶政治也。所革去者仅满洲皇帝之权耳，专制腐败犹旧也。"③

与上述情况相适应，在当时的中国思想文化界，尽管"西学"以其特有的吸引力在一定范围内继续施影响于以知识分子为主体的中国爱国者，但传统的封建主义旧思想、旧文化的强大的惰力，却在事实上起着更大的腐蚀作用，尤其到"洪宪"帝制前后，即"五四"新文化运动前夜，整个思想文化界甚至又在一种万马齐暗的形态掩盖下，泛起一股股逆流，诸如倡言"尊孔读经"以及"鸳鸯蝴蝶派"作品几乎独霸文坛之类，至于原革命党人，大都也因接受文化保守主义思想而反顾旧文化、旧文学。

这就是说，虽然自戊戌维新以来，先进的中国人的代表人物已经开始自觉或不自觉地探索改造中国，即把中国引入现代化的道路，然而他们的探索失败却表明：由于他们事实上都过于偏重从较狭窄的社会政治变革的角度来考虑问题，所以也都尚未把握真正能够促进中国现代化的前提或关键，即如何解决中国人的深层次的思想文化观念的革新改造问题。

在这种情况下，陈独秀以其"伦理思想，影响于政治，各国皆然，吾华尤甚"的深刻认识，本着"伦理之觉悟，为吾人最后觉悟之最后觉悟"④，而创办《新青年》杂志，旗帜鲜明地宣传"科学与民主"，发动新的思想启蒙运动，意在用虽非捷径却是远为切实的手段来推动中国现代化的进程，自然是一种超越前人的划时代的思想贡献。不过，智者千虑，必有一失，虽然陈独秀早年也曾有编辑白话报刊的经历，但在创办《新青年》之初却还没有意识到采用白话文这一语言工具的潜在意义。例如，《新青年》前几卷的文章均为文言文，陈独秀甚至刊登并啧啧称赞谢无量等人的"在文法上亦不通"的"古典主义之诗"。⑤

就胡适来说，他早年求学上海时曾补上了维新思想的一课，也受到过革命思想的影响，而且通过主编《竞业旬报》而获得了"多做白话文的训练"⑥。留学美国后，他因进一步接触和了解西方近代社会政治文化学说，更是思索了如何才能切实有效地进行思想革新的问题，由此初步形成和确立了"文学革命"的主张，并付诸尝试白话新诗写作的实践。这样，当他看到《新青年》杂志的上述缺点后，就有意补救陈独秀的不足：先是致函陈氏，陈述"年来思虑观察所得"的意见，并正式提出"文学革命"的口号及途径："今日欲言文学革命，须从八事入手"⑦；继而发表著名的《文学改良刍议》⑧，以"一时代有一时代之文学"，"今日之中国当造今日之文学"号召天下。

很显然，胡适提出"文学革命"论绝非偶然。其确切的文化背景，当是二十世纪中叶以来文化形态上的"西学东渐"所带来的中西文化冲突至"五四"新文化运动前夜愈演愈烈的现实。通过胡适《藏晖室札记》（《胡适留学日记》）中的有关言论，则又可以认定，胡适的"文学革命"论，是依据富有相当的合理性内核的实验主义（Experimentalism）学说，通过在思想文化方面对从戊戌维新到辛亥革命以来的历史经验教训的总结，而郑重提出来的另一种"如何回应中西文化尖锐冲突的新形势"的新方案。胡适在学成归国前说："故国方新造，纷争久未定。学以济时艰，要与时相应。"⑨而在回国之初因受到与"张勋复辟"互为因果的"出版界的孤陋、教育界的沉寂"的刺激，由此"打定二十年不谈政治的决心，要在思想文艺上替中国政治建筑一个革新的基础"⑩，都可以证实这一点。鲁迅也曾说："世界的时代思潮早已六面袭来，而自己还拘禁在三千年陈旧的桎梏里。于是觉醒，挣扎，反叛，要出而参与世界的事业。"⑪如把这段话移之解释胡适倡导"文学革命"论的深刻的文化背景，无疑也是妥帖的。

由此可见，胡适的"文学革命"论，乃是在中西文化冲突的最严峻的关头，在中国近现代思想文化史的交替转折时期，以深邃的历史眼光和清醒的历史使命感，为顺应辛亥革命推翻帝制后中国社会和思想文化界出现的大变动，即已由陈独秀首开其端的势必导致更深刻的社会革命的思想解放运动，寻找到了一个切实的突破口，诚如陈独秀当时就很快地敏锐地认识到的那样："欲革新政治，势不得不革新盘踞于运用此政治者精神界之文学。"⑫

胡适"文学革命"论的要点及价值意义

胡适"文学革命"论的内涵相当丰富，涉及了多方面的课题。但相较而言，其中的"白话文学正宗论"乃是最基本的，因为它是整个"文学革命"论的理论基石，其他问题的展开均以此为理论出发点。从整个"五四"新文化运动的情形来看，以"白话文学正宗论"为理论指导的"白话文运动"，也正是最主要的一个分支。唯其如此，胡适的"文学革命"论最基本的价值意义，也正是体现在"白话文学正宗论"本身的思想文化深度所带给中国现代思想文化界的强烈震撼。

胡适的"白话文学正宗论"的理论逻辑是：

首先认定"今日之文言乃是一种半死的文字"，唯有"今日之白话是一种活的语言"，因为"文言的文字可读而听不懂，白话的文字既可读，又听得懂"，白话作为"文言之进化"，"不但不鄙俗，而且甚优美适用"，"凡文言之所长，白话皆有之。而白话之所长，则文言未能及之"。⑬

　　既然如此，根据"一时代有一时代之文学"的原理，胡适明确宣称："今日之中国当造今日之文学，不必模仿唐宋，亦不必模仿周秦也"，或者说，"以今世历史进化的眼光观之，则白话文学之为中国文学之正宗，又为将来文学必用之利器，可断言也"。⑭

　　进一步从文学的性质问题作考察，胡适又指出："一切语言文字的作用在于达意表情；达意达得妙，表情表得好，便是文学。那些用死文言的人，有了意思，却须把这意思翻成几千年前的典故；有了感情，却须把这感情译为几千年前的文言……请问这样做文章如何能达意表情呢？既不能达意，既不能表情，哪里还有文学呢？"换言之，"'死文言决不能产生出活文学'。中国若想有活文学，必须用白话，必须用国语，必须做国语的文学"，而所谓"用白话作各种文学"，其包括"通信、做诗、译书、做笔记、做报馆文章、编学堂讲义、替死人作墓志、替活人上条陈"等等。⑮

　　此外，在驳斥某些反对白话者的所谓"白话为古文的退化"的论调时，胡适又雄辩地指出：判断一种器物制度的进步或退步，主要看其"应用的能力"的增加与否，就语言文字来说，则应持这样的标准："表情达意的能力增加吗？记载人类经验更正确明白吗？还可以做教育的利器吗？还可以作共同生活的媒介物吗？"据此，真正日见"退化"的乃是文言而不是白话，因为衡之上述四条，"文言竟没有一方面不是退化的"，而"白话在这四方面没有一方面的应用能力不是比文言更大得多"，"总括一句话，文言的种种应用能力久已减少到很低的程度，故是退化的；白话的种种应用能力不但不曾减少，反增加发达了，故是进化的"。⑯

　　由此可见，胡适的"白话文学正宗论"是根据历史进化观念并参之以中国语言文字发展史所提供的大量事实而提出来的，这些破字当头立在其中的论述，其实不只囿于简单地提倡变"文言"为"白话"的本身，也不仅仅停留在狭义的文学革新的领域，而是清晰响亮地昭示了一个振聋发聩的主张：鉴于文言古文这一思想载体，在中国长期的封建专制主义社会里，事实上成了藏污纳垢的工具，所以已经构成现代中国人思想交流的严重阻碍，乃至变为窒息现代中国人思想发展的枷锁，总之它已经完全不能适应现代中国社会的需要了。因此，提倡以白话文取代文言文而实行"文学革命"，当是旨在诱发和推动思想革命的一种义无反顾的历史性抉择。

　　证之以文言古文在当时社会政治生活中无不与复辟帝制、祭天尊孔和复古读经之类腐朽现象紧密联系的确凿事实，以及它"以不通之典故与肉麻之句调戕贼吾青年"的种种罪恶⑰，再反观文言古文的卫道者稍后对胡适等人所作的恶毒的政治性攻击，又可以认识到：胡适倡导的以"白话文学正宗论"为理论基石的"文学革命"论，不啻以釜底抽薪的方法，知耻近乎勇的卓识，铲除了旧思想旧道德旧文化赖以生存衍殖并发生消极影响的土壤，或者说是对旧中国的整个社会政治文化秩序作了挖祖坟般的致命冲击，所以其实际的价值意义，首先就在于快刀斩乱麻般地为现代中国人规范了一种统一的也是有效的思想交流工具，从而为现代中国从根本上革故鼎新以切实地走向现代化扫除了最基本的障碍物。例如，正因为"文学革命"论的提出和"白话文运动"的兴起，使得陈独秀发起的新文化运动因借助白话文的利器而如虎添翼，迅速地向新的深度和广度推进。同样，以进步知识青年为主体的广大国民，也因服膺于胡适的 "文学革命" 论而纷纷追随新思潮（其中包括用白话文宣传介绍的马克思主义学说）。而面对这一势不可挡的新的文化潮流，连北洋政府教育部也只得于 1920 年作出决定，在全国中小学采用白话的语文教材，并同时颁行由胡适等人提出的 "新式标点符号"。章士钊当年即以焦虑而沉重的心情对白话文运动的胜利局面作了不失为形象化的概括——"以适之为大帝，绩溪为上京，遂乃一味于胡氏《文存》中求文章义法，于《尝试集》中求诗歌律令，目无旁骛，笔不暂停，以致酿成今日底他它吗呢吧咧之文变。"⑱

　　与上述价值意义有联系的还在于，由于胡适的 "文学革命" 论的胜利，也提醒了 "五四" 以来的社会政治活动家，至少为他们在中国开展各种方案的现实的社会政治活动提供了一种不可或缺且又是易于操作的基本工具。明显的一例是：20 世纪二十年代初以来，国内任何一个政治党派团体，几乎无不以白话文的利器（即以创办白话报刊为主要形式）来宣传鼓动乃至组织教育自己的追随者。如国民党，虽然孙中山当时还一度持 "言语有变迁而无进化" 之说，否定古文的 "退化" 和白话的进步⑲，但稍后终于也承认胡适等人 "鼓吹白话文，于文学界兴一革命，使思想能借文字之媒介，传入各级社会，以为所造福德，较孔孟大且十倍"⑳。再如共产党，其缔造者和最早的一批党员，从陈独秀、李大钊到毛泽东等人，无不是坚决拥护并积极宣传 "文学革命" 论的，而运用白话文这一利器来宣传和组织民众最为成功的，也正是共产党人。

　　鲁迅曾专门谈到过这一问题。他说：多年以来，中国处于 "无声的"状态，因为"中国虽然有文字，现在却已经和大家不相干，用的是难懂的古文，讲的是陈旧的意思，所有的声音，都是过去的，都就是只等于零的。所以，大家不能互相了解，正像一盘散沙"，"要恢复这多年无声的中国，是不容易的"，而"首先来尝试这工作的是……胡适之先生所提倡的'文学革命'"；换言之，"我们此后实在只有两条路：一是抱着古文而死掉，一是舍掉古文而生存"，正确的抉择自然是：先把中国"变成一个有声的中国。大胆地说话，勇敢地进行，忘掉了一切利害，推开了古人，将自己的真心话发表出来"，以此"感动中国的人和世界的人"，并"和世界的人同在世界上生活"。[①]以鲁迅对于中国近现代思想文化史的为人难以企及的深刻观察和体验，他如此评判胡适的"文学革命"论的价值意义，显然是不刊之论。

驳几种否定"文学革命"论价值意义的意见

围绕着胡适提出的"文学革命"论，中国现代思想文化界第一次发生了激烈的论战，一时短兵相接，甚至多有刀光剑影。反对"文学革命"论的代表人物，主要有林纾以及"学衡"派的胡先骕、梅光迪和"甲寅"派的章士钊等人。撇开这些反对者的政治性攻击不论，从狭隘的学理之争来看，则无不以文化保守主义为基本原理和出发点。就胡适来说，对于上述反对者的意见，他和他的盟友们一起，以"扎硬寨、打死战、不退让、不妥协"的战斗精神[②]，作了针锋相对的斗争，尤其是他写于 1922 年的那篇《五十年来之中国文学》，更是首次从更深广的文化背景出发，以更全面更深刻的理论分析，总结了这场以倡导者的胜利与反对者的失败而告终的论争。

按理说，到了 20 世纪 20 年代中期，白话文言的优劣问题，已经在理论上得到解决，至于用白话文创作的新文学作品的实绩，也证明了"白话文学的运动是一个很严重的运动，有历史的根据，有时代的要求，有他本身的文学的美，可以使天下睁开眼睛的共见共赏。这个运动不是用意气打得倒的"③。然而，问题在于，从这个时候起，新文学运动阵营内部的一些人，当他们也来总结新文学运动的历史经验的时候，却苛刻地对胡适"文学革命"论的价值意义提出了某种责难。而五六十年代以来，一些有关中国新文学史的研究专著和论文，仍然沿袭了若干似是而非的意见。

一种意见认为，胡适的"文学革命"论只是强调形式的变革而不求思想内容的革新。

其实，这是毫无根据的责难。首先，胡适在首次提出"八不主义"的时候，正是从形式与内容的结合上着眼的。他明确表示："不用典""不用陈套语""不讲对仗""不避俗字俗语"和"须讲求文法之结构"等五项属"形式上之革命"，而"不作无病之呻吟""不摹仿古人，语语须有个我在"和"须言之有物"等三项则为"精神上之革命"。换言之，胡适正是鉴于文言古文的"堕落之因"（即"文胜质"："有形式而无精神，貌似而神亏"）才提出"八不主义"的，旨在"救此文胜质之弊"，并强调"注重言中之意、文中之质、躯壳内之精神"[24]。其次，更重要的是，胡适当年也已经明白无误地阐述了文学革新在内容形式方面的相互关系。如他指出："我们认定文字是文学革命的基础，故文学革命的第一步就是文字问题的解决。我们认定'死文字定不能产生活文学'，故我们主张若要造一种活的文学，必须用白话来做文学的工具。我们也知道单有白话未必能造出新文学；我们也知道新文学必须要有新思想做里子。但是我们认定文学革命须有先后的程序：先要做到文学体裁的大解放，方才可以用来做新思想新精神的运输品。"[25]胡适还进而解释说："新文学的语言是白话的，新文学的文体是自由的，是不拘格律的。初看起来，这都是'文的形式'一方面的问题，算不得重要。却不知道形式和内容有密切的关系。形式上的束缚，使精神不能自由发展，使良好的内容不能充分表现。若想有一种新内容和新精神，不能不先打破那些束缚精神的枷锁镣铐。"[26]显而易见，胡适的这一变内容先必革其形式，而先革形式才能更好地变其内容的辩证的"程序"说，至今仍具有无懈可击的逻辑说服力。

另一种意见认为，因为从晚清起就有人提倡白话文了，所以胡适的"文学革命"也就没有太大的价值意义。

对这一问题需作深入的分析。诚然，黄遵宪曾于1887年提出过白话文主张，在此前后也试以俗语写诗，并有"我手写吾口"之句[27]，一时蔚成"诗界革命"；稍后梁启超也明确表示："若能……专以俗语提倡一世，则后此祖国思想言论之突飞，始未可量，而此大业必自小说家成之。"[28]还有无名氏说："余谓改革支那，先非改革其文章，与一代风气相并行则不可也"，因为"天下物类日繁，事端日滋，欲用数千年有限之死语，写今日无数活事，安能悉中肯綮哉"。㉙此外，以王照等人为代表的维新派人士在提倡白话文的同时，根据"语言必归一致"的见解，还发愤要创造一种统一中国语言文字的"官话字母"以"专拼白话"㉚。然而，上述诸人的理论却都存在着若干难以克服的缺陷，这也如胡适后来所分析的那样：他们或者"还不肯抛弃（文言古文）那种完全为绝少数人赏玩的工具"（如梁启超），或者"只是要为汉字添一种辅助工具，不是要革汉字的命"（如王照等人），归根到底，他们倡白话的动机，仅出自于"哀怜老百姓无知无识，资历太笨，不配学那'宇宙古今之至美'的古文"，因而他们当时都"缺乏三种自觉的革命见解"："第一，那种所谓'宇宙古今之至美'的古文是一种僵死了的残骸，不值得我们的迷恋"；"第二，那种所谓'引车卖浆之徒'的俗话是有文学价值的活语言，是能够产生有价值有生命的白话文学"；"第三，因为上面的两层理由，我们必须推倒那僵死的古文学，建立那有生命有价值的白话文学"。㉛由此可见，尽管清末人士对白话文的倡导多少为胡适提供了一定的思想资料，但是其价值意义却难以与胡适的"文学革命"论同日而语，至于两者产生的实际社会影响，更是有天壤之别。否则，人们就无法解释下列问题：为什么黄遵宪的"诗界革命"并未取得实际成绩，连他晚年编定自己的诗集时也要删除那些"通俗诗"？为什么梁启超倡导的"小说界革命"也是收效甚微，直到"五四"文学革命前夜，中国文坛几乎仍是"鸳鸯蝴蝶派"一统天下？为什么无名氏对于旧文学的否定同样未能在当时的中国思想文化界掀起波涛而冲垮"桐城谬种""选学妖孽"？又为什么王照等人倡导用注音字母来"专拼白话",而终究"和国语统一无干,和白话教育也无干?"②

胡适"文学革命"论在中国文化发展史上的地位

在整个中国社会文化发展史上,以语言文字为媒介而表现为教育和文学相结合的沿革,主要经历了这样几个环节:孔子首倡私学而开社会教育之先河;秦始皇统一文字并实行"以吏为师";汉武帝罢黜百家独尊儒学而使孔孟之道处于中国文化教育的正统地位;隋唐确立科举取士制度而令天下读书人自觉追求"学而优则仕"的道路;戊戌维新前后的"西学东渐"最终导致"废科举,兴学堂"的局面。应当说,在这样的历史发展过程中,尤其是在秦始皇统一文字以来的二千年中,语言文字的改革问题一直没有被正式提出来过,即使民间不断地有白话文学的出现,但终究未能为全社会正式承认,当然也就未能构成中国社会文化发展的主线索。

以此来看胡适倡导的"文学革命"论和在这一理论指导下形成的"五四"新文学运动,它显然是以新的内容特色衔接了上述中国社会文化发展史的链环,由此把中国社会文化的发展引入了一个崭新的阶段即现代化的阶段。

民元前后,中国人始编写"中国文学史"之类的著作,"五四"之后,这一学术趋势更为明显。从这些文学史专著来看,不管编著者才学识如何,也不论其分期标准各有不同,但有一点却是共同的,即把胡适倡导"文学革命"前夕的那个阶段，视之为一个历史时期的终结，而把胡适倡导"文学革命"以来兴起的新文学运动，判为一个新的历史时期的开端。㉝这种情况的实际涵义，无疑是不言而喻的。

还不妨指出，胡适在阐述其"文学革命"论时，曾反复提到："今日欧洲诸国之文学，在当日皆为俚语。迨诸文豪兴，始以'活文学'代拉丁之死文学；有活文学而后有言文合一之国语也。"㉞如意大利人在十四世纪之前，像欧洲各国一样，本是"多用拉丁文著书通信"的，"到了十四世纪的初年，意大利的大文学家但丁（Dante）极力主张用意大利话来代拉丁文"，并著有《喜剧》，受此积极影响，"意大利的标准国语"得以形成，"不到一百年，意大利的国语便完全成立了"；同样，现在的"英文"在五百年前只是伦敦附近一带的方言，即"中部土话"，唯因十四世纪末著名文学家乔叟（chaucer）等人以这种"中部土话"来创作，于是"中部土话"开始"变成英国的标准国语"，至十五世纪，"国语的标准更确定了"。㉟就胡适来说，他正是认识了这样的历史经验，接受了这样的历史启示，才不是"向壁虚构"或无的放矢地提倡中国的"文学革命"，而是通过对中国文学史的深入分析研究，确立了自己对中国文学作根本性改造的文化抱负："文学革命何疑！且准备搴旗作健儿。要前空千古，下开百世，收他腐臭，还我神奇。为大中华，造新文学，此业吾曹欲让谁？"㊱或者说，胡适是鉴于"文学在今日不当为少数文人之私产，而当以能普及最大多数之国人为一大能事"的可贵认识㊲，才决心通过"练习白话韵文"以为中国"新辟一文学殖民地"的㊳。再联系到胡适后来所说："我们的海禁开了，和世界文化接触了，有了参考比较的资料，尤其是欧洲近代国家的国语文学次第发展的历史，使我们明了我们自己的国语文学的历史，使我们胆敢主张建立我们自己的文学革命"③，就完全可以这样说：胡适自觉倡导"文学革命"以规划现代中国人的思想交流工具，由此促成中国新文学的建设，从世界文化范围来看，颇类似于但丁、乔叟、马丁·路德（Martin Luther）和罗蒙诺索夫等人分别对于意大利、英国、德国和俄国文化（特别是语言文学）的发展与进步所作的贡献。

当然，如胡适自评的那样，他是"但开风气不为师"的⑩，或者说是"提倡有心，创造无力"⑪。但是，在中国现代思想文化界，既开风气而又能作完全的人师者，又有谁人？就胡适而言，他既然在一个最基本的思想文化问题上开风气之先，这就已经完成了自己的历史文化使命。这一历史性的功绩，其广义的文化价值和意义，实在不可低估。胡适当年有这样一首诗⑫：

> 我大清早起，
> 站在人家屋角上哑哑的啼。
> 人家讨嫌我，说我不吉利：——
> 我不能呢呢喃喃讨人家的欢喜！

可以说，这正是胡适这个为现代中国社会呼唤了思想文化的黎明的学人的思想风貌和历史地位的真切写照。

1991 年 12 月改定

[注释]

① 梁启超:《新民说》,《饮冰室文集·专集》,中华书局 1936 年版。

② 孙中山:《中国问题的真解决》,《孙中山全集》卷 1,中华书局 1981 年版,
　 第 255 页。

③ 戴季陶:《失败之革命》,《戴季陶集》,华中师范大学出版社 1990 年版。

④ 陈独秀:《吾人最后之觉悟》,《陈独秀文章选论》上,三联书店 1984 年版,
　 第 108 页。

⑤⑦㉔ 胡适:《寄陈独秀》,《新青年》第 2 卷第 2 号,1916 年 10 月。

⑥ 胡适:《四十自述》,《胡适作品集》1,台湾远流出版事业股份有限公司
　 1986 年版,第 72—73 页。

⑧⑭㉞ 胡适:《文学改良刍议》,《新青年》第 2 卷第 5 号,1917 年 1 月。

⑨ 胡适:《文学篇(将归诗之二)》,收入《尝试集》,亚东图书馆 1920 年版。

⑩ 胡适:《我的歧路》,《努力周报》第 7 期,1922 年 6 月 18 日。

⑪ 鲁迅:《当陶元庆君的绘画展览时》,《鲁迅全集》第 3 卷,人民文学出版社
　 1989 年版,第 549 页。

⑫ 陈独秀:《文学革命论》,同注④,第 174 页。

⑬ 胡适:《胡适留学日记》(四),《胡适作品集》37,台湾远流出版事业股份
　 有限公司 1986 年版,第 43—46 页。

⑮㉟ 胡适:《建设的文学革命论》,《新青年》第 4 卷第 4 号,1918 年 4 月。

⑯ 胡适:《国语的进化》,即《国语文法的研究法》之"导言"一部分,《新青
　 年》第 9 卷第 3 号,1921 年 7 月。

⑰ 钱玄同:《寄胡适之》(1918 年 7 月 2 日),收入《中国新文学大系·建设理
　 论集》,良友图书印刷公司 1935 年版。

⑱ 章士钊:《评新文化运动》,收入《中国新文学大系·文学论争集》,良友图

书印刷公司 1935 年版。

⑲ 孙氏的意见见《孙文学说》，胡汉民编：《总理全集》1，民智书局 1930 年版。胡氏的批评见《国语的进化》，同注⑯书。

⑳ 廖仲恺：《致胡适》（1919 年 7 月 19 日），收入《胡适来往书信选》上，中华书局 1979 年版。案：廖氏在此显然也反映了孙中山的意见。

㉑ 鲁迅：《无声的中国》，收入《鲁迅全集》第 4 卷，第 11—15 页。

㉒ 郑振铎：《中国新文学大系·文学论争集·导言》，同注⑱。

㉓㊵ 胡适：《老章又反叛了》，《国语周刊》第 12 期，1925 年 8 月。

㉕ 胡适：《尝试集·自序》，《胡适作品集》27，第 32—33 页。

㉖ 胡适：《谈新诗》，同注⑰。

㉗ 黄遵宪：《杂感》（二），收入《人境庐诗草》卷 1。

㉘ 转引自狄平子：《论文学上小说之位置》，《新小说》第 1 卷第 7 期，1903 年。

㉙ 无名氏：《论中国文章首宜变革》，收入蔡元培编选：《文变》卷中下，商务印书馆 1902 年版。

㉚ 王照：《官话合声字母·原序》，收入《清末文字改革文集》，文字改革出版社 1958 年版。

㉛㉜㊴ 胡适：《中国新文学大系·建设理论集·导言》，同注⑰。

㉝ 关于这些文学史专著的概况，参见陈玉堂编著：《中国文学史旧版书目提要》，上海社会科学院文学研究所 1985 年。

㊱ 胡适：《沁园春·誓词》，同注㉕，第 224 页。

㊲ 同注⑬，第 56 页。

㊳ 同注⑬，第 91 页。

㊶ 胡适：《致郭沫若、郁达夫》（1923 年 5 月 15 日），同注⑳。

㊷ 胡适：《老鸦》，同注㉕，第 86 页。

胡适的"民族反省"思想

笔者曾有专文考察近代中国的"民族反省"思潮问题，文章指出：

"民族反省"是世界资本主义市场形成之后所出现的一种常见的思想文化现象，它通常与一些国家的思想启蒙运动、革命宣传活动或重大劫难之后的广泛的群众性反思活动联系在一起的。因而"民族反省"思潮体现的决非是"民族虚无主义"或"民族自卑感"，恰恰相反，从整体看乃是一种深沉的爱国主义形态，浸透在其中的清醒的忧患意识和强烈的革新意识，构成了一个民族的觉醒与进步的起点。

近代中国的"民族反省"思潮也是如此。它作为中西文化冲突的产物，是一部分怀有深沉的爱国主义情感的人士，面对民族战争的失败，在严肃地比较中西科学技术、政治制度、思想文化等各个层次上的明显差距的基础上形成的，它要求中国人冷静地（哪怕是痛苦地）承认中国落后的现实，并且进一步清醒地承认：近代中国的落后并非完全由西方列强的侵略所造成，其中也有中国自己的包括传统文化和民族素质方面的深层原因，由此出发，强调经过深切的"民族反省"，尤其是打破根深蒂固的"民族自大狂"的病态心理，虚心向外人学习一切先进的东西，以求得中国国民素质的改善与提高，中国社会的革新与进步，直至以真正的国富民强而自立于近代世界民族之林。[①]

联系到胡适来说，他正是近代中国的"民族反省"思潮的代表人物，主张进行"民族反省"，也是胡适整个社会政治思想和文化思想的一个重要方面。而几十年来，人们对于胡适的毁誉，其原因往往正是集中表现为对于胡适这方面的言论价值的不同认识和评判。唯其如此，本文拟根据上述对近代中国的"民族反省"思潮的整体认识，结合对胡适的"民族反省"思想的梳理，进一步分析探讨胡适的"民族反省"思想的特点、价值意义以及与此有关的几个问题。

胡适"民族反省"思想的形成和发展

可以说，"民族反省"的思想主张在相当程度上贯穿于胡适的一生，至于发展的阶段性及其相应的特点，大致是这样的：

上海求学时期

胡适于 1904 年由家乡来上海读书。他虽然没有赶上戊戌维新运动的洗礼，但求学上海期间却补上了维新思想的一课。这是因为，当时他接触了梁启超的著述。梁启超作为近代中国的"民族反省"思潮的最杰出的鼓吹者，他在这方面的深刻警策的言论主张，深深地感染了胡适，诚如胡适后来所追述的那样："我个人受了梁先生无穷的恩惠"，其中一点便是"新民说诸篇给我开辟了一个新世界，使我彻底相信中国之外还有很高等的民族，很高等的文化"，并且领悟到"'新民'的意义是要改造中国的民族，要把这老大的病夫民族改造成一个新鲜活泼的民族"。②联系到胡适在 1907—1908 年主办《竞业旬报》时所发表的一系列白话文章来看，或者是抨击国人的自私心理，或者是呼吁国人破除迷信意识，或者是沉痛地揭示国内腐败的社会现象和国民的愚昧状态，从根本上说，是对梁启超思想的呼应。这表明，胡适在形成"民族反省"思想之初，就对这一思想赋予了"改造民族"的理解和把握。

留学美国时期

胡适在 1910—1917 年间留学美国。随着对美国社会的感性认识的加深，尤其是开始系统地接受了以实验主义方法论为重要内容的西方近代社会政治文化学说后，胡适的"民族反省"思想有了新的发展，且呈现了可贵的创造性，由此染上了个人的思想特色。例如，针对当时国内有人不恰当地鼓吹"民族主义"的情形，胡适指出："今之挟狭义的国家主义者，往往高谈爱国，而不知国之何以当爱；高谈民族主义，而不知民族主义究作何解（甚至有以仇视日本之故而遂爱袁世凯且赞成其帝政运动者）"。③显然，这是提出了一个十分重要的命题：狭隘的"民族主义"其实是弘扬"民族反省"思潮的主要对立面，也是进行"民族反省"的巨大的思想观念上的障碍。此后的近代中国思想文化史的大量事实证明了这一点，就胡适本人来说，也正是从此与狭隘的"民族主义"作不懈的斗争。另外，胡适当时坚持"民族反省"，还具体深入到了文化（文学）层面。胡适认定，"神州文学久枯绥，百年未有健起者"④，换言之，中国传统的文言诗文"徒有形式而无精神，徒有文而无质，徒有铿锵之韵貌似之辞而已"⑤，实属用"死语言"写的"死文学"，当在革除之列，并以"活语言"（白话）作工具的"活文学"（白话文学）取而代之。⑥——这便是以"白话文学正宗"论为核心的"文学革命"论。"文学革命"论的酝酿和提出充分表明，胡适当时已不再满足于一般化的"民族反省"的思想主张，而是既有理论，又有行动，不仅有破，而且有立，所以也就更有实际的效果——胡适的"文学革命"论经陈独秀推崇后立即产生巨大的社会影响即是明证。

"五四"新文化运动时期

在"五四"新文化运动期间，由于倡导者和先驱者们服膺于"科学"与"民主"的旗帜，并确定近代西方文明为参照系，因而更直接地采用对照比较中外（东西）文明（包括民族素质和文化心态）的方法，从更高层次上宣传"民族反省"的思想主张，由此把近代中国的"民族反省"思潮纳入了一场新的启蒙运动的轨道。就胡适而言，他在整个"五四"新文化运动期间继续坚持的"民族反省"的思想主张，与陈独秀、鲁迅和李大钊等人的水平是大抵相似或接近的。不过，由于他更全面的参战，以此不断扩大"民族反省"的具体化的领域，因而社会影响相对说来也就更大一些。在这一时期，胡适的"民族反省"思想在理论上的最大特点和贡献在于：通过更明确集中的中西文化的比较研究，从而把"民族反省"主要定位在对民族传统的思想文化进行深切反省的范围内，用胡适的话来说："现在国中最大的病根，并不是军阀与恶官僚，乃是懒惰的心理，浅薄的思想，靠天吃饭的迷信，隔岸观火的态度。这些东西是我们的真仇敌！他们是政治的祖宗父母。我们现在因为他们的小孙子——恶政治——太坏了，忍不住先打击他。但我们决不可忘记这二千年思想文艺造成的恶果。打倒今日之恶政治，固然要大家努力；然而打倒恶政治的祖宗父母——二千年思想文艺里的'群鬼'，更要大家努力！"⑦另外，胡适在这期间提出的一个重要口号——"研究问题——输入学理——整理国故——再造文明"⑧，更是为"民族反省"——"民族文化反省"规划了操作步骤和最终的目标。

20 世纪 20 年代末到 30 年代上半期

在这一时期，总的说来，由于中国革命形势的变化，"民族反省"思潮趋于低落了。然而胡适仍然坚持自己的"民族反省"的思想立场。这除了他本人思想发展的固有的连贯性外，还有几个明显的诱发性因素：一是国民党政府的文化政策对于"五四"新文化运动的反动（具体表现之一，是对孙中山的本有理论缺陷的"民族主义"思想的更为片面的宣扬），令胡适无法接受，胡适在 1928—1930 年间发表在《新月》等报刊上的一系列政论文，正是以此为论战对象；二是"九·一八"事变以来，民族危机日益加深，而风起云涌的抗日救亡运动以及各种救亡方案中存在着若干简单化倾向，也引起了作为改良主义者的胡适的忧虑，因而在 1931—1934 年间，胡适又在《独立评论》上发表了一组集中探讨救亡运动与"民族反省"关系的论文；三是 1935 年前后，当国内思想文化界有一股并非纯粹的学理性的"文化保守主义"思潮借助政治力量而抬头的时候，有切肤之痛的胡适又起而反击，于是又有发表在《独立评论》等报刊上的一系列继续宣传"民族反省"思想主张的论文。总之，当时胡适坚持"民族反省"的思想立场带有明显的论争性，而且由于论争的激烈，随着论争的深入，胡适又不断补充和完善自己的意见，因而在这一时期对自己的"民族反省"思想表述得更为系统完整了，由此成为近代中国的"民族反省"思潮在知识形态上的、继梁启超之后的又一个集大成的代表人物。

晚年时期

胡适晚年先是侨居美国，尔后定居台湾。在这期间，他针对台湾社会的与政治保守主义相结合的"文化保守主义"思潮，仍然坚持了自己一贯的"民族反省"的思想主张，而其中，又特别强调着重对中国旧文化旧文明进行彻底反省的必要性。因为在胡适看来，"我们自夸精神文明，是因为被物质文明压得抬不起头来的一种说法，应该忏悔！应该惭愧！"⑨由此出发，胡适郑重地表示："为了给科学的发展铺路，为了准备接受、欢迎近代的科学和技术的文明，我们东方人也许必须经过某种知识上的变化或革命。"⑩应该说，这里所讲的"知识上的变化或革命",与胡适在"五四"时期提出的"再造文明"的目标是一致的。

胡适"民族反省"思想的要点和价值意义

综观胡适在其"民族反省"思想的形成和发展过程中所提出来的一系列主张,尤其是他在 20 世纪 20 年代末 30 年代上半期对于"民族反省"问题所作的最为集中的阐发,不难归纳出他的"民族反省"思想的要点。这些要点是:

(一)近代以来的中国人从整体上说"从不曾悔悟,从不曾彻底痛责自己,从不曾彻底认错",而只是"事事责人"⑪,"还有许多人不信我们的民族国家是有病的","也还有一些人不肯费心思去诊断我们的病究竟在哪里",在这种情况下,就更需要去"做那已经太晚了的诊断自己的工作"⑫,即"民族反省"。

(二)从根本上说,中国旧文明是落后的,"那五千年的精神文明,那'光辉万丈'的宋明理学,那并不太丰富的固有文化,都是无济于事的银样镴枪头"⑬,换言之,中国的"几千年几百年之久的固有文化,是不足迷恋的,是不能引我们向上的"⑭。

(三)联系到中国社会的现实,最可令人焦虑的是"政治的形态,社会的组织,和思想的内容和形式,处处都保持中国旧有种种罪孽的特征,太多了,太深了"⑮,或者说,由于中国社会深受"五大恶魔"(即贫穷、疾病、愚昧、贪污、扰乱)的毁坏,"遂没有抵抗的能力了"⑯。

（四）正因为近代中国的落后之因主要在于"我们的老祖宗造孽太深了"，"这些老祖宗遗留下来的孽障，是我们这个民族的根本病"，而"这些大病根的真实是绝对无可讳的"⑰，因而中国人现在应该先"责己"，"不要尽说是帝国主义害了我们"⑱，也不要"把一切我们自己不能脱卸的罪过却归到洋鬼子身上"⑲。

（五）据此，中国人应该"睁开眼睛看看自己，再看看世界。我们如果还想把这个国家整顿起来，如果还希望这个民族在世界上占一个地位——只有一条生路，就是我们自己要认错。我们必须承认我们自己百事不如人"，然后"死心塌地的去学人家"。⑳

（六）进行"民族反省"与建立"民族信心"其实并不矛盾。因为如果把"民族信心"建在散沙（即夸大狂心理，遮羞心理等）之上，是禁不起风吹草动的㉑，由于"民族反省"依据的是一种"实事求是"的态度㉒，因而只有把"民族信心"建立在"民族反省"这个"唯一基础"上才有力量："经过这种反省与忏悔之后，然后可以起新的信心：要信仰我们自己正是拨乱反正的人，这个担子必须由我们自己来挑起。"㉓

（七）鉴于我们的根本目标是"救国，救这衰病的民族，救这半死的文化"㉔，因而进行"民族反省"的根本意义，在于"教我们生点愧悔，引起一点向上的决心"㉕，由此能够"虚心接受这个科学工艺的世界文化和它的背后的精神文明，让那个世界文化充分和我们的老文明自由接触，自由切磋琢磨，借它的朝气锐气来打掉一点我们的老文化的惰性和暮气"㉖。

从上述意见来看，既根据历史经验和社会现实论证了进行"民族反省"的必要性和迫切性，也分析了进行"民族反省"对于"改造民族"（包括改造民族传统文化）和实现"民族自强"的意义；既明确地指出了"民族反省"的主要课题范围，即需要解决的主要问题，又揭示了进行"民族反省"所应采取的正确方法和步骤。另外，上述意见也不仅回答了进行"民族反省"与建立"民族自信心"的相互关系，还强调了"民族反省"所追求的积极目标。唯其如此，这些思想主张的基本点是合理的，可取的，值得重视的。或者说，正因为胡适是着眼于如何切实有效地实现"民族改造"和"民族自强"问题而系统完整地阐述自己的"民族反省"的思想主张的，因此，这些思想主张也就深切地反映了他作为一个富有社会责任感的启蒙主义思想家，在审视中西文化冲突问题时所表现出来的清醒的忧患意识和强烈的革新意识。

应该说，历来对于胡适的"民族反省"思想的一个主要的责难和非议是所谓"责己"不"责人"问题。其实，对于这一问题需要作具体的分析。诚然，胡适是强调"责己"的，也主张不要过分"责人"，不要把应由我们自己负责任的问题都推给"洋鬼子"。然而，从胡适提出问题的角度来看：首先，这是为了探究近代中国落后的根本性和主导性（矛盾的主要方面）的原因。胡适曾这样说过："帝国主义为什么不能侵害美国和日本，为什么偏爱光顾我们的国家，岂不是因为我们受了这五大恶魔的毁坏，遂没有抵抗的能力了吗？"㉗查查美国的开国史，或日本明治维新前后的历史，再依据唯物辩证法的有关原理（内因是变化的根据，外因是变化的条件，外因必须通过内因才起作用），可知重在"责己"不算为过。其次，这一问题的实质不在摆正"责己"与"责人"的关系，即在是否承认"己"有过而又有可"责"之处。由于中国历史文化传统确有太大的惰性，旧中国的国民素质也确有明显的缺陷，那么，既然是反省，而反省又属必要，所以在反省时偏重"责己"也就是正常的。再次，问题的关键在于"责己"的态度是否实事求是？应该说，胡适在理论上是明确这个问题的，不过由于思想方法上的原因（分析详后），语言表述未尽准确，但这已属于另外的问题。总之，所谓"责己"不"责人"的问题，不足以成为否认胡适的"民族反省"思想的合理性的理由，诚如鲁迅所说："多有不自满的人的种族，永远前进，永远有希望。多有只知责人不知反省的人的种族，祸哉祸哉！"[28]另外还不妨说，尽管胡适似有否认帝国主义侵华事实的言论[29]，但从整体上说，他却是承认这种事实的，因而在谈到"责己"问题时就表示："即为抵抗帝国主义起见，也应该先铲除这五大敌。"[30]

据此，我们可以认识到，尽管胡适的政治倾向大抵从三十年代起靠近了国民党，甚至也明确地反对中国共产党，另外，他的某些"民族反省"的思想主张，既对国民党的政策多有激烈的批评，又多少带有向国民党当局献"条陈"的色彩，但是，由于胡适在本质上是自由主义者而不是党派人物，所以他是站在自由主义知识分子的立场上来观察社会和提出问题的；同样，胡适本质上又是思想家而不是政治家，所以他提出自己的经过独立思考的意见，为的是向国家民族和全社会负责，而不是单纯为了迎合或反对某一党派的政治路线。这就表明，胡适关于"民族反省"的思想主张，乃是以他为代表的现代中国的自由主义知识分子对于如何回应中西文化冲突问题的一种纲领性意见，因而也带有设计"救国方案"的性质，至于设计者的爱国主义的情感无疑也是深沉的。胡适在三十年代初表示："今日正是大火的时候，我们骨头烧成灰终究是中国人，实在不忍袖手旁观。我们明知小小的翅膀上滴下的水点未必能救火，我们不过尽我们的一点微弱的力量，减少良心上的一点谴责而已。"㉛这段话足以证明这一点。

当然，胡适不是社会革命论者，从他的关于"民族反省"的全部思想主张来看，政治上的改良主义性质至为明显。例如，按照胡适的"民族反省"的思想主张，要实现"民族自强"，首要的不在于从政治上推倒三座大山，而应该从改造中国人的国民素质和文化心态入手，用他的话来说，"悬想一个意义不曾弄明白的封建阶级作革命对象，或把一切我们自己不能脱卸的罪过归到洋鬼子身上"，乃是"盲动"之举。㉜这就意味着，胡适所提出的回应中西文化冲突的方案，具有某种排他性，即只重视启蒙而排斥实际的救亡运动。显然，这是一种偏颇，在一定的场合和范围内（如民族危机日益严重，国内政治统治又极为腐败，不进行社会政治革命已不足以振兴祖国民族了），是容易产生消极的政治影响的。然而，以上是问题的一个方面，问题的另一方面是：在近代中国，由于社会革命论者以及进步政治力量在救亡问题上往往求胜心切，亟欲"举政治革命、社会革命毕其功于一役"㉝，因而普遍存在轻视或忽视启蒙工作的情形，甚至从某种狭隘的"民族主义"或"文化保守主义"观念出发而否定含有"民族反省"内容的启蒙工作，其间，意在维持现实的社会秩序的统治当局及其御用文人，也会接过"救亡"的旗帜来抵制启蒙——惯用的手法是以陈腐的旧思想旧文化来阻碍新思想新文化的传播，如鲁迅当年曾尖锐指出的那样："在这'国难声中'，恰如用棍子搅了一下停滞多年的池塘，各种古的沉滓，新的沉滓，就都翻着筋斗漂上来，在水面上转一个身，来趁势显示自己的存在了。"㉞由此可见，在整个社会因救亡高涨而启蒙工作受到忽视，即"民族反省"思潮趋于低落的情况下，胡适坚持并进一步阐发自己的关于"民族反省"的思想主张，不仅有着一般的政治上反对现实社会统治秩序、思想上弘扬启蒙主义精神的意义，而且对于社会革命论者以及进步政治力量的革命实践活动，也是一种必要的提醒，并在客观上可以起着某种补正的作用。总之，从中国近现代思想文化史来看，胡适"民族反省"的思想主张的根本价值意义，正是集中体现在这一点上。

几个问题的探讨

从学理上看，胡适的"民族反省"思想涉及了不少思想理论问题。因而，在评判这一思想的深浅得失的时候，也有必要对其中的几个重要问题作一番探讨。

第一个问题：胡适提出并坚持"民族反省"思想为什么始终以狭隘的"民族主义"为论战对象？"民族反省"与"民族主义"是

怎样的一对矛盾关系？

应该说，近代中国的"民族反省"思潮与"民族主义"思潮是同源而分流的，即是说，两者本是同时萌芽，又有相近的目的和出发点（"救国"和"保国"），只是由于一开始有着侧重点的不同，所以尔后就分道扬镳，歧异渐深。试看魏源对"师夷之长技以制夷"的一个解释："尽得西洋之长技为中国之长技"，"因其所长而用之，即因其所长而制之。风气日开，智慧日出，方见东海之民犹西海之民"。⑤所谓"制夷"，旨在保国或民族自强自立，这无疑体现了"民族主义"思潮的核心，但也是"民族反省"的追求目标。问题在于：把"师夷"作为"制夷"的前提和基础，是"民族主义"思潮不屑强调的；重要的是，"东海之民犹西海之民"的憧憬，"民族主义"思潮不愿认同，而"民族反省"思潮却把这看作为一个根本性的问题：必须革除中国人的传统落后的民族心理，提高中国人的国民素质。由此可知，"民族主义"思潮所考虑的重点是单纯的"制夷"，而"民族反省"思潮思考的重点却在于如何才能从根本上"制夷"。也就是说，前者特别看重社会革命（社会政治形态的迅速变革），而后者则主张通过启蒙工作来为社会革命奠定基础。魏源说："欲平海上之倭患"，则必"先平人心之积患"⑥，集中表达了"民族反省"思潮的要旨。1905 年间，严复与孙中山在英国有一场著名的对话，严复说："以中国民品之劣，民智之卑，即有改革，害之除于甲将见于乙，泯于丙者将发之于丁。为今之计，惟急从教育上着手，庶几逐渐更新乎！"而孙中山则认为："俟河之清，人寿几何？君为思想家，鄙人乃实行家也。"⑦这也生动地反映了"民族反省"论者与"民族主义"论者旨趣的异同。

就胡适来说，他对于他的前辈的"民族反省"论者的上述思想观点是接受的。另外，"民族主义"思潮在近代中国的流变，总的说来是趋于狭隘的理解和把握，而且在这过程中又往往与"文化保守主义"思潮相携手，同时攻击"民族反省"思潮，辛亥革命前夕是这样，北洋军阀统治时期和国民党统治时期也是如此。这就是说，首先是因为狭隘的"民族主义"论者把"民族反省"的思想主张当作主要的论争对象，因此，以启蒙为己任的、相信从思想文艺方面入手"替中国政治建筑一个革新基础"③的胡适，自然勇于迎接挑战，即通过对狭隘的"民族主义"的抨击来宣传和弘扬"民族反省"思潮。

第二个问题，胡适在阐发自己的"民族反省"的思想主张时，为什么着重批判"文化保守主义"思潮？胡适与"文化保守主义"者之间最根本的思想分歧又是什么？

首先需要指出，近代中国"文化保守主义"思潮的问题极为复杂，本文不可能又开去作深入的讨论，但有一点可以明确："文化保守主义"思潮本身有两种表现形态——一是纯粹学理性的，二是非纯粹学理性的。前者暂不论，就后者来说，其代表人物并非完全意义上的学者，而大抵是政界人物如政府官员、地方实权派以及政客幕僚之类。他们的思想特征，诚如鲁迅早就指出过的那样是"两重思想"，即"既许信仰自由，却又特别尊孔；既自命'胜朝遗老'，却又在民国拿钱；既说是应该革新，却又主张复古"③。事实上，胡适所着重批判的，正是这些人物——从"五四"以来算起，如林纾、章士钊、南京国民党政府文化官员（叶楚伧、陶希圣等）、地方军阀（何键、陈济棠等）和 CC 派"十教授"，如此等等。

当然，就上述人物而言，有的还与胡适有某种私谊，所以胡适对他们的批判就不是出自个人意气，而是鉴于这些人的思想文化观点，其实与整个"文化保守主义"思潮有共同点，即对中国传统的思想文化的价值意义作了不恰当的夸张和颂扬，由此作为回应中西文化冲突的一个僵硬的出发点，并且其消极影响在事实上又为狭隘的"民族主义"运动所利用。因此，胡适有一个基本的看法——用他晚年的话来说："个人深为爱国，集七十年之经验，得到一个结论，即中国文化并不最高于世界者"[40]，如果"过于颂扬中国传统文化"，就"可能替反动思想助威"，殊不知"凡是极端国家主义运动，总都含有守旧的成份，总不免在消极方面排斥外来的文化，在积极方面拥护或辩护传统的文化。所以我总觉得，凡提倡狭义的国家主义或狭义的民族主义的朋友们，都得特别小心的戒律自己，偶一不小心，就会给顽固分子加添武器了"[41]。

这就表明，胡适与"文化保守主义"者之间的最根本的思想分歧，除了在对中国传统思想文化的整体的价值判断上有明显的距离之外，更重要和更深刻的在于：为了中国民族的复兴，为了中国社会的现代化，在思想文化方面能否只满足于简单地继承和弘扬民族思想文化传统（如"恢复固有的道德"之类），或者说，是否必须认定民族的思想文化传统应随着时代的变化进步而作革新改造，即通过对民族传统的思想文化的切实反省而"再造文明"？显而易见，尽管"文化保守主义"论者（即使是非纯粹学理性的）在某些局部问题上提出过真知灼见，但对于上述问题的总回答，无疑是胡适的"民族反省"思想主张更合理，更闪烁着理智的光芒。

第三个问题，胡适在展开论述自己的"民族反省"思想主张时，确立并重新解释一种近代西洋民族和西洋文化的参照系，这是否必要、合理？而这种参照系本身是否科学？

"民族反省"从思想逻辑方法来看，是从对照比较入手的，因为有比较才有鉴别，而比较得出的结论，又构成了反省的课题。至于用于比较（参照）的对象，在近代中国，在中西文化冲突的总的文化背景中，定位于给中国民族以巨大刺激的近代西洋民族，给中国传统思想文化带来严酷冲击的近代西洋文化，这是很容易理解的。试看胡适之前或与胡适同时代的"民族反省"论者，无论是魏源、王韬、容闳、康有为、梁启超和严复，还是陈独秀、李大钊、鲁迅和周作人，莫不如此。而只有那些狭隘的"民族主义"者以及"文化保守主义"者，由于否定"民族反省"的必要性而采取鸵鸟政策，干脆拒绝承认这一参照系，或者把这一参照系曲解为明显谬误的东西——如据胡适的概括："崇拜所谓东方精神文明的人说，西洋近代文明偏重物质上和肉体上的享受，而略视心灵上与精神上的要求，所以是唯物的文明。"⑫因而，胡适在展开论述自己的"民族反省"的思想主张时，毫不动摇地把近代西洋民族和西洋文明作为一种参照系而确定下来，不仅是理论逻辑使然，同时也含有论争的考虑。

说到胡适对这一参照系的重新解释，是指胡适较之近代中国的其他"民族反省"论者，对于这一参照系的本质和内涵有更充分的发掘，更合理的把握。这里涉及一个重大理论问题即胡适的整体的文化—文明观。在胡适看来，"文明是一个民族应付他的环境的总成绩"，"文化是一种文明所形成的生活的方式"，至于文明的形成，来自两个"因子"："一是物质的，包括种种自然界的势力与质料；一是精神的，包括一个民族的聪明才智、感情和理想。凡文明都是人的心思智力运用自然界的质与力的作品；没有一种文明是精神的，也没有一种文明单是物质的"，进一步说，一切文明都有物质和精神的两部分，而这两部分是密不可分的，因此，不同民族的文化—文明只有"程度上的差异，却没有根本的不同"。正是据此出发，胡适认为，近代西洋民族所创造的近代西洋文明的程度比东方（中国）旧文明高，如其最大的特色是"不知足"，"物质上的不知足产生了今日钢铁世界、汽机世界、电力世界。理智上的不知足产生了今日的科学世界。社会政治制度上的不知足产生了今日的民权世界、自由政体、男女平权的社会、劳工神圣的喊声、社会主义的运动"㊸，因而值得成为我们进行"民族反省"的参照系，并且构成直接的学习借鉴和"再造文明"的榜样，如"我们必须学人家怎样用铁轨、汽车、电线、飞机、无线电，把血脉贯通，把肢体变活，把国家统一起来。我们必须学人家怎样用教育来打倒愚昧，用实业来打倒贫穷，用机械来征服自然，抬高人的能力与幸福。我们必须学人家怎样用种种防弊的制度来经营商业、办理工业、治理国家政治"㊹。由此可见，胡适的整体的文化—文明观，触及了文化—文明问题的本质，在这基础上对于近代西洋民族所创造的西洋文明的进步性的认识是正确的，因而他在提倡"民族反省"时所确立的参照系的本身也就是科学的了。

此外还可指出，正因为胡适所确立的参照系本身是科学的，因而他在提倡"民族反省"时牢固地确立这一参照系，实际上是把"再造文明"的方向和目标具体化了。这也就是说，把近代西洋民族所创造的西洋近代文明作为一种参照系确立，本是中国人进行"民族反省"的题中应有之义，胡适对此特别强调，这又表明他的整个的"民族反省"思想主张，不仅是从消极方面（破坏意识）着眼，而且更有积极方面（建设意识）的把握。

关于胡适"民族反省"思想主张的方法论

胡适的"民族反省"思想主张长期以来引起误解和招致攻击的一个重要原因，在于他提出问题和解决问题的方法论（具体表现为语言的逻辑表达方式）有明显的特殊性。

应该说，这一特殊性其实与整个近代中国"民族反省"思潮的方法论的固有特点是相一致的，即首先把近代西洋民族在几百年来发展资本主义过程中所创造出来的高度文明（体现在器物、制度和思想文化观念等各方面），从整体上作为一种参照系（既比中国先进，又是中国的学习榜样和发展方向）而毫不动摇地确立下来，由此以"知耻近乎勇"的逻辑思路，不惜用某种以偏概全的方法、夸大其辞和危言耸听的语言，来反省本民族的种种在事实上的确值得反省的缺点。且不说梁启超和严复，即令是"五四"时期的"民族反省"论者也莫不如此。如陈独秀说:"一国之民精神上物质上如此退化,即人不伐我,亦有何颜面生存于世界?"⑮李大钊表示:"中国文明之疾病已达炎热最高之度,中国民族之运命已臻奄奄垂死之期,此实无容讳言。"⑯而鲁迅除了在文学作品中揭示出以"阿Q精神"为典型代表的民族劣根性外,还从理论上具体分析了中国国民性的遗传的根本性缺陷(即各种形态的"民族自大狂"),至于钱玄同更是表示同意林语堂的说法:"您说中国人是根本败类的民族,有根本改造之必要,真是一针见血之论。"⑰唯其如此,胡适在坚持"民族反省"的思想主张时说出一些更偏激的话——如认为中国人"这样又愚又懒的民族,不能征服物质,便完全被压死在物质环境之下,成了一分像人九分像鬼的不长进的民族"⑱,因而需要"大彻大悟地承认我们自己百不如人"并"死心塌地的去学人家"⑲,并不奇怪。

当然,胡适的这些话是很片面的,也很刺耳的,从思想方法来说,缺陷也至为明显,诚如毛泽东在分析"五四"新人物的普遍存在的思想方法的片面性问题时所指出的那样:这种"所谓坏就是绝对的坏,一切皆坏;所谓好就是绝对的好,一切皆好"的论调,乃是一种"形式主义的方法"。⑳

然而,这也只是问题的一方面。从另一方面来看,无论是其他"民族反省"论者还是胡适,他们之所以采用这种思想方法,其实还含有某种论争策略的考虑,即有意的矫枉过正——为了深深刺激鼓动对象,以求得反省的实效,明知其片面性和绝对化而不予纠正,因为片面的深刻性或深刻的片面性愈是得到强化,也就愈能扩大社会影响。对此鲁迅曾有一个十分剀切的解释说明:"中国人的性情是总喜欢调和，折中的，譬如你说，这屋子太暗，须在这里开一个窗，大家一定不允许的。但如果你主张拆掉屋顶，他们就会来调和，愿意开窗了。没有更激烈的主张，他们总连平和的改革也不肯行。"㊿

就胡适来说，他正是这样来考虑问题的。如他在"中国文化本位"问题的论争时就明确指出：对于中国人来说，现在"不应该焦虑那个中国本位的动摇，而应该焦虑那固有的文化的惰性之太大"，换言之，"中国的旧文化的惰性实在大的可怕，我们已可以不必替'中国本位'担忧。……如果我们的老文化里真有无价之宝，禁得起外来势力的洗涤冲击的，那一部分不可磨灭的文化将来自然会因这一番科学文化的淘洗而格外发挥光大的"。㊿这就表明，胡适反复强调"民族反省"，的确不是鼓吹所谓的"全面反传统"或鼓吹字面意义上的"全盘西化"而由此宣扬"民族虚无主义"，其出发点和追求的目标正在于改造国家、改造民族、改造民族旧文化，以期"建立一个治安的、普遍繁荣的、文明的、现代的统一国家"，并且能够"在国际上享受独立、自由、平等的地位"。㊿

还应该指出的是，在近代中国，"民族反省"思潮的对立面几乎主要是封建主义顽固派、各种盲目的排外主义者以及以"文化保守主义者"面目出现的各类政客（纯学理上的"文化保守主义者"另当别论）。同样，作为坚定的"民族反省"论者的胡适，其论争对象也大抵是这些人，如北洋军阀政府和国民党当局中的某些官员以及御用文人。而这些人在否定"民族反省"论包括对胡适的"民族反省"思想作直接的攻击的时候，思想方法其实更为片面武断，往往是断章取义，任意曲解，攻其一点，不及其余，同时又惯于扯出"民族主义"的旗号，以诱人入罪，致使对方的反击有时陷入投鼠忌器的尴尬境地。典型的如 1935 年初胡适南下讲学，在广州逗留时，地方军阀陈济棠曾当面斥责胡适："你们都是忘本！难道我们五千年的老祖宗都不知道做人吗?"③在胡适返回北平后，湖南军阀何键还致电广州当局声讨胡适，谓"自胡适之倡导新文化运动，提出打倒孔家店口号，煽惑无知青年，而共党乘之，毁纲灭纪，率兽食人，民族美德，始扫地荡尽"⑤，稍后陶希圣也撰文从所谓"学理""方法"上驳斥胡适的否定所谓"中国本位文化"的意见。⑥在这样的背景下，胡适于 1935 年上半年在"中国本位文化"或"全盘西化"问题的论战中所发表的一系列言论，其某些措词的偏激也就难以避免。这表明，胡适对近代中国"民族反省"思潮思想方法上的偏颇的承袭乃至有所发展，一半也是在论争中被逼出来的。唯其如此，我们今天在指出这种情况的同时，也应该看到上述历史条件和客观原因，而不能以其语言的逻辑表达方法上的某些缺陷去否定他的整个关于"民族反省"思想主张的价值意义。

综上所述，胡适"民族反省"的思想主张是一份值得重视的思想遗产，尽管它存在种种缺点和不足之处，但其基本的价值意义是积极的，因为它所表达的是一位深沉的爱国主义者从某个为人所忽视的角度而提出的深思熟虑的意见。当年胡适曾对他的论敌说过这样一段话——

请你注意我们提倡自责的人并非不爱国，也并非反民族主义者。我们只不是狭义的民族主义者而已。我们正因为爱国太深，故决心为她作诤臣，作诤友，而不敢也不忍为她讳疾忌医，作她的佞臣损友。⑤⑦

通观胡适关于"民族反省"的全部思想主张，对于这一点是完全可以相信的。

[注释]

① 参见拙稿《试论近代中国的"民族反省"思潮》，《复旦学报》（社会科学版）1993 年第 3 期。

② 胡适：《四十自述》，商务印书馆 1933 年版。

③ 胡适：《藏晖室札记》卷十五（1917 年 3 月 7 日），亚东图书馆 1939 年版。

④ 胡适：《送梅觐庄往哈佛大学》，收入《尝试集》，亚东图书馆 1920 年版。

⑤ 胡适：《藏晖室札记》卷十二（1916 年 2 月 3 日）。

⑥ 胡适：《藏晖室札记》卷十三（1916 年 6 月 16 日）。

⑦㊳ 胡适：《我的歧路》，《努力周报》第 4 期，1922 年 5 月 28 日。

⑧ 胡适：《新思潮的意义》，《新青年》第 7 卷第 1 号，1919 年 12 月。

⑨ 此系胡适 1953 年 1 月 4 日在台湾一个座谈会上的演讲词。

⑩ 胡适：《科学发展所需要的社会改革》，台北《文星》第 9 卷第 2 期，1961 年 12 月。

⑪⑱㉕㊹㊾ 胡适：《请大家来照照镜子》，《生活》第 3 卷第 46 期，1928 年 9 月 30 日。

⑫⑰ 胡适：《惨痛的回忆与反省》，《独立评论》第 18 号，1932 年 9 月 18 日。

⑬㉑㉓ 胡适：《信心与反省》，《独立评论》第 103 号，1934 年 6 月 3 日。

⑭ 胡适：《再论信心与反省》，《独立评论》第 105 号，1934 年 6 月 17 日。

⑮㉖(52) 胡适:《试评所谓“中国本位的文化建设”》,天津《大公报》,1935 年 3 月 31 日。

⑯⑲㉗㉚㉜(53) 胡适:《我们走哪条路》,《新月》第 2 卷第 10 号,1930 年 12 月 10 日。

⑳㉔㊽ 胡适:《介绍我自己的思想》,收入《胡适文选》,亚东图书馆 1930 年版。

㉒ 胡适:《三论信心与反省》,《独立评论》第 107 号,1934 年 7 月 1 日。

㉘ 鲁迅:《热风·六十一　不满》,人民文学出版社 1981 年版,下同。

㉙ 可参看胡适:《国际的中国》,《努力周报》第 22 期,1922 年 10 月 1 日。

㉚ 胡适:《人权论集·序》,新月书店 1930 年版。

㉝ 孙中山:《民报发刊词》,收入《孙中山全集》第 1 卷,中华书局 1981 年版。

㉞ 鲁迅:《二心集·沉渣的泛起》,人民文学出版社 1981 年版。

㉟㊱ 魏源:《海国图志》。

㊲ 严璩:《侯官严先生年谱》。

㊴ 鲁迅:《热风·随感录五十四》。

㊵ 此系胡适 1958 年 12 月 8 日在台湾台中农学院的演讲词,刊次日《台湾新生报》。

㊶ 胡适:《怀念曾慕韩先生》,台湾《民主潮》第 11 卷第 18 期,1961 年 9 月。

㊷㊸ 胡适:《我们对于西洋近代文明的态度》,《现代评论》第 4 卷第 83 期,1926 年 7 月 10 日。

㊺ 陈独秀:《我之爱国主义》,《新青年》第 2 卷第 2 号,1916 年 10 月。

㊻ 李大钊:《新旧思潮之激战》,《每周评论》第 12 号,1919 年 3 月。

㊼ 钱玄同:《回语堂的信》,《语丝》第 23 期,1925 年 4 月。

㊿ 毛泽东:《新民主主义论》,收入《毛泽东选集》第 2 卷。

(51) 鲁迅:《三闲集·无声的中国》,人民文学出版社 1981 年版。

(54) 转引自胡适:《南游杂忆·二·广州》,《独立评论》第142号,1935年3月17日。

(55) 何键:《佳电》,原刊香港《循环日报》1935年2月24日。

(56) 陶文题为《思想界的一个大弱点》,刊《独立评论》第154号,1935年9月9日。

(57) 胡适:《再与希圣书》(1935年6月12日),转引自胡颂平编:《胡适之先生年谱长编初稿》第四册,台湾联经出版事业公司,1984年5月。

对胡适学术文化思想的总认识

　　胡适（1891—1962），字适之，安徽绩溪人，生于上海。自1895年起的九年间，胡适在家乡读私塾，像当时其他士大夫人家的子弟一样，接受的是封建主义的旧式教育，但由此也打下了"国学"根底。另外，由于在当时遍读了他所能找到的中国古代的白话章回小说等，遂对文学发生了浓厚兴趣，与此同时，又接受了无神论。这些都对胡适后来的思想发展和学术文化活动有着重要的深远的影响。1904年，少年胡适到上海求学，开始接触"西学"，补上了"戊戌维新"的一课。尤其是在中国公学期间，胡适通过编辑《竞业旬报》，不仅进一步获得了白话文的训练，而且还促成了以政治改良主义为核心的资产阶级民主主义思想的初步形成。1910年，胡适考取"庚子赔款"赴美国留学，接受完全的西方近代教育，特别是在接受杜威的实验主义哲学思想后，更是寻到了政治上和思想文化上的反封建专制主义的武器，由此有"文学革命"理论的提出和白话诗的尝试。1917年，胡适归国执教北京大学以后，以鲜明的文化启蒙主义者的思想立场直接且全面地参与了方兴未艾的五四新文化运动。在此后的长时期中，直至在台北谢世，虽然胡适的社会政治态度出现过不良倾向，在具体的学术文化问题上的观点也有所变化，但总的说来，所坚持的仍是他在"五四"前后业已形成的政治改良主义和思想自由主义。换言之，胡适是作为一个中国资产阶级的政治上的改良主义者和思想上的自由主义者的大学者而在二十世纪的中国学术文化史上留下身影的，与其他学者相比，他的学术文化思想的内容特点、表现形态以及社会影响等，都有显著的差异。

然而胡适终究是二十世纪中国学术文化史上最重要也是最有影响的代表人物之一。这不仅因为，他从二十世纪初跻身中国社会政治和思想文化舞台以来，就以自己不平凡的生平活动和异常丰富而又独具特色的言论著述，与近现代中国社会历史进程中的许多重大事件和社会政治文化思潮发生了密切的联系，由此明显地施影响于中国社会政治和思想文化的诸领域，乃至有关的人物群体，而且还在于：自他谢世以来，直到今天，他的思想言行仍然吸引人们（或是党派政治家和意识形态工作者，或是各学科的专家学者），以不同的动机目的，或从各个不同的方面（包括学术角度），对之作持续的，但是远未能盖棺定论的"批判"、评论和研究，而这种情况，无疑也折射出了二十世纪中国的社会政治和思想文化的演变之光。

例如值得指出的是，自 1979 年以来，大陆的哲学社会科学和人文科学学者，开始以一种比较客观的立场与平和的态度重新审视胡适思想言行的深浅得失，而海外（包括台港地区）的学者们对此也有一定的呼应，并以研究方法和角度的新奇以及某些观点的别识而引人注目，甚至对某些大陆学者也产生了影响。总之，近十几年来，有"胡适研究"的专题学科的初步形成，并且开始呈现某种程度的"显学"趋势。这表明，以胡适的思想的张力（类似于"说不尽的莎士比亚"），胡适研究的深入开展将是必然的。

我们现在就"二十世纪中国学人"的课题范围继续探讨和评述胡适的学术文化思想，那么胡适的学术文化思想（包括他的基本的学术文化研究的成果）有哪些主要内容呢？

胡适一生著述甚勤，遗著宏丰，约有数百万言。从他的著述言论所涉及的思想和学术文化问题来看，涵盖了社会科学和人文科学的众多领域。1954—1955 年间，大陆学术界开展"胡适思想批判"运动时，按当时中国科学院院务会议与中国作家协会主席团联席会议的精神，集中批判胡适的哲学思想、政治思想、历史观点、文学思想、哲学史观和文学史观等六大方面。[①]这表明，当时批判者认为，上述几方面乃是胡适思想的主要内容。近年来，撇开某些海外学者特别关注胡适的自由主义政治观念、文化哲学，以及胡适在中国近现代思想文化史上的角色与地位问题等不论，大陆学者有的把胡适的学术文化思想归纳为七个方面，即哲学思想、伦理思想、文化思想、政治思想、教育思想、宗教思想和文艺思想[②]，有的则列举文学革命、历史科学与考据、实验主义哲学、教育应该独立、治学方法、思想方法和中西文化比较等十四个专题，认为这些专题言论"大体上反映了胡适思想的主要内容"，也"最能代表胡适思想特点"。[③]而反观胡适本人的意见，据其在 20 世纪 30 年代初自我评判时曾矜持地说，他的思想和学术文化中最重要和最有价值的，乃是下列五点：论思想的方法、人生观论、中西文化论、对于中国文学的见解、关于"整理国故"的态度与方法。④

在本书的编选者看来，耿氏的意见最为平实，胡晓的意见自有道理，而胡适的夫子自道也值得重视。不过，严格地说来，由于胡适的学术文化思想事实上自成体系，所以作为一种学术研究，似乎也就应该从把握这种体系入手来认识胡适的广义的学术文化思想的基本方面和主要方面，而所谓胡适的广义的学术文化思想体系，其实有两大层次，一是主导性思想，即最基本的社会政治观和文化观，如哲学思想以及思想方法论、社会历史观、道德伦理观、教育观、文学观、中西文化观等等，均包括在内；二是狭义的学术思想和具体的学术见解，如中国哲学史观、历史考据方法论、对中国文学史作品的认识，关于语言文学问题的看法等，就属于这一层次。当然，这两个层次是既有区别也有联系的，而且又有交叉。交叉点（联结点）也有若干，其中最根本点则是思想方法，因为胡适的思想方法论既是他的主导性思想的基本构成部分，又对其狭义的学术思想和具体的学术见解起指导性作用，后者是前者的派生物，或曰具体运用。另外，胡适的中西文化观也足以成为一个联结点。值得指出的是，以胡适的具体学术文化活动的多样性和交叉性，又因为胡适在不同的时间地点的言论表述的侧重点也有所变化，因此他的每一种相对独立的著述文本，往往糅合了上述两个层次的思想，一般难以作截然区分。

但从另一方面来说，尽管胡适自有其学术文化思想的体系，作为思想体系本身也是很值得探讨的，然而，胡适之所以毫无愧色地成为二十世纪中国的大学者，之所以在学术界占有极其重要的地位，之所以产生重大和深远的影响，主要不在于他的学术文化思想体系的本身，而更多地取决于他的整个思想体系中那些特殊的东西，即为同时代学人所缺少或不具备的，唯有他个人首倡或独创的学术文化思想及其相应的学术研究成果。从这个意义上来说，在胡适一生多方面的学术文化活动及其丰富的学术文化思想中，最值得重视，同时也足以构成二十世纪中国学术文化史的重要遗产的，大致有如下几个方面：

一是倡导"文学革命"，把中国文学传统引入现代化。

胡适是"五四"文学革命运动的首倡者。根据胡适的理论，文学是进化的，一时代有一时代的文学，而文字是文学的基础，所以现代的文学，必须用白话来做文学的工具，"先要做到文字体裁的大解放，方才可以用来做新思想新精神的运输品"。胡适同时强调："我们认定白话实在有文学的可能，实在是新文学的唯一利器。"⑤除了倡导白话文、反对文言文之外，胡适还提倡学习西方近代文学的经验，提倡学习借鉴西方文学的新文体（如短篇小说和话剧剧本等），而他本人又付诸创作实践，尤其是在白话自由体新诗的写作方面，明显地开启了一代诗风，中国新文学的建设正是以此为开端。

很显然，胡适的"文学革命"论，乃是在中西文化冲突的最严峻的关头，在中国近现代思想文化史的交替转折时期，以深邃的历史眼光和清醒的历史使命感，为顺应辛亥革命推翻帝制后中国社会和思想文化界出现的大变动，即已由陈独秀首开其端的势必导致更深刻的社会革命的思想解放运动，寻找到了一个切实的突破口，诚如陈独秀当时就很快地敏锐地认识到的那样："欲革新政治，势不得不革新盘踞于运用此政治者精神界之文学。"⑥鲁迅也曾专门谈到过这一问题，他说：多年来中国处于"无声的"状态，因为"中国虽然有文字，现在却已经和大家不相干，用的是难懂的古文，讲的是陈旧的古意思，所有的声音，都是过去的，都就是只等于零的。所以，大家不能互相了解，正像一盘散沙"，"要恢复这多年无声的中国，是不容易的"，而"首先来尝试这工作的是……胡适之先生所提倡的'文学革命'"，换言之，"我们此后实在只有两条路：一是抱着古文而死掉，一是舍掉古文而生存"，正确的抉择自然是：先把中国"变成一个有声的中国。大胆地说话，勇敢地进行，忘掉了一切利害，推开了古人，将自己的真心话发表出来"，以此"感动中国的人和世界的人"，并"和世界的人同在世界上生活"。⑦以鲁迅对于中国近现代思想文化史的为人难以企及的深刻观察和体验，他如此评判胡适的"文学革命"论的超越了狭义的文学范畴的价值意义，无疑是不刊之论。

　　二是创造性地介绍宣传实验主义学说，传播了科学的思想方法论。

　　胡适在五四新文化运动期间曾大力介绍宣传杜威的实验主义学说。不过，胡适的这一介绍宣传，出自于促进和推动"五四"思想解放运动的考虑，针对中国思想文化界的现实，特别侧重于科学的思想方法论问题，而其中的要点，又主要集中在反迷信、反盲从、强调求实精神、强调反对"目的热"和"方法盲"等中国思想文化界的传统弊病等方面，并且还把这种思想方法论的介绍宣传与提倡近代的科学的治学方法结合起来。再加上胡适的介绍宣传简明、通俗、易懂，所以，这种介绍宣传带有明显的创造性，其影响和效果也具有更大的积极意义。例如，胡适指出："实验的方法至少注重三件事：(1) 从具体的事实与境地下手；(2) 一切学说理想，一切知识，都只是待证的假设，并非天经地义；(3) 一切学说与理想都须用实行来试验过，实验是真理的唯一试金石。"⑧又说：凡事都应讲求"评判的态度"，这一态度含有几种"特别的要求"：对于习俗相传下来的制度风俗，要问："这种制度现在还有存在的价值吗？"对于古代遗传下来的圣贤教训，要问："这句话在今日还是不错的吗？"对于社会上糊涂公认的行为与信仰，都要问："大家公认的，就不会错了吗？人家这样做，我也应该这样做吗？难道没有别样的做法比这个更好，更有理，更有益了吗？"⑨

也很显然，这样的充分体现了时代精神的言论为当时的进步青年反对封建主义的旧思想、旧政治、旧文化、旧道德提供了切实可用的思想武器，甚至也为新文化运动的其他领袖人物所普遍接受，由此构成五四新文化运动的理性的指南，这有《新青年》同人的宣言作证："我们相信尊重自然科学实验哲学，破除迷信妄想，是我们现在社会进化的必要条件。"⑩

三是从政治改良主义和思想自由主义出发，有力地倡导个性解放和思想自由，推动了"五四"思想解放运动的深化。

五四新文化运动作为近现代中国的一次伟大的思想解放运动，高举了"民主"的旗帜，其中重要的内涵之一是倡导个性解放和思想自由，主张树立新的政治观念和伦理道德规范。在这方面，胡适的许多著述言论比别人更有力，更深刻，代表了时代思想的最高水平。例如，胡适认为，"社会最大的罪恶莫过于摧残个人的个性，不使他自由发展"，因而他通过介绍易卜生的思想，特别强调充分发展个人的个性与才能的必要性，提倡一种"健全的个人主义"，在他看来，这种"健全的个人主义"的核心是自由独立的人格，"社会国家里没有自由独立的人格，如同酒里少了酒曲，面包里少了酵，人身上少了脑筋，那种社会国家决没有改良进步的希望"⑪。

据胡适后来的自我评判，他的那篇《易卜生主义》"在民国七八年间所以能有最大的兴奋作用和解放作用，也正是因为它所提倡的个人主义在当时确是最新鲜又最需要的一针注射"⑫。这大抵是客观的说法。毛泽东追忆当年的思想感受时说：他当时"特别喜欢胡适，陈独秀的文章。他们代替了梁启超和康有为做了我的崇拜人物"⑬，这该是一个有力的佐证。

四是在中西文化观上提出了一系列重要的深刻的又富有相当启示意义的新见解。

在近现代中国，中西文化论战是一个不断被人提起的课题，这一课题除了单纯的文化学意义外，更是隐藏着重要的政治思想意义。可以说，在这一论战中持激进立场和态度的，大都是主张中国的革新与进步的深沉的爱国主义者和民主主义者，相反，持保守立场和态度的，其各方面的情况往往相当复杂。"五四"以来直至胡适谢世，这一论战大体有三个相对集中的阶段："五四"时期，20世纪30年代，20世纪50年代末（台湾），而胡适的一贯的见解是：

以西方近代文明为参照系，中国传统的封建主义旧文化在整体上是落后的，所以应以知耻近乎勇的态度作深切的民族反省，承认自己的落后，尽可能地向近代西方文化中的一切好东西学习，由此真正引导中国社会走向现代化。胡适还从理论上分析指出：文化是一种文明所形成的生活方式，精神文明必须建筑在物质的基础之上，文化的进步完全在于制造器具的进步，这种进步又是一点一滴的造成的。[14]此外，胡适还有针对性的指出：西方文明并非如某些人所说的只是单纯的物质文明，那种盲目的崇拜所谓东方文明的议论，其实乃是一种病态心理。

应该说，胡适在中西文化观方面的一系列意见，尽管有其粗略之处和某种片面性，但总的说来，是重要的深刻的，并且富有相当的启示意义。在八十年代以来持续至今的又一场中西文化大讨论中，胡适的许多见解已经得到了重视，而对胡适的见解表示怀疑和提出诘问的，似乎还缺乏理论上的说服力。由此可以认定，在今后的中西文化的讨论中，人们将无法摆脱胡适这方面的见解的深刻影响，至少无法回避胡适所提出的与此有密切联系的各种大大小小的问题。

五是"整理国故"的理论及其实践具有相当的示范意义。

"整理国故"是胡适提出的中国新文化建设的纲领中的重要一条，其主旨在于提倡"用科学的方法来做整理的工作"[15]，"打倒一切成见，为中国学术谋解放"[16]。与此同时，胡适又提出了一条学术研究的基本原则——"为真理而求真理"[17]。另外，胡适还对如何开展"整理国故"的工作，尤其是"整理国故"的方法论问题，提出了许多重要意见。例如，胡适认为，在整理研究工作中，应该"用历史的眼光方法来尽量扩大国学研究的范围，凡在中国人民文化演进中占有历史地位的任何形式的典籍皆在研究之列"；"用系统的整理来部勒国学研究的资料"；"用比较的研究来帮助国学的材料的整理与解释"。⑱至于在实践方面，胡适更是身体力行，如他诱发古史讨论，开展中国哲学史以及禅宗史的研究，对中国白话文学史的整理，对中国章回小说的考证和研究等等，都是二十世纪中国学术文化史上富有价值的工作。当年蔡元培评价胡适的《中国哲学史大纲》说，该书具有"证明的方法，扼要的手段，平等的眼光，系统的研究"这四大特色⑲，其实，胡适的其他"整理国故"性质的著述也大抵如此。

尽管学术界对于胡适"整理国故"的具体成果（包括若干方法论原理和具体的学术见解）持有不同的看法，但是，胡适首次系统地提出的"整理国故"的理论及其狭义的学术研究的实践，在"五四"以来的中国学术界产生的示范意义却是基本的，也大都是积极的。例如，正是由于胡适诱发了古史讨论，才有顾颉刚等人的"疑古学派"的建立；正是由于胡适首次运用近代科学方法研究中国哲学史，才使得这方面的研究工作步入科学的轨道；也正是由于胡适对中国章回小说的独具慧眼的考证和研究，才使得小说研究成为了中国现代的学术主题之一，其中，胡适对于《红楼梦》的考证研究，更是促使了"新红学"的建立，如此等等。总之，胡适为中国现代学术建立了范式。

[注释]

① 原先曾提出要批判九大方面的问题，事实上集中于六个方面。参见《胡适思想批判》（论文汇集），共 8 辑，三联书店 1955—1956 年版。

② 参见胡晓著：《胡适思想与现代中国》，安徽人民出版社 1993 年版。

③ 参见耿云志编：《胡适语萃》，华夏出版社 1993 年版。

④ 参见《胡适文选·自序》（《介绍我自己的思想》）。

⑤ 胡适：《尝试集·自序》。

⑥ 陈独秀：《文学革命论》。

⑦ 鲁迅：《无声的中国》。

⑧ 胡适：《杜威先生与中国》。

⑨ 胡适：《新思潮的意义》。

⑩《本志宣言》，《新青年》第 7 卷第 1 号，1919 年 12 月。

⑪ 胡适：《易卜生主义》。

⑫ 胡适：《介绍我自己的思想》。

⑬ 转引自斯诺《西行漫记》。

⑭ 参见胡适：《新思潮的意义》和《读梁漱溟先生的〈东西文化及其哲学〉》等。

⑮ 胡适：《〈国学季刊〉发刊宣言》。

⑯《胡适的日记》，1922 年 8 月 26 日。

⑰ 胡适：《论国故学》。

⑱ 胡适：《〈国学季刊〉发刊宣言》。

⑲ 蔡元培：《中国哲学史大纲·序言》。

新时期胡适研究再论

- 鲁迅讥评「胡适之法」
- 胡适的文化使命感
- 胡适与辛亥革命
- 胡适的思想文化人格
- 胡适本人是怎样谈论「主义」的？

鲁迅讥评"胡适之法"

鲁迅在致友人的信中，曾如此论及郑振铎及其文学研究的成果：

> 郑君治学，盖用胡适之法，往往恃孤本秘籍，为惊人之具，此实足以炫耀人目，其为学子所珍赏，宜也。我法稍不同，凡所泛览，皆通行之本，易得之书，故遂孑然于学林之外，《中国小说史略》而非断代，即尝见贬于人。……郑君所作《中国文学史》，顷已在上海豫约出版，我曾于《小说月报》上见其关于小说者数章，诚哉滔滔不已，然此乃文学史资料长编，非"史"也。但倘有具史识者，资以为史，亦可用耳。①

在这里，所谓"恃孤本秘籍"而"为惊人之具"的"胡适之法"，显然是一种讥评。这一讥评，虽说以郑振铎为对象，但根本上却表明了对于胡适的学术研究方法的某种否定。——如此理解，想来不至于曲解鲁迅的原意。

然而，鲁迅认定郑振铎的《插图本中国文学史》缺乏文学史专著应有的"史识"因而不过是稍具"文学史资料长编"性质，这一评判意见应当说是不准确的，也不符合郑著实际的学术水平和价值意义，而且这一评判意见在方法论上也有欠妥处，因为鲁迅只是在根据已刊出的"关于小说者数章"而不是以全书内容立论的情况下作整体性判断的，未免有以偏概全之嫌。——关于这一点，笔者已经作过较为深入的分析评述②，兹不赘述。

问题在于，鲁迅对"胡适之法"的讥评，本身是否具有合理性？对此学术界似乎尚未有专门集中的探讨。因此，实事求是地回答这个问题，不是没有意义的。

当然，对于这一问题的解答，将自然涉及另一些相关的具体问题，至少如：什么是"胡适之法"？而鲁迅对"胡适之法"的内容的理解与把握是否全面准确？从鲁迅对"胡适之法"所作的那点限定来看，本身又是否有可取性？联系到鲁迅本人的学术文化思想及其学术研究活动实践，"胡适之法"是否值得构成讥评对象？而鲁迅之所以讥评"胡适之法"的原因又是什么？

笔者不揣冒昧，拟对提出的上述问题试作分析讨论，有不妥之处，祈求方家指正。

"胡适之法"

在中国现代学术文化史上，胡适无疑是一位最具有方法论的自觉性的学者。他并非只是一般地反对"目的热，方法盲"的问题③，而是通过对杜威实验主义哲学的改造建立了自己的科学的思想方法的体系，由此还提出了相当系统完整的治学方法，并且付诸本人的学术研究活动实践。用胡适自己的话来说："我治中国思想与中国历史的各种著作，都是围绕着'方法'这一观念打转的。"④揆之于事实，此言可谓不虚。

通观胡适的科学的思想方法体系，大致含有如下几个层次的内容：

首先，在整体上倡导科学的怀疑精神和批判态度，反对一切迷信与成见，反对种种教条主义、本本主义，主张以"评判的态度"对待社会人生和前人提出的思想学说理论，并且认为这种"评判的态度"所含"几种特别的要求"是：

（1）对于习俗相传下来的制度风俗，要问："这种制度现在还有存在的价值吗？"

（2）对于古代遗传下来的圣贤教训，要问："这句话在今日还是不错的吗？"

（3）对于社会上糊涂公认的行为与信仰，都要问："大家公认的，就不会错了吗？人家这样做，我也该这样做吗？难道没有别样的做法比这个更好，更有理，更有益了吗？"⑤

其次，进而揭示科学的思想方法的两个互有联系的侧面：一是"历史的方法"——"祖孙的方法"，即不把一个制度和学说视为孤立的东西，而仅看作为一个"中段"，强调要着重发掘其所以发生的原因和历史背景等，由此给其以历史上的地位与价值，由于这是

"处处拿一个学说或制度所发生的结果来评判他本身的价值，故最公平，又最厉害"；二是"实验的方法"，所注重的三个要点分别为：（一）"从具体的事实与境地入手"，以"免去许多无谓的假问题，省去许多无意义的争论"；（二）"一切学说理论，一切知识，都只是待证的假设，并非天经地义"，以此"解放许多'古人的奴隶'"；（三）"一切学说理论都须用实行来试验过，实验是真理的唯一试金石"，这也就"可以稍稍限制那上天下地的妄想冥思。"⑥

再次之，指出科学的思想方法在广义的学术文化研究中运用的几个根本性原则，例如：善于提出问题，从疑难问题出发；充分占有研究资料，并把对资料的整理鉴别作为研究工作的基础；必须充分尊重事实和证据，有一分证据说一分话，任何判断须以可靠的证据材料为基础；在逻辑方法上注重"演绎与归纳的相互为用"；"假设和证验"是科学研究必不可少的两环，如此等等。对这一切，胡适自己也有一个比较集中的概括：

> 科学精神在于寻求事实寻求真理。科学态度在于撇开成见，搁起感情，只认得事实，只跟着证据走。科学方法只是"大胆的假设，小心的求证"十个字，没有证据，只可悬而不断；证据不够，只可假设，不可武断；必须等到证实之后，方才奉为定论。⑦

最后，就文史研究的更具体的治学方法而言，也根据不同的情况而提出了相应的方法、手段和途径。例如，关于学术史（具体如哲学史、文学史之类）的整理研究，胡适以"中国哲学史"为例而指出：其总的方法论原则乃是"用正确的手段，科学的方法，精密的心思，从所有的史料里面，求出各位哲学家的一生行事、思想渊源沿革，和学说的真正目的"，其中又当特别注意的是：对于史料"不可不审定"，以防"古代作伪之人的欺骗"；审定史料的方法，又当从"史料""文学""文体""思想"和"旁证"五方面着手，"凡审定史料的真伪须要有证据，方能使人心服"；史料审定后的整理，其具体方法又有"校勘""训诂"和"贯通"三端。⑧ 至于撰写一部可靠的哲学史，方法上的基本步骤乃是：

述学
- 一、搜集史料
- 二、审定史料的真伪
- 三、剔去不可信的史料
- 四、对可靠的史料作仔细的整理

明变　依时代的先后看他们传授的渊源、交互的影响、变迁的次序

求因　研究各家学派兴废沿革变迁的缘故

评判　用中立的眼光、历史的观念，寻求各家学说的效果影响，再用这种影响效果来批评各家学说的价值。⟩目的⑨

又如，关于中国古代小说的考证研究，胡适在相关论著中提出的主要方法论原理有：（一）必须确定考证的正当范围；（二）考证当从

作品本身以及可以考定作者、时代、版本等的证据出发，反对那种以收罗"不相干的零碎史实"作穿凿附会的做法；（三）从作品实际出发对不同类型的对象采取不同的方法。[⑩]至于在方法的具体运用中，胡适所表现的特点和长处还至少有：结合其他学科专题的研究；重视提出"假设的通则"，演绎重于归纳；虽然反对"参之以情验之以理"的非科学态度，但也不排斥借助于心理学的分析方法；引入中外文学比较研究的方法。[⑪]

由此可见，所谓"胡适之法"，无论作为一种广义的科学思想方法论，还是作为一种治学方法，确是丰富的、完整的，在整体上和哲学抽象的意义上，都是正确而可取的，它的价值和意义，早在"五四"新文化运动期间，就为《新青年》同人所推崇，这有他们的宣言为证：

> 我们相信尊重自然科学实验哲学，破除迷信妄想，是我们现在社会进化的必要条件。[⑫]

而且，直到二十世纪三十年代，虽然胡适以其不良思想政治倾向引起马克思主义知识分子的不满，但中国的马克思主义哲学家仍然承认：

> 五四文化运动是德先生和赛先生的得意时代。在哲学上，胡适所标榜的实验主义占了一时代的上风，其他的哲学思潮自然何尝没有介绍，但对于传统的推翻，迷信的打倒，科学的提

倡，是当时的急务，以'拿证据来'为中心口号的实验主义被当作典型的科学精神。……实验主义的治学方法在某种意义上可以说是与传统迷信针锋相对，因此就成为五四新文化中的天之骄子。在这种意义上，与其说胡适对于新文化有何种新的创见，不如说他的功绩仅仅在于新的思想方法之提出。⑬

唯其如此，鲁迅那封信中对"胡适之法"的内涵的理解，仅限于"恃孤本秘籍"一端，当是不全面不完整的。即使就胡适提出的狭义的治学方法的角度看，也同样如此，因为"恃孤本秘籍"问题，其实乃是胡适在谈到史料的鉴别和运用时所强调的"根据可靠的版本与可靠的材料"，以及推究"这书曾有何种不同的本子，这些本子的来历如何"⑭的意见。

"恃孤本秘籍"有可取之处

诚然，胡适的广义的思想方法论以及相对具体的治学方法，其关键词是"证据"，而和"证据"问题紧密联系的，则是"事实""材料"乃至更为具体的"版本"问题。如果说鲁迅对"恃孤本秘籍"的"胡适之法"的讥评，由此在实际上也触及了这一点，那么进而需要探讨的是："恃孤本秘籍"作为一种治学方法，其本身是否合理可取？

在笔者看来，回答应该是肯定的。原因很简单，研究任何问题，其前提和基础当是尽可能详尽地占有资料，所谓资料，如以书本典籍论，用图书馆学的术语来说，自然包括"常见本""通行本"（即鲁迅所说的"通行之本，易得之书"）以及"孤本秘籍"。如果说，"通行之本，易得之书"大致已经能够提供了最基本的材料，那么如果再拥有"孤本秘籍"，由此或许可以发掘发现为"通行之本，易得之书"所未见的其他材料，这有何不好呢？即使那"孤本秘籍"中的某些材料纯属"孤证不信"的东西，但对研究者来说，至少可以在史料的整理鉴别过程中扩大对照比较的范围，有助于校勘等等，这不也是一件好事吗？

还应该承认，"孤本秘籍"虽然与图书馆学意义上的"善本"的概念并不完全吻合，但是既为"孤本秘籍"，在通常情况下总有其除了单纯的文物价值以外的文献价值，例如，它们往往不为以往的目录学著作所著录，或虽有著录但散佚已久，由此为一般学者所不能寓目；另外，它们一般都刻印（或誊抄）比较精细，从中大都保存着若干相当重要的文献信息，如此等等。尤其是"孤本秘籍"与"通行之本"并存，那么它更具有校勘学上的价值，在某种情况下，对于作出正确的校勘结论，还会起到关键的乃至决定性的作用。唯其如此，对于研究工作来说，拥有"孤本秘籍"实在是有百利无一害，只是那些东西往往为藏书家或达官贵人所收藏，一般的学者难以睹目利用而已。

这就表明，对于研究工作来说，本不该将"恃孤本秘籍"与利用"通行之本，易得之书"对立起来，至少不应因种种原因未有"孤本秘籍"而去否认利用"孤本秘籍"者。在这里还有一个问题值得指出，即有些"通行之本，易得之书"——尤其是其中的"坊本"一类，多有粗劣者，手民误植的情况相当普遍，作为材料的援引，往往不太可靠。既然如此，就更不能以"通行之本，易得之书"作为可夸耀之点了。

当然，从实际情况看，对于绝大多数研究者来说，大概主要只能凭借"通行之本，易得之书"来做研究工作，这实在是无可奈何的事。根据笔者理解及些许体会，学术研究工作或许可分为两种类型，一是主要作宏观考察研究的，或者整个研究工作以理论分析探讨为主；二是主要作微观的局部的具体细小的课题研究的，如文史考据之类。对于前者来说，主要凭借"通行之本，易得之书"，尤其是相当程度上为了"泛览"取得知识信息，这是可以理解的。而对于后者来说，仅仅靠"通行之本，易得之书"，或许也能做出若干成绩，但同时又容易留下种种错讹，因而应对"孤本秘籍"之类予以充分的重视，手头没有，则当千方百计地寻找求访。

综上所述，"恃孤本秘籍"对于学术研究工作的合理性和可取性该是彰显的。而胡适、鲁迅两人的经验教训也足以证明。

先看胡适受"孤本秘籍"之益的两个实例。例一，关于对《红楼梦》及其作者身世的考证研究。据胡适说：他曾获得一本《四松堂集》（稿本），"此本系最初的稿本，上有付刻时的校记，删节的记号，改动的添注。刻本所收，皆打一个'刻'字的戳子。此本真不易得，比刻本还更可贵"，"若不得此稿本，则不能知四个要点：……"[⑮]从四个要点看，涉及曹雪芹的确切的卒年以及死后"似无子"以及尚有"新妇飘零"等重要身世材料。显然，曹氏身世的有关重大问题已是由"孤本秘籍"帮助解决的。例二，关于中国中古哲学史的研究。胡适二十世纪二十年代初继续研究中国哲学史时，其中触及禅宗问题，因对有关史料发生怀疑而搁笔，而后因在赴欧参加会议期间从伦敦和巴黎的图书馆分别抄得了一批敦煌卷子，正是凭借这些"孤本秘籍"所提供的重要资料，使得胡适在禅宗史研究问题上有重大创见，这也有效地促进了他的中古哲学史的研究工作，致有《中国中古思想史长编》一书（手稿七章）的完成。

再看鲁迅因缺乏"孤本秘籍"而给自己的学术研究工作带来的缺憾。据鲁迅自己承认："我的《中国小说史略》，是先因为要教书糊口，这才陆续编成的，当时限于经济，所以搜集的书籍，都不是好本子，有的改了字面，有的缺了序跋"[16]，这就使得《中国小说史略》一书在材料和结论方面留下了一些疵点。据有的学者对此所作的"笺补"来看，在总共 99 条中，明显的因为所用"本子不好"而形成的错讹至少有十余条，兹举两例：[17]

《史略》原文	丁氏笺补	笔者按
罗贯中本《三国志演义》，今得见者以明弘治甲寅（1494）刊本为最古。（《鲁迅全集》人民文学出版社 1957 年版第八卷，第 103 页）	"弘治甲寅"应为"嘉靖壬午"。《三国志通俗演义》卷首有弘治甲寅庸愚子（金华蒋大器）序和嘉靖壬午（1522）关中修髯子（张尚德）引言。商务印书馆影印本抽除引言，所以被误认为弘治甲寅年刊行。（复旦论文集，第 144 页）	这表明鲁迅未见原本，径以"通行之本，易得之书"为立论依据，上了当。
时又有《拍案惊奇》三十六卷。（第 164 页）	明刊尚友堂《初刻拍案惊奇》原本为四十卷，三十六卷本为原刊的残本，存覆尚友堂本、消闲居本和松鹤斋本等。所缺之目为：（略）。（第 150 页）	这表明鲁迅只见原刊的残本，由此误认为原刊本如此。原刊当属"孤本秘籍"，时已不易获见。

另外,《中国小说史略》因运用第二手资料而出现的讹谬也有十几条,这说到底似乎也与没有掌握"孤本秘籍"有关。

糅合鲁迅和胡适在这方面的经验教训,还有一个实例可借玩味:关于清代著名小说家蒲松龄的生卒年,鲁迅的《中国小说史略》依据的是"坊本",即中华图书馆的石印本《聊斋文集》,该书附录的张元撰《柳泉蒲先生墓表》说:蒲氏"以康熙五十四年正月二十二日卒,享年八十有六",据此,《中国小说史略》说:蒲氏"……至康熙辛卯始成岁贡生……越四年遂卒,年八十六(1630—1715)"。胡适对此有怀疑,因为据他掌握的卢见曾《国朝山左诗抄》(乾隆戊寅刻本)卷四十五中的《蒲松龄小传》所引张元撰的《墓表》,相应文字是"七十有六"。胡适怀疑的理由是:卢著刻于乾隆戊寅(1758),距张元之死(1756)不过两年,大致可以认定所用的"必是张元的原本,应该是可信的本子",何况《济南府志》等其他文献典籍也都说蒲氏"卒年七十六"。经过一番详尽的考证,胡适下明确结论:蒲氏的确享年 76 岁,其生卒当为 1640—1715,而"坊本"《聊斋文集》乃有意作伪。[18]事实证明,胡氏依据"孤本秘籍"所提出的判断是正确的,至今为学术界信服。[19]

既然如此,对所谓"恃孤本秘籍,为惊人之具"的"胡适之法"予以讥评,是缺乏说服力的。

或许会有读者诘问:鲁迅所说的"恃",含有"仅仅凭借(依靠)"的意思,具有方法论上的排他性,这样的倾向当然值得否认。在笔者看来,此言似是而非。这是因为,在通常的学术研究中,求助"孤本秘籍"中的材料(证据)来促使某个学术疑点的解决，本是正常现象，事实上不存在整个研究方法手段的排他性问题，即使是"相当纯粹"的以"孤本秘籍"为据，汇集有关史料，作为学术研究的一个基础性工作，也不失其学术意义，何况学术史的大量实践已经表明，利用"孤本秘籍"大都是学者们的全部治学方法中的一个具体手段。当然，以"孤本秘籍"为据而作出的某些学术性判断（结论），可能有对有错，但这不足以构成一概地抹杀利用"孤本秘籍"做研究工作的理由。胡适当年说过："考据是一种公开的学问，我们不妨指出某个人的某种考据的错误，而不必悬空指斥考据学的本身。"⑳显然，人们对于学术研究中利用"孤本秘籍"的问题（它事实上多与"考据"联系在一起），也该作如是观。

鲁迅讥评的矛盾

可以说，联系到鲁迅基本的学术文化思想来看，以鲁迅作为严肃学者的立场而言，在通常情况下其实是不会去讥评"恃孤本秘籍"的"胡适之法"的。这也有大量的文献材料能够证明。例如：

首先，鲁迅对于学术研究中充分占有包括"孤本秘籍"在内的文献资料的问题，本认为是题中应有之义，只是为自己主要出自经济原因未能掌握类似"孤本秘籍"的好本子而深感遗憾，前文所引《集外集·通讯（柳无忌来信按语）》中的这段话可以说明。此外还有两个佐证材料：鲁迅早些时候谈到自己的《中国小说史略》时曾说：因"识力俭隘、观览又不周洽，不特于明清小说阙略尚多，即近时作者如魏子安、韩子云辈之名，亦缘他事相牵，未遑博访。况小说初刻多有序跋，可借知成书年代及其撰人，而旧本希觏，仅获新书，贾人草率、于本文之外大率刊落，用以编录，亦复依据寡薄，时虑讹谬……"㉑稍后鲁迅谈及同一问题时又明确承认："说起来也惭愧，我虽然草草编了一本《小说史略》，而家无储书，罕见旧刻，所用为资料的，几乎都是翻刻本，新印本，甚而至于是石印本，序跋及撰人名，往往缺失，所以漏略错误，一定很多。"㉒这里对于"初刻""旧本""旧刻"与"翻刻本、新印本"以及"石印本"一类的"新书"作为史料价值大小的比较意见，充分表明鲁迅对于"孤本秘籍"的肯定。

其次，鲁迅在自己的学术研究工作实践中，其实也深知"孤本秘籍"的作用，而且在事实上也尝到过甜头。例如：鲁迅早年进行《古小说钩沉》《会稽郡故书杂集》和《唐宋传奇集》等辑录工作以及校录《后汉书》和《嵇康集》等书的时候，均程度不同地得益于某些"孤本秘籍"，在南京的一段时间里，他一度经常去江南图书馆阅读和抄录古书㉓，也正是这个缘故。这一点在《中国小说史略》的撰写过程中也有反映，如该书第十二篇（"宋之话本"）谈到南宋"说话人"的节目内容中有"'合生'，与起今随今相似，各占一事也"㉔，虽然鲁迅在这里采用的是吴自牧《梦粱录》中的材料，然而该书的通行本（今本）其实已脱"合生"两字，因此鲁迅乃根据灌园耐得翁的《都城纪胜·瓦舍众伎》作补，致使文献材料得以完整。再如，鲁迅曾说起他的《中国小说史略》的立论以及所据版本与盐谷温的《支那文学概论讲话》多有不同："六朝小说他据《汉魏丛书》,我据别本及自己的辑本……唐人小说他据谬误最多的《唐人说荟》,我是用《太平广记》的,此外还一本一本搜起来……"⑤就这点来看,显然也是肯定了重视"孤本秘籍"之类对于提高学术研究质量的意义。

唯其如此,在许多场合鲁迅对于包括郑振铎和胡适在内的其他学者利用"孤本秘籍"中的材料而获得的合理正确的考证研究成果,表示了由衷的敬意。例如,对于郑振铎,鲁迅曾经明确地说过:"……郑振铎教授又证明了《四游记》中的《西游记》是吴承恩《西游记》的摘录,而并非祖本,这是可以订正拙著第十六篇的所说的,那精确的论文,就收录在《佝偻集》里。"⑥至于对于胡适,类似的话更多。如鲁迅说:胡适为《水浒》写的两种考证性的序文"极好,有益于读者不鲜"⑦,"我没有做过序,做起来一定很坏,有《水浒》《红楼》等新序在前,也将使我永远不敢献丑"⑧。再从《中国小说史略》一书来看,在论及《水浒》《水浒后传》《红楼梦》《西游记》等古代小说时,无不明确地指出了吸收胡适的考证意见的地方⑨,不仅如此,鲁迅在指导日本学者翻译《中国小说史略》时还特别嘱咐他要根据《胡适文选》来订正自己的有关错误。⑩

既然如此,那么鲁迅为什么在事实上还会对"胡适之法"予以讥评,而且又是抓住"孤本秘籍"的问题呢?个中原因当是复杂的,而从一般的诱导因素而言,鲁迅分别与郑振铎和胡适之间的私人感情恩怨问题不容忽视。

鲁迅与郑振铎虽然同为学者,且有若干共同的学术文化兴趣,由此也有一定的交往,甚至还有过学术合作⑪,但两人的思想情感并不和谐，这样，或由具体的学术文化观点的歧异^②，或因思想政治方面的差距^③，再加上当时"左翼"——进步文化人圈子中的复杂多变的人事关系^④，鲁迅尽管承认过郑氏"热心好学，世所闻知""既无色采，又不诡随"^⑤的一面，但更多时候的倾向性看法，则认为郑氏有"投机者"之嫌^⑥，鲁迅还对友人说："谛君曾经'不可一世'，但他的阵图，近来崩溃了，许多青年作家，都不满意于他的权术，远而避之。他现在正在从新摆阵图，不知结果怎样。"^⑦

鲁迅与胡适的关系大抵也是如此。20 世纪 20 年代末以来，两人曾有过的某种程度的私谊因双方的思想政治歧异加剧而消解，尤其是鲁迅对胡适的反感更为明显。^⑧这样，当鲁迅在否定郑振铎的学术成绩的时候，以习惯性的"杂文笔法"顺手刺一下胡适，或许是合于逻辑的。

至于对直接的诱发因素的探讨，有如下几点似乎值得重视。例如：在郑振铎的《插图本中国文学史》由北平朴社于 1932 年 12 月初版之后，海内外学术界总的说来是好评如潮，如日本学者长泽规矩也在日本的《书志学》（第 1 卷第 2 期，1933 年 3 月）发表文章，推崇郑著，谓此书引用材料既新且富，又不墨守旧说，不像王国维那样拘于儒家之见，而是突破了传统的旧套。^⑨但与此同时，也有学者对郑著作了苛评，如吴世昌发表在《新月》（第 4 卷第 6 期，1933 年 3 月）上的《评郑著中国文学史》，彻底否定此书，认为对读者（即使中学生）来说，该书不值得有"最低限度的信仰。"^⑩据笔者推测：可能长泽规矩也与胡适、郑振铎有一定的交往，但与鲁迅没有特别联系^⑪；再说鲁迅本对郑振铎的治文学史能力大有怀疑[42]，对长泽规矩也写的书评意见自然不以为然，而郑著事实上也留下了一些疵点；[43]再说乍看起来郑著的新奇似乎在于体例上的独特性——"插图本"，而那些珍贵的插图的确采自"孤本秘籍"。如此种种原因，导致鲁迅在私人通信中忍不住地讥评"恃孤本秘籍，作惊人之具"的"胡适之法"，或许算得上是"言之成理，持之有故"了。

当然，这样的讥评与鲁迅的一贯的严肃的学术立场（主要如前文所分析指出的那种正确的意见和诚恳的态度等），毕竟是一种矛盾，这一矛盾表明，鲁迅在个别学术问题上，的确羼杂了某种个人感情因素。

由此可以说：以鲁迅一生的整体性的睿智，在如此一个较为细小的具体问题上留下疵点，虽说是一眚不足以掩大德，属一种可以理解的历史文化现象，然而终究是令人惋惜的。对于今人来说，也值得从中摄取经验教训。

[注释]

① 鲁迅《致台静农》（1932 年 8 月 15 日），《鲁迅全集》第 12 卷，人民文学出版社 1981 年版（下同），第 102—103 页。

② 参见金梅、朱文华合著：《郑振铎评传》，百花文艺出版社 1992 年版。该书第三章（未入盟的左翼作家）第四节（文学研究的收获）有专门段落评述这一问题。

③ 关于胡适反对"目的热、方法盲"的思想观点，可以参见其《问题与主义》和《我的歧路》，分别收入《胡适文存》和《胡适文存二集》。

④ 胡适《胡适口述自传》，收入《胡适自传》，江苏文艺出版社 1995 年版，第

207 页。

⑤ 胡适《新思潮的意义》,《新青年》第六卷第四号,1919 年 4 月 15 日,收入
　《胡适文存》,亚东图书馆 1921 年版。

⑥ 胡适《杜威先生与中国》,《民国日报·觉悟》,1921 年 7 月 13 日,收入
　《胡适文存二集》,亚东图书馆 1924 年版。

⑦ 胡适《介绍我自己的思想》,《新月》第 3 卷第 4 号,1931 年 6 月,收入
　《胡适论学近著》,商务印书馆 1935 年版。

⑧⑨ 参见胡适:《中国古代哲学史大纲·导言》,商务印书馆 1919 年版,第
　10—33、3—5 页。

⑩ 此据胡适有关研究考证中国古代小说的论著中提出的意见而作概括,参见
　笔者:《论胡适〈中国章回小说考证〉的方法论》,《江淮论坛》1982 年第
　6 期。

⑪ 此为笔者对胡适在研究考证中国古代小说时运用的方法特点的概括,参见
　文献同上。

⑫《本志宣言》,《新青年》第 7 卷第 1 号,1919 年 12 月 1 日。

⑬ 艾思奇:《廿二年来之中国哲学思潮》,《中华月报》第 2 卷第 1 期,1934 年
　1 月。

⑭ 胡适:《红楼梦考证》(改定稿),《胡适红楼梦研究论述全编》,上海古籍出
　版社 1988 年版,第 86 页。

⑮《胡适的日记》(下册)(1922 年 4 月 19 日),中华书局 1985 年版,第 320、
　323 页。

⑯ 鲁迅《通讯(柳无忌来信按语)》,《鲁迅全集》第 8 卷,第 299 页。

⑰ 参见丁锡根:《〈中国小说史略〉笺补拾零》,复旦大学中国语言文学研究所
　鲁迅研究室编:《纪念鲁迅诞生一百周年论文集》。本文的举例以及笺补性
　文字皆从此。

⑱ 参见胡适：《辨伪举例（蒲松龄的生年考）》，收入《胡适论学近著》，商务印书馆 1935 年版。笔者按：胡适这一结论后又为《墓表》的原石所证实。

⑲ 人民文学出版社 1973 年 8 月版（重印）《中国小说史略》，编者对书稿的"年八十六（一六三〇——一七一五）"句作注："一六三〇应为一六四〇，年七十六"，这表明认同了胡适的考证意见。

⑳《胡适致郭沫若、郁达夫（稿）》，1923 年 5 月 15 日。中国社会科学院近代史研究所中华民间史组编：《胡适来往书信选》（上），中华书局 1979 年版，第 202 页。

㉑《中国小说史略·后记》（1924 年 3 月 3 日），《鲁迅全集》第 9 卷第 296 页。

㉒《关于〈三藏取经记〉等》（1926 年 12 月 20 日），《鲁迅全集》第 3 卷第 387 页。

㉓ 参见蔡元培《记鲁迅先生轶事》，《宇宙风》第 29 期，1936 年 11 月 16 日。该文说："在南京时，先生于办公之暇，常与许君季茀影抄一种从图书馆借来的善本书，后来先生新完成的有校订本《魏中散大夫嵇康集》。按：许季茀（寿裳）的《亡友鲁迅印象记》（人民文学出版社 1953 年版）也有类似的回忆。

㉔ 据丁锡根《〈中国小说史略〉笺补拾零》，其中的"起今随今"系"起令随令"之误。

㉕ 鲁迅《不是信》，写于 1926 年 2 月 1 日。《鲁迅全集》第 3 卷，第 229-230 页。

㉖《〈中国小说史略〉日本译本序》，写于 1935 年 6 月 9 日，《鲁迅全集》第 6 卷，第 347 页。这里所说的郑氏的证明，指郑氏的《西游记的演化》一文，收入《伺偻集》，生活书店 1934 年版。

㉗ 鲁迅《致胡适》（1924.1.5），《鲁迅全集》第 11 卷，第 421 页。

㉘ 鲁迅《致胡适》（1924.6.6），《鲁迅全集》第 11 卷，第 429 页。

㉙ 例如《中国小说史略》第十五篇中有"又有一百十回之《忠义水浒传》,亦《英雄谱》本,'内容与百十五回本略同'(《胡适文存》三)"句,该书《后记》又说:"雁宕山樵陈忱,字遐心,胡适为《后水浒传序》,考得其事尤众。"

㉚ 参见鲁迅:《致增田涉》(1934 年 5 月 31 日),《鲁迅全集》第 13 卷,第 579 页。这里所说《胡适文选》(亚东图书馆 1930 年版),其中有《红楼梦考证》等文。

㉛ 鲁迅、郑振铎曾共同编选过《北平笺谱》(1934 年出版)和《十竹斋笺谱》(1934 年出版)。

㉜ 主要如郑振铎曾对"阿 Q"形象的塑造有不同看法,鲁迅曾予以反批评。

㉝ 郑振铎曾自认为属"左翼作家"阵营,但是鲁迅对此不表赞同。

㉞ 这种人事关系集中表现为《译文》事件前后,鲁迅对于郑振铎等人多有误解。以上三例的详细情况可参见金梅、朱文华著《郑振铎评传》的"与鲁迅的关系"一节。

㉟ 鲁迅《致许寿裳》(1935.1.9),《鲁迅全集》第 13 卷,第 14 页。

㊱ 参见鲁迅《致李霁野》(1929.10.20),《鲁迅全集》第 11 卷,第 688 页。

㊲ 鲁迅《致曹靖华》(1936.4.1),《鲁迅全集》第 13 卷,第 340 页。

㊳ 当时瞿秋白以鲁迅笔名(何家干)写的几篇杂文,集中地从思想政治角度批判胡适,多有偏激之处,鲁迅显然表示赞同。

㊴ 参见陈福康:《郑振铎年谱》(1933 年 3 月条),书目文献出版社 1988 年版,第 189 页。

㊵ 参见陈福康《郑振铎年谱》(1933 年 3 月 1 日条),第 188—189 页。

㊶ 长泽规矩也(1902—?)日本汉学家。曾与增田涉同学,1926 年毕业于东京帝国大学中国哲学文学科。又曾在北京大学学习。此人与增田涉的实际关系如何,似可探究。总之,关于这一问题,笔者纯为推测,有待求证。

㊷ 据增田涉回忆，鲁迅认为郑振铎"没有写历史的力量"。参见增团涉著、钟
　　敬文译：《鲁迅的印象》，湖南人民出版社，1980 年 5 月，第 73 页。

㊸ 郑振铎曾于 1933 年 7 月 14 日致函赵景琛，感谢其为《插图本中国文学史》
　　作勘误表。参见陈福康《郑振铎年谱》，第 191—192 页。

胡适的文化使命感

知识分子的"社会责任感"与"文化使命感"

关于知识分子的"社会责任感",乃是近年来学术界谈得比较多的一个话题。虽说各家对这一概念的理解与认识并非一致,但多少有些共同点,如一般认为,在现代社会中,知识分子作为一个重要的社会阶层,对于本国(民族)乃至整个世界的社会发展与进步,理当承担着较之普通人民群众更大的责任,至少应该本着服膺现代民主政治的理念,为最广大的社会民众代言,同时督促本国的执政者乃至整个国际社会尊重人权、实行法治,和平发展经济、提高人民生活水平,维护社会的正义与公平。换言之,所谓知识分子的"社会责任感",即是要求现代社会的广大知识分子,具有一定的政治意识,并以一定的形式与方法参与进步的社会政治活动,至少勇于承担社会监督与社会批判的义务,由此成为全社会的健康的精神力量的舆论代表,成为现代人类的良知的表征。

笔者认为，作为一个现代知识分子，只要他是追求进步的、崇尚民主的，也愿意促进社会发展的，那么，的确应该具备（首先是自觉培养）这样的"社会责任感"，以此作为对于社会（国家与民族）的回报。但是，知识分子的"社会责任感"事实上是有多种层次的。以上所说，仅是就一般情况而言，至于对处于特殊的政治环境或不同的历史时期（如半封建半殖民地的旧中国）的知识分子而言，上述形态与水平的"社会责任感"，可能还只是被视之为较低的层次。因为曾经有一种更激进的理解和要求，即希望进步的知识分子直接投身革命政党所领导的实际的革命活动，例如当年"左联"领导人经常要求左翼作家参加"街头游行"，李立三甚至亲自动员鲁迅发表公开的政治宣言之类①。于是，就有一个严肃的问题应予提出：一个现代知识分子理应具备的"社会责任感"究竟含有怎样的质的规定性？

现在看来，当年鲁迅之所以婉拒李立三的政治动员，还有不少进步的甚至是左翼知识分子，即使在抗战军兴之时也并非一味地投笔从戎、浴血疆场，而是甘于平淡、义无反顾地坚守在建设与发展民族科学文化教育的岗位上，乃是因为他们认识到：现代知识分子的"社会责任感"的表现与具体的落实，有不同的层次，有多种形态与道路可供选择，而不必强求一律。②换言之，一个社会（国家、民族）对于知识分子在表现与落实其"社会责任感"问题上的期待，也应该是多元的，基本的原则当是从实际出发，希望每一个知识分子都能够选择最适合其本人情况的、最能发挥各自才能特点的、由此也就能够更好地承担自己社会责任的形式与方法，如同在一支作战部队里，总要安排若干优秀的军事人才在某些特定的机构部门任职而并非把这些人全部组成冲锋队一样，因为只有这样，才能最大限度地发挥人才的作用。

这也就是说，在现代社会中，知识分子与广大社会民众（以工农为主体）相比较，最大的区别与特点在于，他们因接受过系统的严格的现代教育而具有较高的科学文化素质，也相应地掌握了专业的科学技术的能力与本领，而这种能力与本领，正是引导社会改造、促使社会进步发展的重要力量，所以知识分子在很大程度上成为了现代社会的先进生产力和先进思想文化的代表。在这种情况下，知识分子的"社会责任感"的表现与落实，与他们处于何种社会岗位、扮演何种社会角色、具体地承担何种社会任务（职业），往往是成正比的——一般说来，知识文化领域的职业岗位更有利于发挥知识分子的作用。社会（国家民族的执政者）应该认识到这一点，广大民众也应认识到这一点，重要的是，一个开明的社会，一个明智的执政者，以及凡是精神健全、思想成熟的国民，也理应允许并理解知识分子们（从整体上说）自身也能够认识（甚至强调）到这一点，因为此乃是"尊重知识、尊重人才"的题中应有之义。

如果认同以上所说，那么还应合乎逻辑地进一步承认：根据知识分子的特点，又期待知识分子发挥更大的社会作用，对处于社会转型时期的现代中国知识分子来说，其"社会责任感"的最高层次可以设定为——以战略高度充分认识到：采取各种有效方法，切实发展与提高本民族的科学文化建设的水平（包括对民族传统文化中的不适应现代社会生活的部分予以革新与改造），使之顺应世界文化潮流，达到与保持国际上的高水准，由此真正促进与推动国家的社会发展与进步。即对于增强综合国力，提高国际竞争力，真正实现民族复兴，毫无愧色地自立于世界民族之林，具有无比重大的根本性的意义；进而明确自己作为知识分子的一员，对此负有不可推卸的责任与义务，并且应该由此出发来规划与设计自己的人生道路（包括选择相应的职业活动）——具体的活动则包括对全民族予以思想启蒙，引导全社会（国家、民族）的知识文化界人士致力于文化革新，以及本人也坚持从事相应的创新性的学术文化活动等等。总之，需牢固确立使命意识，一切着眼于此，做到终身奋斗，矢志不渝，即使在遭受社会不公正待遇（包括一时为国人所不理解）的情况下依然如此，虽九死而不悔。

如此层次的"社会责任感"，显然可以更准确地命名为"文化使命感"。它虽然是社会上的广义的"仁人志士"通常所具有的庞大的"社会责任感"的一个组成部分，但作为一个重要的组成部分，其中深沉的爱国主义立场与深邃的文化创新意识的紧密结合，无疑使之更凸显了相对独立的价值意义。因为在这样的"文化使命感"里，文化忧患意识以及与此紧密联系的"民族文化反省"意识是前提性的，而文化创新意识则是思想核心。进一步说，这样的"文化使命感"，不仅是理论形态性的，它更强调与看重的是实际的落实，由此，它的价值意义也将主要在实践活动中得以体现。另外，也可以说，这样的"文化使命感"又明显地融合了民族思想文化传统中的某些优秀、合理的思想要素，如古代士人的那种"天降大任于余"般的自觉、"舍我其谁"式的自许，对文化活动（广义的"文章")提升到"经国之大业、不朽之盛事"的高度的认识，以及树立"继绝学"③式的文化追求等等。总之，其整体上的思想质地，既有现代性与传统的贯通，又有西学特色与民族文化要素的结合，属于中国现代思想文化史上的一种新气象。胡适在"五四"时期曾郑重其事地倡导"健全的个人主义"④，可以认为，对于中国现代知识分子来说，如上所说的"文化使命感"，当是"健全的个人主义"的基本要素之一。

而一部中国近现代思想文化发展史表明，培养、确立并践行这一崇高的"文化使命感"，事实上成为了20世纪以来中国进步知识分子共同追求的精神境界。或者说，20世纪以来，特别是"五四"以来，中国社会的变革以及中国思想文化的发展与进步，某种意义上，正是有赖于一大批中国现代知识分子对于这一"文化使命感"的践行，尽管各人的具体情况有所不同⑤。

应该说，以上的认识，可以成为人们进一步理解、认识与探讨以胡适等人为代表的中国现代知识分子的思想活动特点的一种新视角。

胡适"文化使命感"的形成、确立与强化

在20世纪以来的中国现代进步知识分子群体中，相对而言，胡适是最具有清醒的、自觉的和鲜明的"文化使命感"的一位。通看他一生的活动轨迹与思想历程，他在各个人生阶段，虽然所处的

具体的社会政治文化的环境有所不同，个人的境遇也有所差异，但总是一贯地提醒自己必须树立一种"文化使命感"并且践行之。

胡适在各个人生阶段所怀有的"文化使命感"，本人都有及时的书面表述。胡适早年在家乡接受传统的旧教育，自1904年到上海接受近代教育之后，开始接触以"科学与民主"为核心的西学。正是在走上新的人生道路之初，作为一个刚刚读了《天演论》的中学生，他在一篇课堂作文中写道：

> 国魂丧尽兵魂空，兵不能竞也；政治学术，西来是效，学不能竞也；国债累累，人为债主，而我为借债者，财不能竞也；矿产金藏，所在皆有，而不能自辟利源，必假手外人，艺不能竞也。以劣败之地位资格，处天演潮流之中，既不足以赤血黑铁与他族相角逐，又不能折冲樽俎战胜庙堂，如是而欲他族不以不平等之国相待，不渐渍以底灭亡亦难矣！呜呼！吾国民其有闻而投袂奋兴者乎？⑥

在当时为《天演论》所惊醒的广大中国知识分子中，一般只是承认本民族因国贫兵弱而无力对抗西方列强的坚船利炮的现实，而少年胡适却可贵地进一步认识到：中国在世界"天演潮流"中之所以处于"劣败之地位资格"，重要的甚至是首要的原因还在于思想文化的落后（具体表现为国民的愚昧），即"学不能竞也"。惟其如此，胡适提醒包括自己在内的中国国民"投袂奋兴"，也就必然含有自觉地革新民族的传统思想文化的要求。显然，这一点，正是胡适终身所坚持的"文化使命感"的第一块思想基石。而在两年后，当胡适就读于上海中国公学并一度主编校刊《竞业旬报》时著文说：

> 想对于我们四万万同胞，干些有益的事业，把那从前种种无益的举动，什么拜佛哪！求神哪！缠足哪！还有种种的迷信，都一概改去，从新做一个完完全全的人，做一个完完全全的国民。大家齐来，造一个完完全全的祖国，这便是兄弟们的心思，这便是我们这个报的宗旨⑦。

这就是他对如何践行自己的"文化使命感"的初步具体的设计。

胡适于 1910—1917 年间留学美国，这是他思想发展和人生活动的一个最重要阶段。在这一时期，不仅他的"文化使命感"得到了强化，而且还对如何践行自己的"文化使命感"，也有了比较深入的思考和具体的设计。从理论上看，最值得注意的是，他在反省了近代以来中国派遣大量留学生而实际成效不大的情况后提出："今日教育之唯一方针，在于为吾国造一新文明"⑧，而对于自身，则以"为国造不能亡之因"作为不可推卸的责任与义务。因为在他看来，对一个国家来说，政制的新旧、兵力的强弱尚在其次，暂无海军之类也并非可耻，可耻的在于文化教育的落后，尤其是国民上下对之均不重视。由此他明确表示：

> 适近来劝人，不但勿以帝制撄心，即外患亡国亦不足顾

虑。倘祖国有不能亡之资，则祖国决不致亡。倘其无之，则吾辈今日之纷纷，亦不能阻其不亡。不如打定主义，从根本下手，为祖国造不能亡之因。⑨

至于如何"造不能亡之因"，胡适的理解是："今日造因之道，首在树人；树人之道，端赖教育"，即发展民族教育事业，为国家社会培养各种有用之才，而联系到本人的职业选择，胡适又明确表示："别无奢望，但求归国后能以一张苦口、一支秃笔，从事于社会教育，以为百年树人之计，如是而已。"⑩由此可见，正是在留美时期，胡适明确了自己的"文化使命感"的具体内容，甚至在此基础上也确定了个人的职业志愿。至于如何践行自己的"文化使命感"，在本时期，胡适的重大举措是，除了热心支持几位志同道合的友人共同发起成立"中国科学社"之外⑪，他本人则郑重其事地倡导"文学革命"，即"欲为祖国造新文学"⑫，并自誓"且准备擎旗作健儿"⑬。

另外，当时胡适在自己的学位论文中还提出了一个重大的文化命题，即中西文化的交流与融合问题。胡适认为：现代中国在文化上面临一个严峻的问题是："我们应怎样才能以最有效的方式吸收（西方输入的）现代文化，使它能够同我们的固有文化相一致、协调和继续发展？"换言之，"我们在哪里能找到可以有机地联系现代欧美思想体系的合适的基础，使我们能够在新旧文化内在调和的新的基础上建立我们自己的科学和哲学？"胡适当时曾表示，他在学位论文中所作的相关研究，希望"可以使中国避免因不经批判地输入欧洲哲学而带来的许多重大错误"[14]，这样的意愿实际上也构成了胡适的"文化使命感"的基本内容之一。联系到胡适在留美学成归国前夜有诗赠友人说：

> 故国方新造，纷争久未定。学以济时艰，要与时相应。文章盛世事，今日何消问？[15]

这里的"文章盛世"句，明显典出曹丕的《典论·论文》（"经国之大业，不朽之盛事"），指的是那些旨在促进新的思想文化建设的著述。应该说，胡适的"文化使命感"至此又有了切实的发展，即寻到了落实的载体（文字著述），而这又是他所擅长的。

在归国投身方兴未艾的"五四"新文化运动之初，胡适还对自己如何履行"文化使命感"的问题，确立了更切实而明晰的目标定位，根据他在几年后的追述，即：

> 一九一七年七月我回国时，船到横滨，便听见张勋复辟的消息；到了上海，看了出版界的孤陋，教育界的沉寂，我方才知道张勋的复辟乃是极自然的现象，我方才打定二十年不谈政治的决心，要想在思想文艺上替中国政治建筑一个革新的基础。[16]

应该说，从胡适在"五四"时期的所有社会活动来看，无论是教学、著述、演讲和社会指导，也无论是涉及文学革命、教育改

革、道德建设与思想方法等各个思想文化领域以及家庭婚姻、妇女
解放等社会问题，包括在若干狭义的学术文化活动中的建树（如丰
富与完善"文学革命"理论、介绍科学的思想方法、建立"新红
学"、诱导"古史辨"讨论等等），其性质无不都是对"文化使命
感"的践行，即从思想文艺问题入手，以为中国政治革新而建筑基
础。更重要的是，胡适在"五四"时期为求得当时的新文化运动的
深入发展，还高屋建瓴地提出了纲领性与方向性的意见，即：

输入学理，研究问题，整理国故，再造文明。⑰

这里对于"再造文明"的方向与目标的揭示，显然是胡适对他
本人在前一阶段所提出的那个如何争取中西文化交流与融合的文化
问题的富有启迪性的初步回答，而这样的语言表述，在实际上又是
表明胡适对于自己的"文化使命感"设定了新目标。换言之，至
此，胡适的"文化使命感"不再只是个体的，而同时也是期待全民
族的知识分子为之共同奋斗的最终目标。从这一意义上说，如撇开
意识形态问题的争论，胡适不愧为那个时代的中国进步知识分子的
精神领袖⑱。

在"五四"后的一段时间里，胡适对于自己所服膺的"文化使
命感"及其践行的问题，结合到对于一些具体学术文化问题的思
考，又有一系列新的表述，其中重要的如：

关于坚持"五四"新思潮的宣传。在"五四"落潮之初，胡适
因惋惜《新青年》的旨在"文学革命与思想革命"的"这个使命不

幸中断了"，于是本着"至今还认定思想文艺的重要"的理念⑲，又通过自己的另一些活动（如创办《努力周报》附《读书杂志》，参与"科学与玄学"的思想论争等），意在"再下二十年不绝的努力，在思想文艺上给中国政治建筑一个可靠的基础"⑳。

倡导"学术救国"。即强调各专业知识分子立足本职岗位发展民族科学文化："救国不是摇旗呐喊能够行的，是要多少多少的人投身于学术事业，苦心孤诣实事求是的努力才行"，"我们（知识分子、大学生）的责任是在研究学术以贡献于国家社会"。㉑

开展"整理国故"的活动。胡适在宣传"整理国故"的问题时特别警惕文化保守主义者（"国粹派"）钻空子（借尸还魂），同时也含有某种"纠偏"的考虑，两者相结合，所以尤其强调"科学方法"的运用，要旨为"用历史的眼光来扩大国学研究的范围"，"用系统的整理来部勒国学研究的资料"，"用比较的方法来帮助国学的材料的整理与解释"。㉒而针对国人对于"整理国故"问题上的种种误解，胡适还特别提出："我们的使命是打倒一切成见，为中国学术谋解放。"㉓

关于民族文化发展道路的探求，胡适认为，中国文化在历史上经过多次复兴运动，可惜由于种种原因，"返老还童的目的，仍是没有达到"㉔，而国内文化保守主义者鼓吹所谓的"中国本位的文化建设"，其"根本错误在于不认识文化变动的性质"，为此，胡适旗帜鲜明地主张："我们肯往前看的人们，应该虚心接受这个科学工艺的世界文化和它背后的精神文明，让那个世界文化充分和我们的老文化自由接触，自由切磋琢磨，借它的朝气锐气来打掉一点我们的老文化的惰性和暮气。"⑤

综上所述，可获得如下几点最基本的认识：

第一，胡适确立的"文化使命感"的根本性题旨是：经由一系列切实的学术文化活动，通过革新与改造民族传统文化，以此促使中国文化获得顺应世界文化潮流的进步与发展，最终求得中国社会包括思想文化在内的全面现代化。关于这一点，诚如胡适晚年曾对记者所揭示说：自己的思想——自己的"葫芦"里到底是什么"药"——"葫芦里的'微物'，那就是要为中国文化、思想、教育，建立新的基础。"⑥

第二，胡适在少年学生时代因读《天演论》而获得一种睿智的觉悟，由此初步形成自己的"文化使命感"，之后又因受时代文化风潮的感染与刺激，到了中壮年时期进而使得这一"文化使命感"完全牢固地确立，显得更为丰富、饱满，并具有切实的可操作性了。这样，从"为国造因"的整体立志到确定"再造文明"的终极目标，从提出为国家民族的社会政治进步而建立"革新的基础"的愿望，再到对这一"基础"内容的把握具体落实在"为中国学术谋解放"的问题上，如此从感性的激奋到理智的思虑，从笼统的表述到富有逻辑的论证，再加上在实践层面上的活动，如此理论与实际的结合，就充分表明：胡适所确立的"文化使命感"，并非一时心血来潮，不是"五分钟的热度"，也不是慷慨激昂的空话大话，或者是哗众取宠的作秀。总之，完全是作为一位生于忧患的深沉的爱国知识分子，面对国家民族处于社会政治与文化转型时期，所表现出来的一种自觉的大义凛然的文化担当。

　　第三，进一步说，胡适之所以确立这一"文化使命感"，主要不是为了设计个人的世俗意义的人生道路，即考虑如何实现所谓个人的"人生价值"，而完全是本着深沉的爱国主义立场，在明确了作为中国现代知识分子的个体对国家民族负有天然的责任与义务的基础上，才郑重选择的一种人生态度。只不过，这种人生态度的选择即"文化使命感"的确立，充分考虑到了知识分子的特点问题，包括对于本人作为中国现代知识分子的思想素质的水平以及从事相应文化活动的能力等的充分自信：自己应该可以而且也能够去承担那种为同时代其他知识分子所不愿去、或没有能力去承担的那部分意义重大、任务艰巨的工作。

　　以上第二、第三两点其实是有联系的。胡适在著名的《文学改良刍议》一文中有这样一段往往为人所忽视的话：

　　　　国之多患，吾岂不知之？然病国危时，岂痛哭流涕所能收效乎？吾惟愿今之文学家作费舒特（Fichte），作玛志尼（Mazzini），而不愿其为贾生、王粲、屈原、谢皋羽也[①]。

　　所谓"贾生、王粲、屈原、谢皋羽"者，系中国历史上面临亡国危机而痛哭流涕的著名文人，通常也被誉为"爱国主义文学家"；至于费舒特（Fichte）、玛志尼（Mazzini）则是欧洲近代史上杰出的为着争取本民族国家意大利的独立、自由和解放而矢志不渝终身奋斗的英雄人物。他们与"贾生、王粲、屈原、谢皋羽"等人的重大区别在于：面对着亡国局面，不像"贾生、王粲、屈原、谢皋羽"那样，只是满足于在诗文中反复痛哭，而是毅然投身于实际的救国活动。胡适在这里表达的意思十分清楚：尽管像"贾生、王粲、屈原、谢皋羽"那样也是爱国的，但爱国者重要的在于要有实际行动——显然，在胡适看来，知识分子本着深沉的爱国主义立场而做相应的工作，即使是思想文化工作，如对国人作思想启蒙等，同样是重要的实际的爱国行动，这远比写写"痛哭流涕"式的诗文更有实际意义。显然，只要理解了胡适的这段话，就可以深切地把握胡适所确立的"文化使命感"的思想真谛。

胡适践行"文化使命感"的形态与特点

胡适既已确立并反复强调自己的"文化使命感"，也就注重践行，而且是终身的和全方位的。由于他还公开提出过反对"目的热、方法盲"的思想命题⑧，所以在践行"文化使命感"时又很注重方法问题。惟其如此，胡适对于自己的"文化使命感"的践行，也就显现了不少特点，既是"胡适之"式的，又具有普遍的启示意义。

抵制诱惑，慎对参政从政的机会

胡适唯其以文化使命感而矢志终身从事思想文化工作，便保持人格，甘守清贫，绝不艳羡官宦生涯、谋求仕途之利，而是坚决抵制参政从政的诱惑，尽管有的参政从政机会并不需要自己以降身辱志来换取，而是当局出自诚意、虚位以待。如 1930 年代初，胡适当时任教于北大，除了授课与著述外，还因兼任教务长而须处理大量杂务，业余又与一班友人一起自筹资金编辑出版非营利性的《独立评论》周刊，终日辛劳。在这种情况下，面对国民政府的首脑人物蒋介石和汪精卫的关于参政从政的多次邀请（官职为驻德大使、外交部长或教育部长等），他均予以婉拒。当然，胡适也有从政的经历，但这属于特殊情况，即在抗战初期一度出任国民政府驻美大使，用胡适自己的话来解释，那是因为"现在国家到这地步，调兵调到我，拉夫拉到我，我没有法子逃，所以不能不去做一年半年的大使。我声明，做到战事完结为止。战事一了，我就回来仍旧教我的书"②。事实也大致如此，在 4 年后大使任期届满，他就卸任转而重新从事被中断的学术文化活动。

重视学术文化机构的岗位并认真履行职责

从广义上说，胡适一生也做过一些官，这是指他曾在几个学术文化机构里担任过行政领导职务，主要有：中国公学校长（1928—1931）、北大校长（1945—1949）、"中央研究院"院长（台湾，1958—1962）等。由于这样的职务岗位对一个践行文化使命感的知识分子来说，实际上是一个不可或缺的工作平台，所以胡适是很看重的，并且积极认真地履职，其中不乏创新的思路和举措。例如，他在中国公学校长任上对于中国公学的教学体制的革新（包括筹组负责任的董事会、改善与健全校务管理、多方延请名师、为提高办学质量水平而调整课程设置等等），无疑是值得肯定的。尤其在北京大学校长任上，面对复杂的社会政治局势，他对安抚学生的情绪和安定学生的生活、保持与稳定正常教学秩序等方面，尽可能地做了大量工作，这大致也是不错的。

为发展民族的科学教育文化事业，高瞻远瞩地提出带有全局性战略意义的问题和意见

在抗战胜利后不久，胡适郑重其事地提出了旨在提高中国高等教育水平的"学术独立的十年计划"，主要内容为通过集中财力建设国内的 10 所重点大学，以期"在十年之中建立起中国学术独立的基础"。所谓"学术独立的基础"，包括"提高各大学研究的尊严""减少出洋镀金的社会心理""让国内有资格的大学自己担负授予博士学位的责任"和"修正学位授予法"等等。[30] 在同一时期，胡适还提出了"建立国防工业"的重要设想，即通过延请留美的华裔核物理学家回国，"在北京大学集中全国研究原子能的第一流学者，专心研究最新的物理学理论与实验，并训练青年学者，以为国家将来国防工业之用"[31]。以上建议虽然没有得到当时正忙于打内战的国民党政府的采纳，但作为一种发展民族科学文化教育的战略思考，显然是难能可贵的。另外，胡适也善于结合履职而制定高水准的文化发展目标，如在接任台湾"中央研究院"院长时宣布的三个愿望，其中第一条是："近日台湾，将来大陆，应成为世界汉学中心。"[32] 应该说，撇开某些政治因素，这样的履职目标与文化愿望，同样是值得尊重的。

重视本人的学术文化活动，并与践行"文化使命感"挂钩而追求创新

胡适集中精力，通过自己日常的职业性学术文化活动而践行"文化使命感"，大致始于"五四"前后，即留美归国投身新文化运动以来。在整个新文化运动时期，胡适之所以主动参与思想文化各个领域的斗争，又之所以采用了一个知识分子所能采用或曰比较擅长的形式与方法如教学、著述、办报、演讲、社会指导等，主要原因之一，在于他本人认为这正是践行自己文化使命感的主要途径，所以相当重视，决不苟且，并且尽可能追求创新。事实上也是如此，并且实际产生的文化效果也是不俗的。且不说他所倡导的"五四文学革命"的重大而深远的意义，其他如对于实验主义思想方法的介绍，在中国传播了科学的思想方法的新观念；对于"易卜生主义"的宣传，在中国引发了"个性解放"的进步社会思潮；对于《红楼梦》的有关考证研究，引导了"新红学"的建立；对于学生顾颉刚的读书指导，也诱发了著名的"古史辨"的讨论与"疑古学派"的建立；等等。这一切都显然推动了中国现代思想文化的进步。

另外，还有一点：关于胡适在践行文化使命感过程中具体的文化表现，尽管细小，却是值得特别重视的，这就是胡适的著述态度。他曾郑重地表示：在自己的著述活动中，总算不曾做过一篇潦草不用气力的文章，总算不曾说过一句自己不深信的话："只有这两点可以减少我良心上的惭愧。"③检索胡适一生的著述文字，的确

如此。应该说，在中国现代知识分子群体中，著述数量有比胡适多的或少的，但敢于说这样的话的，几乎没有。

当然，胡适在践行文化使命感的过程中，在今天看来也有若干可议之处。例如，有时太迁就个人的学术趣味，以致选择了某些事倍功半的研究课题，多少浪费了学术精力，典型的如对于《水经注》版本研究的历史悬案（戴是否窃赵）的考证，虽前后延续20年时间而最终未能求得为学术界同行所一致认可的结论，洵为可惜。

至于有人时常讥笑胡适的另一个问题——其两部学术代表作（《中国古代哲学史大纲》与《白话文学史》）都未在生前写完全书，这却是可以作具体分析的。笔者认为，从表象看，这两部重要学术著作的确可以说是没有"写完"，所以胡适自己在晚年也一直视之为一笔"学术债务"。不过，从实际情况看，他在生前大致已经完成了这两个学术研究课题的研究，只是最终的研究成果在知识形态上具有特殊性而已——

关于《中国古代哲学史大纲》。根据题旨，理应对整个中国古代时期的哲学史现象作完整的评述，但出版于"五四"时期的《中国古代哲学史大纲》（上卷）只是写到秦统一之前。本来，胡适是要继续写下去的，但鉴于汉代以来的中国哲学史（思想史）因印度佛教的东传而出现许多新情况，而当时国内学术界对于这方面相关资料的收集与整理尚不完备，不少原为敦煌所藏的资料却被西方国家占有，为此，胡适不得不一度搁笔，直到1926年借赴英国开会的机会，才在英、法两国的文物机构查寻和摘抄了所需的若干重要资料。在这基础上，胡适便继续从事中国古代哲学史的研究，同时在有关高校讲课并编写讲义。大致在 1930 年代他所写成的《中国中古思想史长编》（共七章）曾先由上海的中国公学以讲义形式油印，其中部分章节又公开发表。另外，1931—1932 年间任教北京大学时，胡适又编写了题为《中国中古思想小史》的讲义（共十二讲），并交付北京大学出版部铅字印行（以上两份讲义现被收入《胡适全集》第 6 卷）。如果说以上两份讲义对中古哲学史（思想史）的研究论述还只限于从秦汉、魏晋到隋唐时期，那么，胡适的另一些单独写作出版的专题论著，主要是对宋元明清时期的若干重要思想家，如程廷祚、颜习斋、朱熹、邵雍、程颐、李塨、郭象、戴东原等的个案研究的文稿，其内容无疑是对前两书的续接。依当时知识界的理解，"先秦（上古）"加"中古"即为一般意义上完整的古代。因此，上述两份讲义的编写与出版，加上上述已发表的其他论著，表明胡适对于"中国古代哲学史"课题的研究与著述在事实上的完成，只是胡适出自严肃的学者的谨慎态度，对有关书稿视之为可能尚不成熟的"讲义"，而不以成熟的学术专著自诩。应该说，在现代学术观念中，一位学者编写的大学教材（"讲义"）与所谓正式公开出版的"学术专著"之间，是不存在质的区别的。既然如此，我们还能说胡适对他所开创的"中国哲学史"的课题研究只留下了"半部书"吗？

　　再说《白话文学史》。诚然，1928 年出版的《白话文学史》（卷上），对整个中国文学发展史的评述只写到中晚唐（白居易）。但是事实上，胡适在这前后还陆续编写、出版了下列重要著述：

《词选》，该书的长篇"序言"以及为各词家编写的小传，实际上对唐五代和两宋时期的中国文学（以"词"为中心）作了由点到面的翔实的评述；

《宋元话本小说序》，该文通过对宋元时期的话本小说的考证与研究，又勾勒并科学评价了一个断代的专门问题的文学史现象；

《中国古代章回小说考证》㉞，该书通过对宋元明清期间涌现的中国古代小说的 10 余部代表性作品逐一考证研究，提出并解决了中国小说发展史研究中的若干重要问题，其实际知识容量，大致相当于半部系统的"中国小说史"，或半部断代的"中国文学史"；

《五十年来中国之文学》，该长篇论文，系对 1872—1922 年间的中国文学史现象的系统的全方位的评述，并且特别抓住了中国古代文学经由晚清（近代）时期的特殊发展演变而衔接过渡到"五四"新文学的重要的主线索，由此解答了有关中国文学新旧转型的若干重大问题，史识与史才均属一流。

综合以上各种著述情况，可以认为，胡适作为一个中国文学史家，他对整个中国文学发展的整体风貌和一系列重大个性特点的把握与研究是完整的，在知识形态上也有着相应连贯和完整的表述，其中又不乏创新见解。惟其如此，讥笑胡适只写了"半部"《中国文学史》，也是没有道理的。

两个问题的探讨和一个简要的结论

在对胡适的"文化使命感"及其践行活动作价值判断时，可能会遇到两个问题，不妨提出来作一番探讨。

其一，有人或许会说，胡适的"文化使命感"及其践行，在政治思想上是改良主义性质的，所以不值得肯定。诚然，胡适的"文化使命感"及其践行，具有明显的改良主义性质，而改良主义也的确是与马克思主义的"社会革命论"相对立的。然而问题在于，在半封建半殖民地的旧中国，不少爱国知识分子所信奉的"改良主义"有没有一定的积极意义（进步意义）？笔者的理解与回答是肯定的⑤。因为中国近现代史上所涌现的改良主义思想（思潮），尤其是爱国的进步知识分子对于它的理解，一般说来主要是看重它的思想启蒙意义，而这种"启蒙"与"社会革命论"者所强调的"救亡"，在"爱国"乃至"救国"的问题上，虽有一定的差异，却无根本区别，甚至可以说，"启蒙"本身即是"救亡"的手段与途径之一。换言之，"启蒙"活动本身也总含有一定的"救亡"性质，因为"启蒙"所追求的最终目标与"救亡"是完全一致的。对此，胡适早在留学美国时，就有一种理性的思考与认识：

> 作为个人来说，吾倒宁愿从基础建设起。吾一贯相信，通向开明而有效之政治，无捷径可走。……吾个人之态度则是，"不管怎样，总以教育民众为主。让我们为下一代，打一个扎实之基础。"
>
> 这是一个极其缓慢之过程，十分必须之过程，可是，人却是最没耐心的！以愚所见，这个缓慢之过程是唯一必需的："它既是革命之必需，又是人类进化之必需。"⑯

既然如此，中国现代知识分子中的信奉"改良主义"的启蒙主义者的言行，都是值得肯定、值得尊重的。

其二，有人或许也会说，胡适确立"文化使命感"的思想前提之一"民族文化反省"论，其中含有一种不值得肯定的"民族虚无主义"的观念。说胡适所确立的"文化使命感"的思想前提之一是"民族文化反省"论，这大抵是符合事实的。但胡适坚持的"民族文化反省"论，绝非所谓的文化上的"民族虚无主义"，关于这一点，笔者也曾有专文作过论证®，现在还可以补充强调说：其实胡适早年（中学阶段与留美之初）一度也是受"国粹派"思想影响的，只是他在认真地、实事求是地比较了中西文化之后，经过独立思考，才获得一种新的思想觉悟以及相应的文化结论，即开始承认以"科学与民主"为核心的西方近代资本主义文化，整体上先进于以孔儒学说为主体的中国封建主义的传统思想文化，因此西学值得为中国人所学习吸收。®应该说，这样的文化结论是合乎事实的，并非有意地扬西抑中；而敢于承认这一点，乃是理智的表现，所依据的正是中国传统思想文化中的某一合理的思想逻辑（即"知耻近乎勇"）。所以，这样的"民族文化反省"论不仅与所谓的"民族虚无主义"无涉，而且又是对"民族自大狂"一类落后的民族意识®的必要纠正。总的说来，胡适根据"民族文化反省论"而确立自己的"文化使命感"，其实是反映了一位深沉的爱国者在文化上清醒的忧患意识，以及迫切渴望革新与发展民族思想文化的责任意识。胡适当年在辨析"全盘西化"与"充分世界化"问题时指出：

　　文化上的大趋势、大运动，都是理智倡导的结果，这是毫无可疑的。……我们必须承认，在文化改革的大事业上，理智是最重要的工具，是最重要的动力。[40]

　　如果我们现在还承认这一点，那么就容易理解：为什么胡适闪烁着理智光芒的"民族文化反省论"，较之同时代的"国粹派"人物无不感情充沛地倡导的"尊孔读经"论之类，更能够警醒中国人。

　　综上所述，可以获得一个简要的结论——

　　作为中国现代民族知识分子思想代表的胡适，他的"文化使命感"的确立及其践行，从根本上说，乃是从深沉的爱国主义立场出发，本着对世界文化潮流的把握，立足于中国国情（包括文化国情），而励志以个体的社会文化活动，报效于民族和国家社会进步与发展（尤其是整体的思想文化建设，又集中表现为提高国民思想文化素质）的一种可贵的努力，其实质是一种"文化报国"。如果说有什么"胡适思想"的话，此即"胡适思想"的精髓；如果说有什么"胡适精神"的话，这同样是"胡适精神"中最具光彩、也最具有深刻文化价值内涵的一面。

　　还应该说，由于胡适在中国现代思想文化史上的重要地位，胡适"文化使命感"的确立及其践行，还产生过重大的社会影响，曾为他的学生辈和追随者们所仿效。或者说，"五四"以来，事实上有不少知识分子，因自觉不自觉地受胡适思想言行的感染，在自己的人生道路上，尤其是在对待自己所从事的社会职业文化活动中，多多少少也表现了"胡适之式"的形态。例如，西南联大的以高级知识分子为主体的教师群，在极其艰苦的工作环境与生活条件下，坚持教学与科研工作，并取得不俗的成绩；著名艺术家常书鸿几十年如一日守护敦煌艺术，为中国的"敦煌学研究"作出巨大贡献；老学者陈寅恪即使在受冷落的晚年，面对命运可能的转机，仍然坚持强调"独立之精神，自由之思想"为其从事学术文化活动不可动摇的原则。如此等等，在上述当事人身上，无疑都体现了一种胡适式的中国现代知识分子的"文化使命感"。由此可以认为，胡适"文化使命感"的确立及其践行，以及在社会上发生的实际影响等，又构成了"五四"以来现代中国的一种显著的社会文化形态。

有学者指出：在当代中国社会，事实上存在两种文化传统：一是以儒家思想为主导的古代文化传统，二是从"五四"开始形成的新文化传统；后者与前者"既有历史联系又有很大区别"，"在思想上有力地推动中国走上现代化道路，从而开辟了一个新时代"①。笔者赞同这样的认识，并且进而认为，上述社会文化形态，正是那个"从'五四'开始形成的新文化传统"的组成部分之一。当前，如果我们承认需要弘扬那个"从'五四'开始形成的新文化传统"的话，那么，充分肯定胡适"文化使命感"的确立及其践行，无疑是一个逻辑前提。

[注释]

① 据巴人回忆，"有些左联的领导人，对作家最紧迫的要求，就是走上街头去示威游行"（《杂忆、杂感和杂抄——纪念鲁迅先生》），茅盾的回忆也证实这一点（《"左联"前期》）。有的研究者还根据冯雪峰的回忆文字（《一九二八至一九三六年见上海左翼文艺运动两条路线斗争的一些零碎参考材

料》，收入《雪峰文集》第 4 卷）进而分析指出：当时"立三路线的执行者虽然并不强求鲁迅上街游行，但还是希望他能够以实际行动来配合这条政治路线。1930 年 5 月 7 日晚上，李立三亲自出马，约鲁迅到爵禄饭店去谈话，要鲁迅公开发表一个宣言，表示拥护立三路线的各项政治主张……但鲁迅没有同意"。以上材料均转引自吴中杰著《鲁迅传》，复旦大学出版社 2008 年版，第 332—333 页。

② 又据冯雪峰回忆，鲁迅当年曾明确表示："知识分子本身的工作，还是思想的工作。"（《关于知识分子的谈话》，转引自《我心中的鲁迅》，湖南人民出版社 1981 年版，第 158 页）。案：鲁迅在《对于左翼作家联盟的意见》中说，"知识阶级有知识阶级的事要做，不应特别看轻"，表达了同一思想。顺便说，当年中共另一高级干部瞿秋白倒是真正理解与尊重鲁迅的，这从瞿氏曾自嘲自己是"犬耕"一事中也可以得到合理的推论。

③ 关于"继绝学"的命题，由宋儒张载明确提出："为天地立心，为生民立命，为往圣继绝学，为万世开太平。"（《语录拾遗》）其中"为往圣继绝学"的要旨可理解为：继承民族文化的传统，并推进民族文化的革新与建设；值得注意的是，其紧接着说"为万世开太平"，则表明张氏是把文化的革新与建设视为实行良好政治之前提（基础）环节的。

④ 胡适在五四时期对"健全的个人主义"的倡导的主要言论，见《易卜生主义》（《新青年》第 4 卷第 6 期，1918 年 6 月，稍后在收入《胡适文存》时略有修改）。这一"健全的个人主义"论，"主张个人须要充分发达自己的天才性，须要充分发展自己的个性"（《胡适全集》第 1 卷，安徽教育出版社 2003 年版，下同，第 612 页）。

⑤ 拙著《鲁迅胡适郭沫若连环比较评传》（上海文艺出版社，1991 年版）的卷末文字中曾首次提出中国现代知识分子的"文化使命感"问题，并对鲁、胡、郭三人的"文化使命感"及其践行的情况，作了初步分析。本文的思

考意见较之有所修正。

⑥ 胡适:《物竞天择适者生存试申其义》(中学作文,1906),初刊上海澄衷中学《智识》(1924 年 6 月 16 日),转引自耿云志著:《胡适年谱》,四川人民出版社 1989 年版。

⑦ 希疆:《本报之大纪念》(《竞业旬报》第 29 期,1908 年),收入周质平编《胡适早年文存》,台湾远流出版事业股份有限公司,1995 年版。《胡适全集》第 21 卷,第 74—75 页。

⑧ 胡适:《非留学篇》,初刊《中国留美学生年报》(第三年本,1914 年)。《胡适全集》第 20 卷,第 18 页。

⑨⑩ 胡适:《再论造因,寄许怡荪书》(1916 年 1 月 25 日),收入《胡适留学日记》,《胡适全集》第 28 卷,第 306、306 页。

⑪ "中国科学社"系中国最早的现代科学学术团体,由留美学生于 1914 年 6 月在康奈尔大学发起,次年 10 月在哥伦比亚大学正式成立,1918—1949 年间在国内开展活动。胡适与 10 位发起人(任鸿隽、赵元任等)关系密切,对该社的发起与日后的活动亦多有支持(有关发起情况,即由《胡适留学日记》记载)。目前国内的有关中国科学社的评述性文本,往往不提胡适之名,此非历史主义态度。

⑫ 胡适:《论译书寄陈独秀》(1916 年 2 月 3 日),收入《胡适留学日记》,《胡适全集》第 28 卷,第 318 页。

⑬ 胡适:《沁园春·誓词》(1916 年 4 月 13 日),收入《胡适留学日记》,《胡适全集》第 28 卷,第 353 页。案:胡适后来几次修改该词的文句,但这一基本精神不变。

⑭ 胡适:《先秦名学史·导论》(1917 年),《胡适全集》第 5 卷,第 10、11、13 页。

⑮ 胡适:《文学篇——别叔永、杏佛、觐庄》(1917 年 6 月 1 日),收入《尝试

集》，《胡适全集》第 10 卷，第 69—70 页。

⑯ 胡适：《我的歧路》（1922 年 6 月 16 日），收入《胡适文存二集》卷三，《胡适全集》第 2 卷，第 467 页。

⑰ 胡适：《新思潮的意义》（1919 年 11 月 1 日），收入《胡适文存》卷四。案："研究问题，输入学理，整理国故，再造文明"系《新思潮的意义》一文的副题，《胡适全集》第 1 卷第 691 页。

⑱ 关于胡适实际上成为中国现代知识分子的精神领袖问题，文化界其实是认同的。如反动人士早就讽刺说：五四后的青年人往往"以适之为大帝，以绩溪为上京，遂乃一味于胡氏文存中求文章义法"。（章士钊：《评新文化运动》，原刊《新闻报》1923 年 8 月 21—22 日，转引自《中国新文学大系》之《文学论争》集），而"左"派人士直到 1954 年还承认："在某些人的心目中胡适还是学术界的孔子。这个'孔子'我们还没有把他打倒。"（《中国科学院郭沫若院长关于文化艺术界应开展反对资产阶级错误思想的斗争，对光明日报记者的谈话》，原刊《光明日报》1954 年 11 月 8 日。）

⑲ 胡适：《答伯秋与傅思稜两先生》（1922 年 5 月 27 日），系《我的歧路》之附录，《胡适全集》第 2 卷，第 475 页。

⑳ 胡适：《与一涵等四位的信》（1923 年 10 月 9 日），收入《胡适文存二集》卷三，《胡适全集》第 2 卷，第 513 页。

㉑ 胡适：《学术救国》（1926），《胡适全集》第 20 卷，第 143、145 页。

㉒ 胡适：《国学季刊发刊宣言》（1923 年 1 月），收入《胡适文存二集》卷一，《胡适全集》第 2 卷，第 17 页。

㉓ 《胡适的日记》（1922 年 8 月 26 日），《胡适全集》第 29 卷第 725 页。

㉔ 胡适：《中国再生时期》（1935 年 1 月 12 日），初刊《梧州日报》（1935 年 1 月 22—25 日），《胡适全集》第 13 卷，第 185 页。

㉕ 胡适：《试评所谓"中国本位的文化建设"》（1935 年 3 月 30 日），初刊

《独立评论》第 145 号（1935 年 4 月 7 日），收入《胡适文存四集》，《胡适全集》第 4 卷，第 583 页。

㉖ 彭麒：《天，为什么不许他再活十年》，初刊台湾《征信新闻》（1962 年 2 月 26 日），转引自《胡适之先生纪念集》（台湾学生书局 1973 年 9 月再版）。

㉗ 胡适：《文学改良刍议》（1917 年 1 月），初刊《新青年》第 5 卷第 2 号（1917 年 1 月），收入《胡适文存》，《胡适全集》第 1 卷，第 8 页。

㉘ 胡适曾明确指出："如果是为了实际的改革，那就应该使主义和实行的方法，合为一件事"，换言之，须反对那个"不单是中国人"的"一个大毛病"：一方面是"目的热"，一方面是"方法盲"。见《问题与主义》（1919 年），收入《胡适文存》卷二，《胡适全集》第 1 卷，第 351 页。

㉙ 胡适：《致江冬秀》（1938 年 9 月 24 日），《胡适全集》第 24 卷，第 408 页。

㉚ 胡适：《争取学术独立的十年计划》，初刊《中央日报》（1947 年 9 月 28 日），《胡适全集》第 20 卷，第 235 页。

㉛ 胡适：《致白崇禧、陈诚》（1947 年），收入《胡适来往书信选》，《胡适全集》第 25 卷，第 285 页。

㉜《敬悼胡适博士》，初刊台湾《新生报》（1962 年 2 月 25 日），转引自《胡适之先生纪念集》（台湾学生书局 1973 年 9 月再版）。

㉝ 胡适：《胡适文存·序例》（1921 年 11 月 29 日），收入《胡适文存》（上海亚东图书馆 1923 年版），《胡适全集》第 1 卷，第 2 页。

㉞ 该书当为伪满的"大连实业书店"于 1942 年盗印的本子，系从已在上海出版的《胡适文存》诸书中抽取同类文稿汇编而成，虽不完整（因为还有几篇重要篇什漏收），但流传甚广，直至 1980 年代还被有的出版社影印出版，在客观上成了胡适文学研究论著的一个重要选本。

㉟ 关于对中国近代改良主义思想（思潮）的政治性、哲学性的分析探讨，参见拙稿：《改良主义问题考释》，加拿大《文化中国》（季刊，中文）2002 年

第 3 期（总 34 期）。

㊱ 胡适：《论革命》，《胡适留学日记》（1916 年 1 月 31 日），《胡适全集》第 28 卷，第 316 页。

㊲ 参见拙稿《论胡适的"民族反省"思想》，《胡适研究丛刊》第一辑（北京大学出版社 1995 年版）。顺便说，国内知识文化界对于胡适郑重提出的"民族（文化）反省"思想，长期以来多有误解而少有严肃的思索、接受，所幸近期在《文汇报》组织的"创新障碍在哪里"的讨论中，有的学者明确承认：我民族文化传统事实上构成了某种"科学创新的文化障碍"，进而认定："文化反思已成当务之急"，应"提倡文化反思，促进科学创新。"（汪品先：《直面科学创新的文化障碍》，《文汇报》2011 年 2 月 27 日）显然，问题又回到了胡适在大半个世纪之前就提出的思想原点。这一问题希能引起国人的重视。

㊳ 胡适发表在《竞业旬报》上的文稿中，对中国传统文化就多有溢美之词，但从留美以来，他逐渐纠正了自己这一思想观点，而这正表明了胡适思想的发展。关于这一问题的分析，参见周质平先生的论文《胡适早期思想中的"爱国"》（收入《胡适早年文存》，台湾远流出版事业股份有限公司 1995 年初版）。

㊴ 五四时期，鲁迅曾著文对"民族自大狂"的思想意识作深刻的揭露与批判，参见《热风·随感录三十八》（初刊《新青年》第 5 卷第 5 号，1918 月 11 日）等文。应该说，在这一点上，当时胡适与鲁迅的思想观点大致是接近的，人们对之不应采用"两种标准"。

㊵ 胡适：《答陈序经先生》（1935 年 7 月 9 日），初刊《独立评论》第 160 号（1935 年 7 月 21 日），《胡适全集》第 22 卷，第 323 页。

㊶ 王铁仙：《两种中国文化传统：区分、辩证与融通》，《中国社会科学》2010 年第 5 期。

胡适与辛亥革命

胡适（1891—1962）无疑是经历过辛亥革命（1902—1912）历史时期的。英雄造时势，时势造英雄。关于胡适与辛亥革命的关系问题，如下几点是值得关注的。

胡适早年在一定程度上参与了辛亥革命的活动

胡适就读地处吴淞的上海中国公学期间（1906—1910），由于该校实际上由当时的革命党人（同盟会员）所创办并控制，该校师生中有不少革命党骨干成员（如于右任、马君武、但懋辛等）频繁地进行各种革命活动，校内还公开传阅革命派刊物《民报》，而胡适平时与这些进步师生的关系又十分密切，所以也在一定程度上参与了革命党人的活动。有关细节，胡适后来谈起来记忆犹新。例如，

　　　　有一晚十点钟的时候，我快睡了，但君来找我，说：有个

女学生从日本回国，替朋友带了一只手提小皮箱，江海关上要检查，她说没有钥匙，海关上不放行。但君因为我可以说几句英国话，要我到海关上去办交涉。我知道箱子里是危险的违禁品，就跟了他到海关码头，这时候已过十一点钟，谁都不在了。我们只好怏怏回去。①

另外，胡适当时还参与编辑（甚至实际主编）《竞业旬报》，该刊名义上为该校学生社团"竞业学会"的会刊，实质上是一份具有明显的革命宣传的意图与实际内容的公开出版物，所以国民党的史学家明确地称胡适为"民国前革命报人"的代表人物之一。②

还应该指出：胡适当时涉足辛亥革命的活动，并非是被动卷入，而是有相当的思想基础。这是因为，尚在胡适入读中国公学之前一年（1905），即革命思潮在全国范围内刚兴起不久，他不仅如饥似渴地偷偷捧读了邹容著《革命军》，甚至作了全文抄写；③与之相适应的一个举动是，胡适因对当时的清廷上海道袁海观祖护杀害中国老百姓的凶手（一名帝国主义分子、沙俄水兵）的做法严重不满，他除了坚决拒绝学校当局推荐的由上海道衙门主持的考试，还约了两位同学，直接写匿名信给袁海观，对其严词斥责。④这一做法的指归及其政治性质，显然与前几年由激进的留日学生发起的"拒俄运动"相近似，两者甚至可以说是一种暗合。

由此可以认为，后来国民党政府的以蒋介石为首的"党国要员"之所以能够在一定程度上对胡适表现了亲近、尊重和宽容的态度，究其根本原因，正在于胡适早在同盟会成立前后就在一度参与了辛亥革命的活动，大致属于国民革命的"元老"级人物。如果胡适没有这一历史政治资本，20 世纪 20 年代末，当他在"人权与约法"问题上首次与国民党政权发生尖锐冲突的时候，就不可能化险为夷。

辛亥革命对胡适人生道路的重大影响

在胡适的人生道路上，有几次重大的转折。其中的一次是：1912 年初，正在美国康乃尔大学留学的胡适，毅然决定由农科（农学院）转为文科（文学院）。而直接或间接诱导、促成这一重大转折的，正是因为辛亥革命（武昌首义）的爆发。

原来，1910 年胡适赴美留学，入康奈尔大学读农科，当时之所以选读农科专业，乃出自世俗的考虑（因农科不收学费，由此可节省若干公费以赡养在家乡的寡母）乃至庸俗的考虑（所谓"振兴家业"）[⑤]，以致有意压抑了本人的学科兴趣爱好与专长。而武昌首义发生，尤其是中华民国成立后，当时的美国民众对于发生了重大事变的古老中国一时产生浓厚兴趣，纷纷邀请留美的中国学生演讲，为他们介绍有关中国的各方面情况（尤其是"中国革命和共和政府"问题）。在这一背景下，经同学介绍，本擅长演讲的胡适自然成了当地的美国人争相邀请的演讲者。而对胡适来说，为了保证演讲的质量与水平，不得不化相当时间与精力研究近代中国社会政治史，尤其是资产阶级革命派的活动情况（包括一些著名的革命党人的生平思想等）。唯其如此，随着胡适的演讲活动的成功，他本人对演讲的兴趣更浓，再进一步，导致了他对中国文学兴趣的复振。与之相适应，即由农学院而转入文学院。

转入农学院后，胡适主修哲学，又以政治、经济、文学为副修科目，而正是这样的专业学习背景以及知识结构，又使得他稍后接触与接受了实验主义哲学，以致进一步升入哥伦比亚大学师从杜威专攻实验主义哲学。⑥

显然，类似于当年鲁迅的弃医从文，这一弃农从文的决定，对于胡适的人生道路与思想发展变化的影响也是根本性的，而细究起来，这一重大的人生转折，主要源于辛亥革命（武昌首义事件）的直接或间接诱导。胡适当年虽然可能并不完全意识到这一点，但他在思想感情上却已一定程度地把辛亥革命与自己的人生联系在一起，并表示愿意以自己的方式为之服务，以致在学成归国前夜有如此坦陈：

> 故国方新造，纷争久未定。学以济时艰，要与时相应。文章盛世事，今日何消问？⑦

至于胡适晚年作"口述自传"的时候，才相当明确地回忆指出："使我改行的另一原因便是辛亥革命"。⑧这一点，更是表明胡适在实际上完全承认了辛亥革命的发生对于自己的人生道路所带来的深刻影响。

胡适对辛亥革命的基本认识与评介

台湾"中央研究院"同人曾评论胡适"最看重中国近代的革命与进步"⑨，这是确切的，而这一点正是主要指胡适对于辛亥革命的伟大历史意义有着明确认识与高度评介，即胡适始终强调辛亥革命极大地推动了近代中国的巨大的历史进步意义，尤其强调辛亥革命所带来的近代中国的思想文化史的发展环境的重大变化。例如，胡适在谈到五四白话文运动的"政治原因"问题时有这样一段完整的话：

> 满清帝室的颠覆，专制政治的根本推翻，中华民国的成立（1911-12）。中国政治大革命虽然不算大成功，然而它是后来种种革新事业的总出发点，因为那个顽固腐败势力的大本营若不颠覆，一切新人物与新思想都不容易出头。戊戌（1898）的百日维新，当不起一个顽固老太婆的一道谕旨，就全盘推翻了。……我们若在满清时代主张打倒古文，采取白话文，只需一位御史的弹本就可以封报馆捉拿人了。……当我们在民国时代提倡白话文的时候……幸而帝制推倒以后，顽固的势力已不能集中作威福了，白话文运动虽然时时受点障害，究竟还不到"烟消灰灭"的地步。这是我们不能不归功到政治革命的先烈的。⑩

显然，这里强调辛亥革命为此后的中国社会的"种种革新事业的总出发点"，乃是对于辛亥革命的历史意义的最准确最到位的评价。

关于对梁启超与孙中山的历史地位的判定

这是与如何认识与评价辛亥革命相关联的大问题。1912 年秋，闻讯梁启超经过多年的政治流亡后随着帝制被推翻而得以归国的消息后，胡适写下了这样一篇日记：

> 阅《时报》，知梁任公归国，京津人士都欢迎之。读之深叹公道之尚在人心也。梁任公为吾国革命第一大功臣，其功在革新吾国之思想界。十五年来，吾国人士所以稍知民族思想主义及世界大势者，皆梁氏之赐，此百喙所不能诬也。去年武汉革命，所以能一举而全国响应者，民族思想政治思想入人已深，故势如破竹耳。使无梁氏之笔，虽有百十孙中山、黄克强，岂能成功如此之速耶！近人诗"文字收功日，全球革命时"，此二语惟梁氏可以当之无愧。[①]

应该说，梁启超自 1898 年被迫流亡海外之后，在十多年的时间里，先后创办《清议报》和《新民丛报》等，从鼓吹"开启民智"到倡导"新民"，坚持对广大国民进行思想文化的启蒙，即大量灌输西方近代资本主义的进步的思想文化观念，由此切实的引导了广大中国人民（通过留学生—知识青年）的政治觉醒，为他们勇于投身民族救亡运动提供了锐利的思想武器。这是梁启超在近代中国思想文化史上所留下的最大的历史功绩，而他所做的这"广泛思想启蒙工作"又是为当时一般性的号召"排满革命"的革命党人所"忽视"的。[12]从这一意义上，胡适强调梁启超为辛亥革命的"第一大功臣"，大体上是合乎实际的。至于所谓其作用胜过"百十孙中山、黄克强"云云，其实只是一种语言修辞手法，不过是胡适无意中袭用了梁氏之的"新民体"的笔法而已，不必深究。

当然，这段话多少也涉及到了对辛亥革命的另一角度的总认识问题。在笔者看来，在1902—1903年的"拒俄运动"高潮中成立的激进（革命）团体"军国民教育会"曾提出以"鼓吹、暗杀、起义"为三大行动纲领。[13]事实上，在以"拒俄运动"为启端的"辛亥革命"的全过程中，各地各团体的革命党人的革命活动在内容形式上均无不围绕这三方面，但就"鼓吹"一端面言，虽然梁启超并不强调"流血的革命"之类，但他所鼓吹的"民族主义""新民"主张，以及"自由""民主"之类，却是一种带有根本性的思想政治命题，比之革命党人单纯宣传的"排满革命"之类，显然是深刻地说到了点子上，任何激进的人们完全可以从中推演出更激进的政治主张及其相应的方法途经。正是从这一意义上可以说，胡适之所以特别肯定梁启超在辛亥革命期间的"鼓吹"工作的价值，乃是看到了辛亥革命形态的本身的复杂性和多层次现象。如此分析问题与认识问题，当是值得理解的。

至于胡适对孙中山的评价，一生有过多次，相对说来最主要的一次也是更郑重而又更完整的一次，是抗战时期在海外的一次专题演讲，他不仅明确肯定了孙中山领导辛亥革命的伟大历史功绩：进而还深刻指出了孙中山的历史贡献在抗战时期所仍然发生的重大的现实政治意义：

> 孙博士对中国民族主义最伟大的贡献在于他的个人领导中所蕴含着的巨大活力和力量。这使中国人民的民族意识重新复苏并成为不可抵抗的动力。首先反对满清的异族统治，继而反对外国对中国的占领。他亲眼见到了满清统治的被推翻，但历史无疑将充分肯定他在新民族主义运动中的作用，这一运动使中国的政治统一成为可能，能持久抵抗日本的侵略并取得最后胜利。[14]

显然，欲求胡适对于孙中山的整体的历史评价，当以此为主要依据，而不必过于拘泥其早年日记中的出自一个特定视角那段话，何况，个人的思想观点往往是发展变化的，胡适也是如此。

关于胡适的革命观

众所周知，胡适是坚定的政治改良主义者，总的说采，他是不赞成马克思主义的"社会革命论"的。既然如此，他又为什么能够充分肯定以暴力革命为基本手段的辛亥革命呢？

在笔者看来，这里有两个方面的问题：

首先，胡适有自己的政治逻辑。胡适对于革命与改良的关系问题，持如下基本的立场：

> 政府不许爱共和之士以和平手段改造国家，而夺其言论出版之自由，绝其生路，逐之国门之外，则舍激烈手段外，别无他道。党禁一日不开，国民自由一日不复，政府手段一日不改，则革命终不能免。政府今日翻然而悟犹未为晚，否则政府自取败亡耳。⑮

不难理解，根据胡适这样的逻辑思路，如果爱国者志在"以和平手段改造国家"，而昏庸的执政当局非但不容许反而对之百般阻扰压制（包括采取政治高压手段），在这种情况下，救国心切的爱国者改而走暴力革命之路，乃是势所必然，可以理解、理应支持的；因为这对革命者来说是"逼上梁山"，而对执政当局而言，则是咎由自取，自食恶果。一部近代中国革命史正是反复作如此证明：本来，康梁发动"戊戌维新"运动也不过追求自上而下的和平改良，但为满清当局的封建顽固派所不容（以致有"戊戌政变"），于是紧接着国内就有革命思潮的生成，以谋更激进的社会革命；即使是辛亥革命的领导人孙中山，在从事社会政治活动之初，何尝不是寄希望于和平改良，为此曾郑重其事满怀希望地上书李鸿章陈述改良之策。惟其遭到冷遇，才退而寻求"毕社会革命政治革命于一役"的革命途经。显然，胡适的上述政治逻辑，实际上是承认并强调辛亥革命发生发展的历史必然性和政治上的合理性。这表明，整体上作为政治改良主义思想家的胡适，惟其有深沉的爱国主义情怀以及追求进步、主持正义的思想底蕴，才会由衷地肯定某些具有革命性质的历史活动。

其次，胡适也有实验主义的理论依据。在辛亥革命十周年（1921）的某夜，胡适曾写了他平生所写的最激烈的一首诗，深切悼念在辛亥革命运动中因从事暗杀活动而不幸遇难的四位烈士：

> 他们是谁？
> 三个失败的英雄，
> 一个成功的好汉！
> 他们的武器：
> 炸弹！炸弹！
> 他们的精神：
> 干！干！干！[16]

值得注意的是，诗中的另一节还写道："他们不能咬文嚼字，他们不肯痛哭流涕，他们更不屑长吁短叹！"[17]联系到胡适在《文学改良刍议》中的一段话——

> 国之多患，吾岂不知之？然病国危时，岂痛哭流涕所能收
> 效乎？吾惟愿今之文学家作费舒特（Fichte），作玛志尼

（Mazzini），而不愿其为贾生、王粲、屈原、谢皋羽也。⑱

　　可以认定，胡适这里依据实验主义的理论，强调的是：凡立志改革的爱国者，理应投身实际的改革（革命）活动而不尚空谈，不能以终日痛哭流涕地吟诵"哀国之将亡"的诗篇为满足。据此，胡适认为，那些辛亥革命烈士的最可贵的正是那种义无反顾地投身实际的革命活动并不惜为之献身的英雄主义精神。

　　所谓实验主义的理论依据还有另一点：根据胡适的理解，"实验主义教训我们：一切学理都只是一种假设，必须要证实了（verifted），然后可算是真理"⑲。据此胡适又承认任何"政治实验"的正当性，如他甚至还一度表示："我们应该承认苏俄有作这种政治试验（即搞社会主义革命）的权利"，因为如此的"政治试验"与"美国试验委员会制与经理制的城市政府有同样的正当。这是最低限度的实验主义的态度"⑳。无疑的，正是在这一意义上，胡适才认为辛亥革命作为一种对某一救国主张（思想学理，如民族主义之类）的付诸实践的运动，乃是完全值得肯定的。

　　总的说来，唯其有上述的理论支撑，整体上作为政治改良主义思想家的胡适，除了有可能在一定程度上或一定范围里肯定历史上的某些革命运动，甚至也不妨碍他在某种特定的场合说出一些非常激烈的话语，如由于对民元时期北洋军阀政府的反动统治实在太失望了，在纪念辛亥革命十周年的前夜，胡适曾写一诗，借辛亥先烈鬼魂的口吻说：

　　　　大家合起来，

　　　　　赶掉这群狼，

　　　　　推翻这鸟政府；

　　　　　起一个新革命，

　　　　　造一个好政府：

　　　　那才是双十节的纪念了！[21]

　　由此看起来，对于改良主义者（譬如胡适）的言论也需要作具体的分析，而不应以"先入的成见"出发而作一概否定，因为思想的问题往往是复杂的，简单的定性分析（一般的逻辑推理）难免失之偏颇。

　　不妨顺便说，梁启超同样也是一位典型的改良主义思想家，甚至一度成为革命派的直接的政治对立面。但为什么他的作为改良主义者所作的思想启蒙工作居然主要收效于革命派所领导的实际的革命运动？如果再联系胡适对于辛亥革命的肯定性言论，那么显然值得我们进一步认真深刻地重新思考中国近代史上的"革命"与"改良"的关系问题。

[注释]

① 胡适：《四十自述》，《胡适全集》第 18 卷，安徽教育出版社 2003 年版，下同，第 67 页。案：文中所说的但君，即该校教师中的革命党人但懋辛。《四十自述》还说："二十年后，但懋辛先生才告诉我，当时校里的同盟会员曾商量过，大家都认为我将来可以做学问，他们要爱护我，所以不劝我参加革命的事。"（页码同上）

② 冯自由：《革命逸史》第 4 集，中华书局 1981 年版，第 241 页。

③④ 这两件事，胡适在《四十自述》之第三章"在上海（一）"中有比较具体的回忆。

⑤ 胡适晚年在一次演讲中曾坦然承认这一点，参见《中学生的修养与择业》，该文收入《胡适全集》第 20 卷。

⑥ 参见《胡适口述自传》（《胡适全集》第 18 卷）之第三章《初到美国：康乃尔大学的学生生活》中"放弃农科，转习哲学"一节。

⑦ 胡适：《文学篇——别叔永、杏佛、觐庄》，收入《尝试集》，《胡适全集》第 10 卷，第 69—70 页。

⑧《胡适口述自传》，《胡适全集》第 18 卷，第 190 页。

⑨（台湾）中央研究院：《祭文》，转引自《胡适之先生纪念集》，台湾学生书局 1973 年 9 月再版。

⑩ 胡适：《中国新文学大系-建设理论集-导言》，上海良友图书印刷公司 1935 年 10 月初版，第 16 页。

⑪ 胡适日记：（1912 年 11 月 10 日），《胡适全集》第 27 卷，第 222—223 页。

⑫ 李泽厚：《梁启超王国维简论》，《中国近代思想诗论》，人民出版社 1979 年版，第 427 页。

⑬ 参见《东京军国民教育会》，冯自由著《革命逸史》初集，中华书局 1981 年版，第 112 页。

⑭ 胡适：《孙逸仙》（1944 年），《胡适全集》第 19 卷，第 686 页。按：这里所说的"政治统一"系指当时国共两党组成的民族统一战线，合作抗日。

⑮ 胡适日记：《所谓爱国协约》（1914 年 11 月 6 日），《胡适全集》第 27 卷，第 547 页。

⑯⑰ 胡适：《四烈士冢上的没字碑歌》，收入《尝试集》，《胡适全集》第 10 卷，第 138—139 页。

⑱ 胡适:《文学改良刍议》,《胡适全集》第 1 卷,第 8 页。

⑲ 胡适:《四十自述》,《胡适全集》第 18 卷,第 126 页。

⑳ 胡适:《欧游道中寄书》,《胡适全集》第 3 卷,第 52 页。

㉑ 胡适:《双十节的鬼歌》,收入《尝试集》,《胡适全集》第 10 卷,第 144 页。

胡适的思想文化人格

中国现代知识分子的"思想文化人格"

笔者已撰文专门考释"人格"概念，并且提出了社会知识分子的"思想文化人格"的命题。笔者认，人格属于道德的范畴，乃是人的精神世界（思想观念、性格特征、道德品质等）在其具体的人生活动（言行举止）方面的一种综合性体现，或曰个人在各种社会活动中自然流露出来的足以体现其思想风格、精神状态特征的道德品质。人格意识的确立，表明了人类思想文明的重大发展与进步。人格通常可分为两大层次："基本人格"和"社会人格"（又可析出"政治人格"和"普通人格"；也涵盖所谓的"职业道德"），而由于知识分子作为社会阶层及其社会活动内容的特殊性（大多从事职业性的思想学术文化和科学技术工作），所以除了与其他阶层人员那样具有共同的"社会人格"现象外，事实上还有着为他们所特有的另一类型而又自成体系的人格现象即"思想文化人格"。这种

"思想文化人格"，在人格的层次与内容构成方面具有综合性、集大成式，人们常说的所谓以"学风"问题为核心的"学术道德（人格）"，显然也为其所涵盖。因此，"思想文化人格"充分体现了知识分子整体性的社会政治人格的个性特点与风格特征，其作为全体社会成员中的人格形态最高层次，当是一般的社会政治人格与狭义的道德品质素养的有机结合，也是梁启超所说的"公德"与"私德"的和谐统一。①

本文即对中国现代知识分子的"思想文化人格"问题作个案考察，之所以选择胡适为考察的具体对象，主要考虑到胡适作为中国现代知识分子的代表性人物，在人格问题上具有充分的典型性。如：

胡适具有明确的人格意识，既有大量的学理性表述，又有实践中的身体力行；

胡适一生活动中所表现出的人格特点，尤其是在长期的职业性的思想学术文化活动中（主要形式如教学、著述、编辑、翻译等，广泛涉及了文学、语言学、史学、哲学、新闻学和教育学等学科领域）所流露出来的各种鲜明的人格形象，更是充分呈现了知识分子的"思想文化人格"诸要素以及体系上的完整性特点；

胡适对于"思想文化人格"的践行，虽然大体上具有模范性，但也自有某种历史局限性；

重要的还在于，胡适的文化人格特点，事实上又深刻的触及了从学理上考察人格问题（尤其是现代知识分子的"思想文化人格"问题）的许多难以回避的重要而复杂的课题，以致持不同意识形态的人们对于胡适的思想文化人格的性质特点及其社会影响和历史地位问题，形成了某种特别的认识。例如，在二十世纪二十年代，"五四"新文化运动的反对派的代表性人物，曾酸溜溜地指斥当时的青年学生"以绩溪为上京，以适之为大帝"②，无独有偶，在二十世纪五十年代开展的那场至今看来缺乏严谨的科学性的"胡适反动思想批判"运动中，其具体的组织领导者中也有人愤愤不平的指出胡适思想"在不少的一部分高级知识分子当中还有着很大的潜势力……在某些人的心中胡适还是学术界的'孔子'"③。如此现象，显然折射出了中国现代思想文化史上的若干令人寻味的问题，有必要予以适当的解读。

顺便指出，在近四十年来的重新科学评介胡适的过程中，有的学者似乎也触及了对胡适的人格问题的研究④，虽然尚是初步的，但也值得珍视。本文拟在这样的基础上，主要根据笔者本人对"文化人格"概念内涵外延的科学界定意见，专门集中评述胡适的"思想文化人格"精神及其具体表现形态，而其实证事例，则依据国内学术界已发掘整理的可靠的胡适传记资料。⑤

胡适思想文化人格的构成与特色

胡适（1891—1962），字适之，安徽绩溪人，现代中国著名诗人、学者、思想家。早年在家乡接受传统的旧教育，1904 年到上海后开始接受"新学"，1910—1917 年间留学美国，先后毕业于康乃尔大学（本科）与哥伦比亚大学（博士研究生）；1917年归国后，长期从事现代思想学术文化教育活动，曾任北京大学教授、教务长和校长、（上海）中国公学校长，以及（台湾）中央研究院院长。胡适也一度涉足国内政治活动和国际外交活动，抗战时期曾出任中国（国民政府）驻美大使，战后又在一定程度上参与了联合国创建活动。

由于胡适曾积极倡导"五四"新文化运动（含"文学革命"运动），后又组织领导了英美派知识分子的相关重要活动（如创立"新月社"并出版《新月》杂志；又召集同人编辑出版《独立评论》杂志等），另外与国际学术界（汉学界）也有密切交往（曾多次出席国际学术会议）。惟其如此，胡适被中外文化界公认为现代中国自由派知识分子的精神领袖、现代中国思想学术文化界的首席代表。

在笔者看来，根据上文提出的对于知识分子的"思想文化人格"所包含的特定的基本内容与性质的几个具体层面的理解，具体考察胡适的实际人生活动（主要是职业性的学术文化活动），笔者认为，胡适的自成体系的"思想文化人格"，大致有如下几个主要方面的构成要素及其相应的道德特色。[⑥]

思想文化人格的哲学基础：自由主义的"独立人格"论

胡适具有专业的哲学素养，其"思想文化人格"自有扎实的哲学基础，即坚定的信奉自由主义原则，由此强调必须保持个人的"自由独立的人格"（主要体现为人身自由和思想言论自由）；从消极角度说，即是反对各种形态的专制主义、反对超经济强制的人身依附关系。在胡适看来，社会的最大罪恶是剥夺人的自由、摧残人的个性，不使他自由发展；而作为现代人，自身也必须摆脱奴隶意识，首先"把自己铸造成器"，敢于争自由、争人格，而争"个人的自由"和"个人的人格"，实际上就是"为国家争自由""为国家争人格"，因为"自由平等的国家不是一群奴才建造得起来的！"至于对于这种"独立人格"的思想内涵的理解，胡适还从积极的角度称之为"健全的个人主义"，并强调说：其有两个侧面的表现形态，一是如同挪威剧作家易卜生的剧作《玩偶之家》女主人公娜拉所声称的那样，"我就是我自己，要为自己的事做主"；二是如易卜生另一剧作《国民公敌》主人公斯铎曼医生那样，敢于坚持个人正确的意见而不屈从各种打击迫害，即使被人视之为"国民公敌"也在所不惜，冈为他相信坚持真理的"孤独者"，"才是世界上最有力量的人"。总之，胡适强调："社会国家里没有自由独立的人格，如同酒里少了酒曲，面包里少了酵，人身上少了脑筋，那种社会国家决没有改良进步的希望。"（参见《易卜生主义》《介绍我自己的思想》）

由此看来，胡适之所以能够在倡导"五四"新文化运动中面对反动势力的政治高压以及各种文化保守主义者的强烈攻击而绝不动摇，以及之所以敢于主动发起"人权与约法"的政治性论争，以及晚年定居台湾后仍不时批评当局的专制主义统治等等，其一贯的思想前提就在于深切认识到"思想信仰的自由与言论出版的自由是社会改革与文化进步的基本条件"。（《我们必须选择我们的方向》）胡适曾说过，"我们这个国家今日所缺少的是有力量的诤臣义士"，（《为学生

运动进一言》）直到晚年还有针对性的表彰本民族古代知识分子的
"争自由的宣言"——"宁鸣而死，不默而生"。（《"宁鸣而死，不
默而生"》）这又表明了其"自由独立的人格"的思想基础。

思想方法：实事求是的科学精神

胡适深受以杜威为代表的美国实用主义哲学思想的影响，但
是，他作为中国的实验主义者，从中国思想文化界的实际情况和现
实需要出发，主要是从思想方法论的角度予以接受的。换言之，他
始终倡导并践行的，乃是他的有着自己独特理解的实验主义的思想
方法论，而其核心内容则是集中在反迷信、反盲从，提倡科学的怀
疑、批判态度和求实精神，又针对民族传统思想的某种弊病而强调
反对"目的热"和"方法盲"现象等诸端，归结为一点，就是实事
求是的科学精神。

例如，胡适睿智地指出："不肯用气力，不肯动手脚，不肯用
自己的耳朵眼睛而轻信别人的耳朵眼睛，话到归根，还只是无为的
思想方法"（《从思想上看中国问题》）；"这种懒惰下流不思想的心
理习惯，是我们的最大敌人……万不可容纵这个思想上的敌人。因
为在这种恶劣根性之上，决不会有好政治出来，决不会有高文明起
来"（《致李幼春、常燕生》，1929-7-1），"思想切不可变成宗教，
变成了宗教，就不会虚而能受理，就不思想了"（《致陈之藩》，
1948-3-3）。据此，胡适反复强调"科学的思想方法"，其要点即是
"重新估定一切价值"式的"评判的态度"："无论对于何种制度，
何种信仰，何种疑难，一概不肯盲从、一概不肯武断，一概须要用

冷静的眼光，搜求证据，搜求立论的根据，搜求解决的办法"。（《一师毒案感言》）

胡适有时还把这种"科学的思想方法"称之为"科学的态度"，由此还特别强调"证据"意识，谓"科学精神在于寻求事实寻求真理。科学态度在于撇开成见，搁起感情，只认得事实，只跟着证据走。"（《介绍我自己的思想》）

胡适有时还从另一角度解释说："科学之最精神的处所，是抱定怀疑的态度；对于一切事物，都敢于怀疑。凡无真凭实据的，都不相信……怀疑的态度是建设的、创造的，是寻真理的惟一途径。"（《东西文化之比较》）

上述种种，落实到治学方面，就是胡适的一句名言："科学的方法……只不过'尊重事实'、'尊重证据'。在应用上，科学的方法只不过是'大胆的假设，小心的求证'。"（《治学的方法与材料》。）换言之，"什么东西都要拿证据来。大胆的假设，小心的求证。这种方法可以打到一切教条主义、盲从主义，可以不受人欺骗，不受人牵着鼻子走"。（《就任中央研究院院长典礼致词》）

胡适曾说自己的一生的思想文化活动是"围着'方法'问题打转的"，（《介绍我自己的思想》）的确如此。

在社会政治活动中，他正是凭借这样的"科学的思想方法"坚守了本人的自由主义立场；而纵观胡适一生的学术文化活动，尤其是在其中占很大一部分的文史研究（胡适称之为"整理国故"）工作中，更是完全践行了如此"科学的思想方法"，并取得了不俗的成绩，例如对于"新红学"的创立、"疑古学派"的形成、"白话

（国语）文学史"的梳理、"禅学史"的研究等等，均是中国现代学术文化史上的大手笔。

具有"文化使命感"特色的社会责任感（包括社会服务牺牲精神）

胡适具有强烈的社会责任感，可贵的是，作为社会公共知识分子的代表性人物，他对如何践行本人的社会责任感（包括社会服务牺牲精神）的问题，结合社会、国家、民族的实际情形和知识分子的职业工作的特点，具体理解为一种"文化使命感"而付诸活动。[⑦]

在践行文化使命感的问题上，胡适的人格形象特别鲜明。如：正是考虑到辛亥革命后中国思想文化界的实际局面，"故国方新造，学以济时艰"（《尝试集·文学篇》）胡适才义无反顾地回国投身"五四"新文化运动；也正是为了推动"五四"新文化运动的深入，他又采运用各种文化形式全面参战，尤其是自觉担负起了社会指导的职责；而在"九一八"事变后的民族抗日救亡运动期间，他又主动联络友人，挤出时间，自掏腰包，编辑出版《独立评论》，以"负责任"的态度"说老实话"，由此积极影响民众。在这期间，所谓"胡适之做礼拜"事件（即主动向社会宣布承诺：每星期天上午在米粮胡同的私宅接待任何身份的来访者、回答他们的问题），最具典型意义，此乃现代中国的一个文化创举。

理智的文化心态

由于践行"科学的思想方法"，胡适在所有的社会活动乃至思想文化活动中，都能够保持一种理智的文化心态，这在整个现代中国思想文化界普遍呈现出急躁的乃至过于激进的文化氛围下，更显可贵。

例如，在当时中国知识分子无法回避的"中西文化观"问题上，胡适持清醒的"民族文化反省"立场⑥，即反对夸耀"遥远的光荣"，而老实承认本民族文化在近代以来处于落后乃至"事事不如人"的现实，由此主张以"知耻近乎勇"的态度，认识虚心采纳学习西方文化的必要性和迫切性。胡适同时也曾多次辩证地分析指出，如此做并非丧失"民族自信心"，而恰恰是强调把民族自信心建筑在坚实的基础上、确立追赶先进的西方文化并创造民族新文化（新文明）的最终目标。应该说，胡适这方面的体现了"深刻的片面性"和"片面的深刻性"相交织的言论，虽然当时并未为更多的国人所理解，甚至引起过严重误读，但胡适却是始终坚持的，直到他去世的半年前，仍然以此提醒国民说："我们东方人也许必须经过某种智识上的变化或革命。"（《科学发展所需要的社会改革》）。

在胡适一生的学术文化活动中，与各种文化保守主义者反复进行激烈的不妥协的论争，是一个重要的侧面，而支持他的，或曰他所依凭的，从根本上说就是这样一种作为一个深沉的爱国主义者所特有的健康的文化理性。

还值得一提的是，胡适的文化理性也使得他在对待文化问题上能够摆脱意识形态的藩篱而采取客观公正的自由主义立场与态度。如他虽不认同马克思列宁主义，但却充分肯定以列宁为代表的"当日在西伯利亚冰天雪地里受监禁拘囚的十万革命志士"作为"新俄国的先锋"的"爱自由、爱真理"的精神，同样也赞颂中国的"共产青年"的英勇不屈的革命精神。(《个人自由与社会进步》)另外,他虽然对共产党执政的新中国持敌对态度,但仍然啧啧称赞新中国在文字改革(简化汉字)方面的成绩,也才能够承认新中国知识分子在学术文化研究方面所取得的成绩(如钱锺书的《宋诗选》等)。

以端正学风为核心的从业精神、敬业态度

以知识分子而言,学风最足以反映其个性,而胡适的高尚的文化人格在学风上的反映也是非常显著的。胡适治学基本特点之一,乃是重视方法论与秉持优良学风互为表里,而其优良学风的具体表现大致可以概括为:学习刻苦、认真、踏实,不是浮光掠影、浅尝辄止,由此掌握广博的知识面,形成合理的知识结构,追求厚积薄发;进而则自觉训练学与思的同步,用心用力,勤于钻研、敢于怀疑,又善于提出问题与解决问题;这些再与科学的思想方法相结合,于是使得学风严谨、扎实。例如,胡适在治学中非常重视证据,主张"有一分证据说一分话","严格的不信任一切没有充分证据的东西"(《胡适演讲集·治学方法》),而前提却是严格拷问"证据"本身的可靠性,主张必须追问:"(1)这种证据是在什么地方寻出的?(2)什么时候寻出的?(3)什么人寻出的?(4)地方和时候上看起来,这个人有做证人的资格吗?(5)这个人虽有证人的资格,而他说这句话时有作伪(无心的或有心的)可能吗?"(《古史讨论的读后感》)这就是胡适所谓的"做学问要于不疑处有疑。"(《致白薇》,1930-4-14)另外,虽然胡适也多次强调治学中的"大

胆假设"的意义，但他同时却严肃指出，"假设"须接受科学的检验（即经过"实验"），以"限制那上天入地的妄想冥思"。（《杜威先生与中国》）

由此也可以说，胡适后来反复强调治学方法的"勤、谨、和、缓"的"四字诀"，其实也融入了其个人平生所坚持的那种严谨学风的体会。中国现代学术史上有一实例：在当年的一场关于"蒲松龄的卒年"的学术争论中，正是胡适的建立在严谨学风基础上的学术判断，最终为新发现的地下文物资料所证实。⑨这是很能说明问题的。

易言之，胡适的这种优良的端正的学风，从根本上来说也体现了知识分子的一种可贵的文化从业态度、敬业精神——大匠不示人以朴。

胡适的学术文化活动的主要的形态之一是著述，一生既发表了不少面向社会、与读者作思想交流的政论性文字，也刊布了大量与同行师友切磋研讨问题的专业性学术论著。当年胡适在为自己的第一本文集作序时曾郑重表示："我总算不曾做过一篇潦草不用气力的文章，总算不曾说过一句自己不深信的话：只有这两点可以减少我良心上的惭愧。"（《胡适文存·序例》）可以认为，这正是养成了严谨学风的胡适的思想文化人格的闪光点之一。在"五四"以来的中国思想文化界，著述方面有重大业绩者或许不少，但敢于说这样的话的人无疑委实是少见的。

职业文化活动中的创新精神与创新能力

对于从事职业性的思想文化和学术研究的知识分子来说，其

"文化人格"的高尚性，无疑还应该具体表现为职业文化活动中的创新精神与创新能力。在这方面，胡适的实际表现同样是突出的。

一般说来，胡适对于中国现代文化的建立与发展的独创性的贡献主要有：一是深入倡导语言文字的改革，进一步为建立现代中国社会的统一而便利的思想交流工具奠定了基础；二是从理论与实践的结合上首创"文学革命"，开一代诗风，从而将民族文学的发展引入现代化；三是积极投身并在一定程度上实际引导"新文化运动"，通过在思想文化各领域提出一系列重大的思想文化命题（如反对孔教、倡导新伦理、主张教育改革、提倡妇女解放等等），带动了全民族全社会的思想解放与文化革新；四是通过理论倡导或率先示范，建立了中国现代学术文化的范式（大如实证主义的论文写作方法模式、小至新式标点符号的应用）；五是在一些具体的学术课题研究中，留下了一批富有学术创见的成果，足以启迪后学，如中国古代思想史（哲学史，含禅学史）研究、中国古代文学史和近代文学史研究（含章回小说考证等）、中国古代史研究，以及西方哲学、文学与教育学的研究等。对于一位中国现代知识分子来说，如能在上述各项中占其一，即堪称优秀、杰出，在学术史上也自有地位。而胡适却是如此"全能"，即使置身董仲舒、韩愈、苏轼、沈括、朱熹、王阳明、戴震等前代哲贤之行列，也可谓有过之而无不及。

处理人际关系方面的民主、平等作风与宽容态度

按世俗的说法，胡适"人缘好"，所以赢得了同行师友弟子，

以及社会各界人士（包括许多不曾相识者）的普遍的好感与尊敬，以致在当时的社会上许多人竟把"我的朋友胡适之"当作口头禅。这种情况令人寻味，其深层次的原因在于，就胡适而言，他不是出于所谓"人情世故"的考虑，有意把"树人缘""结人脉"当作一种功利性的处世哲学而实践，而完全是因为本性善良、心存忠厚，真诚的爱人、尊敬人、相信人、理解人，所以能够时时处处与人为善，他所说的"待人于有疑处不疑"这样的话，尽管经不起"阶级分析"，但作为一种抽象的道德观念，深刻体现了人道主义的博爱精神，那是难能可贵的。

试看胡适的实际处理人际关系的情况，即他在日常的接人待物方面的具体作风——

对于有恩于自己的老朋友（如许怡荪、胡近仁等），他终身感恩怀念；

对于亲密的友人、老同事，他真诚相劝，无论政治性的（如劝周作人离开北平）还是生活方面的（如劝蒋梦麟慎重处理续弦问题）；

对于学术同行（包括前辈，如梁启超、章太炎、王国维等，乃至戴震、全祖望等），始终抱崇敬的态度，从总体上同情与理解他们的思想与学术成就，即使有不同的学术见解，也是严格局限在学理探讨的范围内予以分析，而决不作政治判决或人身攻击（如对李大钊、陈独秀等）；如认为是被诬者，则勇于为之辩白雪冤；

对于学生，他除了学业上认真指导、循循善诱、诲人不倦，还给以工作上和生活上的关心、帮助（如对待傅斯年、顾颉刚、吴晗、罗尔纲等），另外，对于任何学生，他也从不以恩师自居，完全平等相待；

对于文学青年，他一贯热情鼓励、奖掖（如对待康白情、俞平伯、汪静之等），有的还予以多方面的帮助、扶植（如对待沈从文）；

对于青年学人（甚至并不熟识），他也给予的及时的热情援助，有经济方面的（如给留美作家林语堂寄送美元）；也有学术方面的（如将《红楼梦》的珍稀版本材料借给吴世昌）；

对于自己的工作助手（如章希吕、胡颂平等），他也完全平等相待，充分尊重他们的人格，也包括尊重他们的学术方面的工作成绩，不敢掠美（如对姚名达）；

对于社会各界请求帮助指导的人们（其中有后来的著名政治家或文学家如毛泽东、郑振铎等），他也无不予以真诚接待，尽可能的提供参考意见，如果面对的是问学者（如当年台北市的一个卖炊饼的袁姓小贩），则更以谦和的态度予以回答。

此外，最值得一提的是对于论敌的态度，尽管胡适的论敌曾对他多有激烈的攻击、谩骂，但胡适并不采取"以牙还牙"的态度，而是尽可能避免正面冲突，至多是视实际情况而温和地作某种书面解释（如对郁达夫、郭沫若），或者有意争取化解矛盾，以"相亲"取代传统的"文人相轻（相鄙）"（如对章士钊）。尤其是对于鲁迅的态度：鲁胡本是同事（任教于北京大学并参与《新青年》编辑）和学术同行（"中国小说史"研究），但鲁迅在思想政治上转向激进后，视胡适为政敌，曾在多篇杂文中刻薄的讽刺挖苦胡适（其中有对胡适思想的曲解），对胡适予以政治性的全盘否定。但在鲁迅病逝后，当有人致函胡适要求其出面组织发起所谓"取缔鲁迅宗教"运动的时候，胡适却在公开的回答中冷静地指出："凡论一人，总须持平。……鲁迅自有他的长处，……说鲁迅之小说史是抄袭盐谷温的……我们应该为鲁迅洗刷明白。"（《致苏雪林》，1936-12-14）这样一种态度，用胡适本人的话来说就是"容忍"——"比自由更重要"的"容忍"精神。（《自由主义》）

"爱惜羽毛"式的自律精神："以期作圣"

胡适有"以期作圣"的家训。⑩受此影响，他在道德人格养成方面的自觉意识较为强烈，有相当的自律精神。可贵的是，这种自律精神是从小培养的、又是注重从小事情一点一滴的做起的，所以胡适生前身后均被人提起具有"爱惜羽毛"的个性特点。例如：

胡适那个时代，为人介绍职业本是寻常事，但胡适长期来坚持做到不替亲朋好友介绍工作，以免对方的朋友为难，据胡适自己说："我四十多年不写荐人的信给任何朋友，这是一种'自律'，我的意思只是要替朋友减轻一点麻烦，不让他们感觉连胡适之也不能体谅他们的困难，也要向他们推荐人"（《致水泽柯》，1961-2-11）对此胡适还有另一解释："我现在的地位不能随便写信介绍工作的。我写一封信给人家，等于压人家，将使人家感到不方便。"（《胡适之先生晚年谈话录》）

胡适的职业工作特点在于与各种图书打交道，但图书在财产性质上有公私之分，胡适也对此区别对待：如是个人的书，常常随意在书上写写划划，但面对属于公家单位部门的藏书，则本着自觉爱护公物的要求不敢在上面任意划写。

胡适出任社会公职时期，在工作作风和生活习惯等方面也十分注意以身作则。如在"中央研究院"院长任上，住所也在院内，因为妻子江冬秀作为家庭主妇为消遣而经常召集友人来住所打麻将牌，为使本单位的工作环境和风气不受影响，胡适就在院外为妻子另外租赁用于打牌的房屋。

胡适每天从事著述，得写许多字，但他却能够"时时刻刻警告自己，写字不可潦草，不可苟且！写讲义必须个个字清楚，免得'讲义课'错认抄错；写杂志文章必须字字清楚，免得排字工人认不得，免得排排错"。（《胡适之先生晚年谈话录》）

作风廉洁，清清白白为人处世，坦然面对名利问题，绝不见利忘义或争名夺利

胡适一度担任公职，难免面对实质上涉及公私矛盾的一些具体问题，但他能够谨慎对待，没有丝毫贪欲，用他自己的话说："我主办公家事业三十余年，向持一个原则，宁可令公家受我一点便宜，且不可占公家一点小便宜。"（《致王重民》，1943-4-23）据此，他曾多次拒绝在他看来按道德属于不应收取的钱款——如当年蔡元培提供的送人情式的"中央研究院"的"特约撰述员"虚衔月俸（每月 300 大洋），国民政府发下的"驻美大使"生活补助费，中国文化教育基金会给予的工作津贴费等。相反的，胡适还有意减少个人的合理收入，如曾多次表示，希望有关出版社对自己的著作用小

号铅字排印，以降低书价、方便读者购买。这在版税制条件下，意味着自觉缩减自己的稿酬。至于他自己掏钱，雇人修建家乡的山路，在当地也传为美谈。

而在对待"名"的问题上，胡适也大致做到不贪图虚名，不沽名钓誉。本来，他早年就暴得大名，虽说毁誉交加，但总的说来还是称誉更隆。胡适没有像其他人那样，为保持自己的声誉而使用各种手法刻意包装自己（包括曲意迎合社会而媚俗媚众之类）。这一点甚至更集中地体现在他的自我评价方面。例如，对于他本人在中国现代思想文化史的实际地位问题，他不曾自吹自擂，一个基本的自我定位，只是"中国新文化运动"中的"一个开路的工人"（《四十自述》），但同时又坦承自己"提倡有心、创造无力"，"但开风气不为师"，至多在有的场合声称"自己的葫芦里也有些东西"，以此表示一定的文化自信。显然，这是一种尊重历史而又客观谦逊的自我评价，大师风范宛在。

对胡适思想文化人格瑕疵的客观认识

欲全面考察和认识胡适的思想文化人格，似乎还无法避免这样两个问题：

第一：胡适毕竟不是纯粹的经院式的文化人，因为他确实一度与政治走得很近，或卷入过政治漩涡，并担任过重要的官职，这与他的文化人格的表现是一种怎样的关系？或者说，他是如何面对

（处理）政治与学术文化的矛盾的两难的？由此留下了怎样的经验教训或启示意义？

第二：胡适当然也不可能是道德的完人，他在思想文化人格上也有若干瑕疵，今天的人们该如何正确认识这方面的问题？

关于第一个问题，值得作具体分析的是：

首先，胡适参与政治活动的原因何在？是否因为主观上的谋求个人飞黄腾达与荣华富贵？事实证明，并非如此，即胡适参与政治活动多为被动的，主要由于政治当局援引历史经验而对像他那样的"社会贤达"类知识分子的某种借重；其次，政治活动本身也可以分析，有正义与非正义之分、正当合理与肮脏龌龊之别，而胡适参与的政治活动的性质又如何？以胡适一生中的最主要的政治履历看，无疑是出任民国政府的驻美大使。但这是处于民族战争的特殊背景下，用胡适自己的话说：是国家在"战时"对自己的"征召"，所以义不容辞。（《给江冬秀的信》，1937-7-30）既然如此，就不该否定之。当然，从今天看来，胡适也曾参与的一些政治活动似乎不当（如当年出席"善后会议"，又如出席国民党政府的"制宪国大"和"行宪国大"等）。但也应当说，这对于作为政治上的改良主义者胡适来说，主要是属于政治立场与意识形态倾向方面的问题，与人格问题无涉。而且，由于传统的儒家思想影响，中国知识分子历来信奉"修身齐家治国平天下"的理念，甚至中间还难以摆脱的夹杂着封建主义"正统"观念，于是往往把参与某种由当时的"合法"的执政当局所主导的活动（或出仕）理解为践行"社会责任感"。胡适大抵也是如此，这该是属于一般的历史局限性问题，不值得苛求。

还应当说，以胡适的文化个性，以他对"社会责任感"的个性化理解（即主要是"文化使命感"），曾诚勉自己"二十年不入政治界，二十年不谈政治"，那是真诚的，所以一生曾多次婉拒最高当局邀其出任"教育部长""外交部长"一类官职。他虽然有浓厚的"政治兴趣"，但也大抵限于"议政"，而自认最佳途径为"办报"而已。不过，他又有太热切的社会政治理想，尤其推崇欧美民主政治模式，盼望"民主宪政"移植于现代中国。惟其如此，在某种很特殊的政治背景下，他会暴露出政治上天真的一面，如当有人游说其参与"竞选总统"时竟然有某种心动。当然，相较而言，面对政治活动的诱惑，胡适表现出冷静的一面还是基本的，所以直到晚年，他还多次明确拒绝参与"组党"活动，包括拒绝发起组织所谓"第三势力"之类。由此看来，尽管胡适与政治有复杂的联系，但绝非"政客"，"书生"本色尚是保存的，其思想文化人格在整体上也未受玷污。

关于第二个问题

首先应该承认，胡适这方面的瑕疵的确存在，不必掩饰。笔者认为，其主要事实有如下几例：

1. 所谓"假冒博士"问题，尽管梅光迪提出问题是恶意的，但就事实而言，胡适 1917 年归国后即以"博士研究生"的学历而自称"博士"（博士学位因故在 10 年后取得），的确不妥；

2. 蔡元培 1919 年为胡适的《中国哲学史大纲》作序时特别称赞胡适有家学渊源：谓胡适"出生于世传汉学的绩溪胡氏，禀有汉学的遗传性"，这里其实有误，因为绩溪有三胡，胡适的宗族（"明经胡"）与乾嘉时期著名汉学家胡培翚的宗族并无关联。熟悉家族史的胡适本人自然明白这一点，但对此他没有及时作出说明，此后当梁启超等几位中外学者重复蔡氏之说时，胡适仍然未作澄清更正。这显然不是诚实的态度；

3. 尽管胡适在理论上曾"劝告一切学人不可动火气"（《致吴相湘》，1961-8-4），对自己却没能完全做到，如在鲁迅逝世后致苏雪林的信中，虽然提出了著名的"持平"论，但行文中不经意地出现"鲁迅猎猎攻击我们"的谩骂式语句，可谓有失君子之风；

4. 抗战胜利后，曾经"附逆"的周作人受审时，请求胡适为之开脱，胡适居然也有相应言论。这显然有徇私之嫌，至少是不慎之举。

5. 对于大陆学者的批胡文章，当被问及"难道没有一点学问与真理"时，胡适回答说"没有学术自由，哪里谈得上学问"。这种态度也是"动火气"的表现，显然缺乏对于问题的具体客观分析的态度，也是缺乏学者应有的自省精神的。

6. 晚年在等待"雷震案"问题上，其"仗义执言"的力量无疑不足。

以上几点，自然都有当时具体的社会政治条件方面的原因，但也确实表明胡适的思想个性有弱点、在思想文化人格方面也有某些不足之处。不过，同时也应该承认，这些均属枝节性节瑕疵，一眚不足以掩大德。

笔者认为，在回答了上述两个问题后，对于胡适的思想文化人格问题的认识，可以获得如下几点简要的结论——

第一，胡适既有自觉的人格意识与高尚的人格目标，又注重实践中的自律养成，他的自成体系而富有特色的思想文化人格，在同时代的中国知识分子中可谓最突出的，也堪称优秀。

第二，胡适一生体现出来的优秀的思想文化人格，是中国传统思想文化中的某种积极成分与西方近代资产阶级的民主主义和自由主义的新伦理道德观念的有机融合，既反映了民族特点，也契合了时代精神。

第三，胡适的思想文化人格的形成，标志着"五四"新文化运动①以来的中国人（尤其是知识分子阶层）的现代道德建设的取得了实际上的优秀成果，并具有典范意义。

第四，依据"道德的抽象继承"原理，胡适的思想文化人格的基本方面完全值得肯定，它或许在一定程度上可以被改造成能够为今天的"社会主义精神文明建设"的可吸纳的成分。

[注释]

① 拙文《释人格》，原系本文的导论，因篇幅过长故作为独立文稿待发表。

② 参见章士钊：《评新文化运动》，原刊《新闻报》1923 年 8 月 21—22 日，转引自《中国新文学大系》之《文学论争集》（郑振铎编，上海良友图书出版公司 1935 年版）。

③ 参见《中国科学院郭沫若院长关于文化艺术界应开展反对资产阶级错误思想的斗争对〈光明日报〉记者的谈话》，《光明日报》1954 年 11 月 8 日。

④ 如沈卫威著《文化·心态·人格——认识胡适》（河南大学出版社 1991 年版），可惜该书虽然在书名上标示出"人格"一词，但全书所收入的各散篇

文章，还只是对胡适的某些思想个性的心理特征作一般化的分析、解读，伦理学的学理深度似乎不足。又，耿云志编有《胡适语萃》（华夏出版社1993年版），该书虽然没有特别揭示出"人格"或"文化人格"的概念，但编者从胡适的全部著述中完整系统地辑录了足以体现胡适"文化人格"特征的一系列语录，这不仅为专题研究胡适的"文化人格"做了资料性的基础工作，而且书中的《编序》一文所论，以及对于胡适语录所作的分类编排并编拟标题，实际上也具有专题研究的性质和形态，对于笔者撰写本文起到了启示作用。特此说明并向耿先生致谢。

⑤ 这方面的资料除了经过全面整理的《胡适全集》（安徽教育出版社2003年版）之各卷文字外，主要还有：

胡颂平著《胡适之先生年谱长编初稿》（台北，联经公司，1984）

胡颂平辑《胡适之先生晚年谈话录》（台北，联经公司，1984）

唐德刚编译注《胡适口述自传》（台北，传记文学出版社，1981）

唐德刚著《胡适杂忆》（台北，商务印书馆，1980）

耿云志编《胡适遗稿及秘藏书信》（黄山书社，1994）

本文所列举的有关胡适的文化人格的例证材料，均出自以上资料文本。但为了行文的简洁，不一一标示书名与页码；所引用胡适的言论，仅标示篇名。另外，有关例证材料，行文上一般也只是予以线索性提示，点到为止而不作具体展开。

⑥ 本文把胡适的思想文化人格的形象，分析归纳为九个方面，其中一至四项是纲领性的，且有逻辑上的递进关系；而五至九项大抵是并列的几个子目。两方面合起来则在事实构成较完整的体系。

⑦ 关于胡适的"文化使命感"问题的深入的探讨，参加拙稿：《论胡适的文化使命感》，《徐州师范大学学报（哲社版）》2011年第3期。

⑧ 关于胡适的"民族文化反省"问题的深入分析，参见拙稿：《论胡适的"民

族反省"思想》,《胡适研究丛刊》第一辑,北京大学出版社 1995 年版。

⑨ 关于这一争论的具体情况,可参见拙稿《鲁迅讥评"胡适之法"的几个问题》,《鲁迅研究月刊》2001 年第 12 期。

⑩ 胡适父亲胡铁花信奉理学,著有《学为人诗》(其中有"以学为人,以期作圣"等句),胡适的私塾教师曾以此为教材。参见胡适《四十自述》。

⑪ 五四新文化运动的思想要旨之一,用陈独秀的话来说,期望以青年为主体的国民本着"最后觉悟之最后觉悟"(即"伦理的觉悟")而自觉改变文化心态,陈独秀当时所提出的一系列要求(如《敬告青年》的六条:"自主的而非奴隶的""进步的而非保守的""进取的而非退隐的""世界的而非锁国的""实利的而非虚为的""科学的而非想象的"),其实都属于人格道德修养方面的问题,而归结点则是提倡"存国民一线之人格",即"独立自主之人格"。(《我之爱国主义》)

胡适本人是怎样谈论"主义"的?

[研究提纲]

众所周知,胡适在五四新文化运动的高潮中,提出过一个著名的政治命题:"多研究些问题,少谈些主义",当即在五四新人物的阵营中引发了激励的争论。①应该说,对于这样一个社会历史文化事件,学术界的认识是有很大歧义的,而且,它同时作为自 20 世纪 70 年代末以来所形成的"重新科学地认识胡适"的专题学科中的一个无法绕开的问题,几十年过去了,在实际上也没有得到更深入的考察、研究,以致也谈不上真正形成科学的结论而为大多数研究者接受。

笔者认为,这一问题似乎还可以搁置一下,但另一个相关的问题却值得提出来予以讨论,即胡适本人虽然在理论上明确主张"多研究些问题,少谈些主义",但从他一生的思想活动(具体体现为其所留下的一套《全集》的一千余万言的中外文著述)来看,矛盾的是,其实胡适作为一个受过严格的哲学训练的思想家、学者,本是喜好也是习惯于大谈"主义"的。那么,怎样认识胡适表现在这一方面的言行矛盾? 或者再稍稍深入一步，较具体的考察胡适本人曾经如何大谈主义的基本情况以及相应的原因、相应的特点等等，该是一个更具有丰富复杂的文化内涵的也是饶有趣味的学术课题，因为通过对于这些问题的探究，无疑有助于加深人们对于胡适生平思想的更为完整的认识。顺便说明：笔者曾表示在写完《论胡适的思想文化人格》一文后不再"炒冷饭式"写关于胡适研究方面的论文，现在正是考虑到上述这一点，深感有必要再补充做这一课题研究，但由于本人已经年衰体弱，而又学力不逮，所以决定本文采用"研究提纲"的形态，意在先提出研究课题的逻辑思路，主要内容观点和材料的基本线索等，希望后来青年同行（如文史哲有关专业的研究生）在此基础上做更深入系统和完备的研究。

"主义"释义与胡适个人的特别理解

1."主义"的语词学性质以及概念内涵

"主义"为近代汉语中的双音节的词汇，属于 19 世纪末由日本引进的西学新名词之一；其本身也是西方近代社会政治文化术语（英语）中的译名词。

此外，在西语中，其词根（－ism）可以派生构成同类词汇，翻译为中文（现代汉语），其中的"主义"的词素部分同时还具有后缀词的性质意义，由此构成许多逆序词。如：主观主义、物质主义、沙文主义、世界主义……而且，这一词根（后缀词）在一定范围里，语意还大致与"论"或"观"可以置换和通用，如：唯心论—唯心主义。

至于"主义"这一词汇的具体的语义即概念内涵，一般可以分析为如下几层：

（1）本义是：作为观念形态之一，其一或指称（命名）一种人们所认识的自然或社会文化方面的具有系统性的重大的思想理论学说（含假设）。如：个人主义、达尔文主义、马克思列宁主义等。其二或指称（命名）那种具有特定内涵的社会政治经济文化的制度等，如：资本主义、社会主义、帝国主义、法西斯主义等。

（2）作为引申义，主要指称一种人生态度、思想作风或具有某种鲜明的倾向性、标志性的行为特征，如：功利主义、乐观主义、官僚主义、冒险主义等。

（3）从民间的通俗语言活动实际情况看，还被普遍借指为人的思想信仰（这一点又通常被引申理解为"真理"）、道德规范（如"英雄主义"）和行为特征（如"老好人主义"），以及在具体而细微问题上的意见主张等等，其中的一些词虽然与思想文化领域中的术语在字面上相同，但其实仅限于特定的语境（如：自由主义、浪漫主义等），需作具体分析。

2. 胡适对于"主义"的特别理解

根据胡适的那几篇谈论"问题与主义"的文章，可知其主义观的要点是：

（1）从语词发生学的角度看，主义的初起时"大都是一种救时的具体主张","而传播的人要图简便,便用一两个字来代表这种具体的主张,所以叫他做'某某主义'。"换言之,"主义"作为一个抽象名词,其本身内涵多有不确定性,如光是"社会主义"一词,世人对此就有几十种理解;

(2)所以人们可以把"主义"当作参考资料,而不要挂在嘴上做招牌、做口头禅;

(3)"空谈好听的主义"很容易,"偏向外来进口的主义"没有用,"偏向纸上的主义"也很危险;

(4)总之,研究和讨论具体的问题比"空谈主义"更重要、更有意义;

(5)同时也明确表示赞同"输入(外来)学说和思潮的事业"即"研究主义",但强调对此需要采取"历史的态度"(即三种方法):"一要注意发生某种学说的时世情形;二要注意学说的'论主'的生平事实和他所受的思想影响;三要注意每种学说已经发生的效果。"

3. 由此可见,胡适的主义观含有两个层次,而每一层次中的具体意见也都具有两重性:

(1)在学理层次上,既有合理性成分(即主张和引导理论联系实际,反对脱离实际的教条主义、本本主义,李大钊也敏锐地承认这一点);但也隐含某种绝对化的理念(即过于强调理论与实际的对立而忽视两者的辩证关系,尤其是理论对于实际具有指导意义的一面);

(2)从立论的社会政治语境方面看,虽然作为一种对于盟友的政治提醒多少有一定的积极意义，但也反映出来某种偏颇和消极意义（客观上不利于当时的包括马克思列宁主义在内的新思潮的传播）。

4. 小结：胡适对于"主义"的特别理解，自有其合理性。但他为了阐述本人的论点，对某些问题的发挥是夸张的（如把"空谈主义"现象与"主义"本身存在的问题捆绑在一起），这就有理论上的偏颇。如作进一步分析，可以认为，胡适在这一问题上的表现，其主要原因在于他接受的实验主义哲学思想的某种理论局限。关于这一点，似乎还可以联系到胡适的反对"名教"的思想立场：因为胡适特别强调"主义"的抽象名词性质，又把"空谈主义"视之为类似迷信词语和"标语口号"式的行为。唯其如此，他就会很自然地把一切"谈主义"行为不加分析地看作是"空谈理论"并与"研究问题"对立起来。

胡适本人谈论"主义"的基本情况

胡适一生接触过甚至接受过不少"主义"，其中主要有（个别的没有直接出现在其笔下）：

本民族的古代无神论

达尔文主义-社会进化论

维新主义、改良主义、

　　社会革命论-暴力革命论

　　大同主义-和平主义、非战主义、不争主义

　　卜朗吟主义

　　实验主义-实用主义、科学主义（以上为五四前）

　　激进主义-社会主义、

　　马克思主义、无政府主义、三民主义

　　工具主义-好政府主义

　　自由主义、易卜生主义、工读主义、

　　保守主义、国粹主义

　　封建主义、帝国主义、资本主义

　　......

　　至于胡适本人因对各种主义的不同体认而采取不同的态度（接受或宣传、反对或批评、或其他），主要反映为以下几种情况：

　　1. 作为胡适思想基础的两大"主义"（也是他本人经常向社会做宣传的）：

　　（1）实验主义（杜威主义）

　　胡适服膺科学，特别崇尚科学的思想方法论，又主要是从这一方面去接受实验主义（杜威主义）的，所以在把它当作新思潮向民众作宣传时，也是着眼于此，以此作为有效的破除国人的思想迷信以及"目的热方法盲"的思想理论武器（如他反复介绍"思想五步法"等）。至于他从哲学思想角度宣传实验主义（杜威主义）时，主要限在"认识论"（强调尊重客观事实，一切从实际出发）和

"真理观"（由实践作为检验真理的标准）两端，而这样的思想，在一定程度上显然是与马克思主义的唯物论相通的。

（2）自由主义

胡适崇尚民主政治，对压制人性的一切专制主义深为痛恨。因此，自由主义既是他的最主要的社会政治理念，而且也是他的思想行为的准则，即绝对的主张人格独立、思想言论自由，"宁鸣而死，不默而生"。这样的思想人格特质，在社会政治环境不良的旧中国，无疑是对社会现实的否定，对于追求民主自由的民众的积极的思想引导，客观上也有助于当时的人民革命斗争。不过，正因为胡适对自由主义的理解是绝对化的，对于本人的思想认识也过于自信，所以在开展社会批评活动中，常有"左右开弓"的现象，即除了揭露与批判反动的独裁政治，对左翼人士的进步言行也有某种不当的批评。

2. 胡适最看重的并予以正面的积极倡导宣扬鼓吹的属于五四新思潮范畴的另几个"主义"是：（这也体现了胡适作为五四新文化运动的杰出的启蒙主义思想家的主要功绩）

（1）伦理学：易卜生主义–健全的个人主义；

这方面的宣传主要是引导当时的以青年学生为主体的国人冲破传统的落后的儒家思想的束缚，张扬自由的个性，坚持独立人格，不怕孤立，首先从"海洋沉船"中"救出自己"。即努力把自己"铸造成器"，由此承担起改造国家的社会责任。在这一意义上，胡适甚至强调说"为个人争人格，就是为国家争人格"，因为自由平等的现代国家，不是一班奴才建造得起来的。显然，在五四时期宣传如此思想内涵的个人主义，也是提倡一种"伦理的觉悟"，因此其社会意义是完全积极的。

(2) 社会政治：工具主义-好政府主义

胡适信奉工具主义的政治观，认定政府是社会用来谋最大多数人们的最大福利的工具，人们有权选择好的，抛弃坏的，所以政府应该以建设好政府作为自己的责任。这里反映的是一种改良主义思想，实际上是追求民主主义宪政。

单就社会政治理想来说，其本身自有某种进步意义。但问题在于胡适提倡"好政府主义"之时，正是反动政府推行恶政之日。所以如此宣传非但没有实际效果，而且还有客观上的欺骗性。而这可能是胡适自己意识不到的。

(3) 科学实证主义

胡适对这一问题上的宣传，大致是他的系统的实验主义思想方法论宣传的一个有机组成部分，主要强调的是作为治学方法与态度的科学性和严肃性，即考察研究任何问题，须一切从客观事实（证据）出发，有一分证据说一分话，没有可靠证据支持的，只能存疑；即使是做了"大胆假设"之后，也不能忘了"小心求证"。这些意见其实是西方近代资产阶级哲学社会科学和人文科学研究所奉行的方法论原理。五四新文化运动时期，胡适关于科学实证主义的宣传（同时也在自己的相关著述中鲜明地体现出来），适时地引导了中国传统学术文化研究向现代化的转型，其文化上的积极意义，类似于身体力行倡导自由体白话新诗而开一代诗风。

(4) 文学：写实主义（现实主义）

胡适的基本文学观是崇尚现实主义（写实主义），他对挪威著名剧作家易卜生的"社会剧"作品以及本民族的古代小说经典《红楼梦》的思想内容的积极意义的充分肯定和高度评价，他对西方一批优秀短篇小说的翻译介绍，显然都是着眼于此。重要的还有他的那篇著名的《建设的文学革命论》，通篇以现实主义文学的思想立场提出问题，明确指示了中国现代文学的现实主义的发展方向和途径。唯其如此，稍后他还明确反对所谓"新浪漫派"之类的主张。应该说，这方面的积极意义也值得充分肯定。

3. 胡适在思想上完全信奉，而在长期的系统的实际宣传中却没有明确揭示其名目的一种主义：改良主义。

作为一种政治理念，改良主义是相对于"社会革命论"（或称暴力革命论）的。其思想主旨主是，在不主张从根本上推翻现行的社会政治制度的基础上，采用温和的手段和方法，革除社会弊端，增进民众福祉，推动社会的发展进步。胡适作为真诚的改良主义者，一直不遗余力的宣传改良主义。他多次把改良主义理解为"爱国之士以和平手段改造国家"的主张和行为，同时也为改造国家的理想目标做各种设计，联系到自己的国家，他提出的总目标在于富国强兵，稍具体地说，就是要民族独立、国家统一，生产力高度发展，同时实行民主宪政，民族传统文化通过向西方学习而"再造文明"，国民素质则大大提高，总之完全改变那种"五鬼"（贫穷、愚昧、疾病、捣乱、贪污）并存的现状。显然，这不仅表达了民族资产阶级的政治诉求，也代表了全国民众的普遍愿望，有很大的积极意义。问题在于胡适对于改良主义的宣传有偏颇之处，虽然他在理论上似乎也在一定程度上承认过革命的合理性，但在实际上，对于当时中共领导的人民革命活动的实践是持否定立场的，这主要表现为在二十世纪三四十年代的国内思想文化斗争中，他大致与当时的左翼知识分子持相反的立场。

4. 认为观念本身是不准确的或存在歧义而有所质疑的"主义"：在这方面，胡适除了对"社会主义"表示质疑外，还体现在以下几点：

（1）帝国主义

根据马克思列宁主义的观点，帝国主义是资本主义发展的最高阶段，在国际关系中，它奉行侵略扩张政策，残酷压迫和剥削殖民地和半殖民地国家人民。但胡适否认这样的基本事实：而为某些表面现象（如所谓"慈幼"问题）迷惑，认为帝国主义在殖民地半殖民地的相关活动，不是什么"侵略"，乃是属于一般的经济交流和思想文化输入性质的。由此出发，他明确表示不认可"打到帝国主义"的口号，还认为不能把自己国家的落后归咎于帝国主义的侵略。这的确反映了胡适的政治思想立场的反动性质，但应该说其根本原因在于胡适不懂得马克思列宁主义的基本原理。

（2）封建主义

当时国内左翼和进步知识分子根据马克思主义的基本原理，把"封建主义"理解为人类社会发展史上的一个处于奴隶社会和资本主义社会之间的社会政治体制，其主要特质为地主阶级利用向农民出租土地的方法进行阶级剥削，同时在思想政治方面采取专制主义的高压统治。对胡适来说，同样由于不懂得马克思列宁主义的基本原理，而把"封建主义"与中国历史上曾经出现过的所谓"分封制"

混为一谈，振振有词地说"封建主义早已不存在了"。可以说，这是胡适作为一个思想家学问家因为本身的知识构成的缺陷加上过于自信，而在思想理论论争活动中少有的暴露出来的一个明显错误。

（3）民族主义（文化保守主义）

胡适所处的那个时代，民族主义思潮盛行，左中右各派知识分子往往在各种场合大谈民族主义。但在胡适看来，民族主义思想含有消极性的东西，主要表现为提倡盲目排外，抵制优秀的外来文化（所谓"中国人何必吃外国药"），相应的表现就是以民族自大狂心理而拒绝作必要的民族反省（尤其是文化反省），责人不责己，这种状态无无助于民族进步。因此，胡适在谈民族主义问题时，更注重反对那种狭隘的民族主义，也有针对性地纠正某些知识分子在宣传民族主义问题时存在的一些偏颇（如掩饰社会的弊端、粉饰太平之类）。

应该说，胡适所指出的民族主义思想的保守性问题的确存在的，因此，胡适在宣传民族主义思想时如此提出问题和分析问题，自有合理性，基本意义也是积极的。如果说胡适在谈论民族主义的问题上也存在一些缺点，这主要是：在与论争对手的争辩过程中，有时曾被逼得说过几句过于偏激的话，客观上有损于民族自尊心。

5.胡适有意回避不谈的主义，主要是：

（1）三民主义

1920年代初，曾有国民党方面的友人向胡适赠寄孙中山的著作，请求推荐介绍给社会。胡适很快写作和发表了书评。但这篇书评文字只谈语言问题，毫不涉及对孙中山三民主义思想的评价。这表明胡适对三民主义思想持保留的态度（事实上后来还有所批评）。

（2）布尔什维克主义

在"问题与主义"的论争过程中，李大钊曾明确表示自己爱谈布尔什维克主义，而胡适随后发表的文章，并不涉及对布尔什维克主义的评论。胡适回避这一敏感话题，可能出自这样的考虑：紧扣论争的主题（主义与问题的关系）而不节外生枝，使论争复杂化。而事实上胡适对布尔什维克主义有自己的看法（后来曾在多处论及）。从当时的语境看，胡适如此做法也值得理解。

（3）唯物主义、唯心主义

胡适是哲学的科班出身，而唯心、唯物又是哲学的基本命题，一般哲学家对此不可能采取基本上回避谈论的态度。而胡适确实是不喜欢谈唯物与唯心问题的。这其实反映了胡适作为哲学家的个性特点，即在哲学思想领域，更关注的是方法论，而并非是对思维逻辑的定性划分，而这从根本上表明胡适对于实验主义思想体系的特别理解（即反对繁琐的经院哲学的那种拘泥于抽象概念辨析的教条主义倾向）。因此，胡适这样的做法，也有可理解之处。

6. 出自意识形态的对立而产生曲解的"主义"是："马克思主义"

前文已指出，胡适对马克思主义理论并不很熟悉，也缺乏像个别反共思想家那样对马克思主义原理的基本理解。所以，为了藏拙，他通常不谈论马克思主义。但他偶尔也谈起，具体的评价意见既有由某种思想隔阂引起的曲解，也有某种客观平实的肯定。如他指出：马克思主义的"阶级战争说，太偏向申明'阶级的自觉心'，一方面，无形之中养成一种阶级仇视心，不但使劳动者认定资本家为不能并立的仇敌，并且使许多资本家也觉劳动者真是一种敌人。这种仇视心的结果，使社会上本来应该互助而且可以互助的两种大势力，成为两座对垒的敌营，使许多建设的救济方法成为不可能，使历史上演出许多本不须有的悲剧"；但胡适同时也明确的肯定马克思主义的"唯物的历史观"，"指出物质文明与经济组织在人类进化社会史上的重要，在史学上开一个新纪元，替社会学开无数门径，替政治学开许多生路：这都是这种学说所含意义的表现，不单是这种学说本身在社会主义运动史上的关系了"。这表明，胡适是从政治自由主义的立场来认识马克思主义的，与那种完全因意识形态的对立而采取反共立场的人有所不同。

胡适谈论"主义"的主要特点

综上所述，胡适在谈论各种"主义"的时候，体现了他作为一个启蒙主义思想家的社会责任感和作为优秀报人和新文学家的职业能力水平的结合。如作稍为具体的分析。可以认为大致有如下一些特点（凡熟悉胡适著作或演讲稿的读者都能够举例，在此从略）：

1. 有所谈而有所不谈；

2. 有感而发，不是为了趋时、从众、媚俗、赶时髦；

3. 不作纯理论的空谈，多从社会实际出发，结合实际问题而作理论性探讨；

4.立论明确，观点鲜明，不模棱两可，尤其是讲自己衷心相信的话，并非为宣传而宣传；

5.逻辑思路明晰，讲究说服力，不武断，不强词夺理、以势压人；

6.语言有文采，重视修辞，妙语如珠，风趣横生，有艺术感染力。

由此可见，胡适式的思想宣传的总特色是："研究带问题的主义"和"用主义分析具体问题"相结合，显然，这同时也是胡适的"有思想的学术"与"有学术的思想"的一种自然的结合。换言之，胡适之所以也么爱谈"主义"，是因为他把某些"主义"当作广义的思想文化方面的一个具体的"问题"来对待。可以说，这是思想家兼学者于一身的胡适的文化个性特点之一。

余论：胡适为什么不热衷于爱国主义的宣传？

胡适一生的思想活动表明，他无疑是一位杰出的爱国主义者。但是从他一生的著述来看，除了早年在上海编辑《竞业旬报》时期多有鲜明的甚至比较激烈的爱国主义言论之外，而在其他时间段（甚至在五卅运动或抗日救亡运动时期）却少有如此的言论[2]，尤其是几乎不直接、正面宣传爱国主义思想。造成这种情况的原因是复杂的。

首先，为胡适个人的爱国主义思想特征所决定，即他的爱国主义思想意识过于理智和深沉，这主要是强调从根本上爱国，不满足于面对国家危亡的现实而痛哭流涕，或停留在一时情绪上，只表现出"五分钟热度"，而要认识到救国需要从根本上下手，对青年学生来说，则是要下决心吧自己"铸造成器"为国所用；另外，爱国救亡也需讲究策略方法等等，不求一时的痛快式的速决。

其次，从学理角度上看，爱国主义是一个历史性的观念，其具体的思想文化内涵是复杂的多层词的。譬如，首先有古代爱国主义与近代爱国主义之分，尤其是中国古代的爱国主义，其中的"国"的概念，或指分封制下的"诸侯国"（邦国），或指全国处于分裂时期的地方军事武装割据的地方政权，甚至也指少数民族建立的自治性的政治军事实体。因此，胡适对于宣传爱国主义问题持谨慎态度，不轻易发言。

另外，从当时舆论界的实际情况看，虽然右翼左翼知识分子均把爱国主义当作时髦话题，但他们所做的宣传，却都存在着一些偏颇之处：前者往往把古代爱国主义与近代爱国主义混为一谈，由此不仅把封建专制主义时期所谓的正统意识、忠君观念与近代爱国主义相等同，而且还把国家与政府两者也完全混淆，这样所作的爱国主义宣传，在事实上就可能为当时的反动政府张目；至于后者的相关宣传，又过于强调责人而不懂得责己（"把一切责任都推到洋鬼子身上"），拒绝做任何民族反省，甚至还提出过一些明显脱离民族心理的政治口号。对此胡适均表示不满，所以也不愿去接口谈论爱国主义问题，因为在当时的情况下，胡适如果从不同的角度做探讨而提出某些不同的意见，不仅可能引起不必要的争论，而且也可能招致有意的攻击、诋毁。既然如此，胡适的不愿多谈，至多声明一句自己"骨头烧成灰也是中国人",这也就是可以理解的了。

顺便说,欲使得广大人民群众养成爱国主义精神,本不是单靠作宣传教育就可收效的。根本的重要的在于,一国的执政当局必须长期坚持"以民为本"而广施良政,以国富民强的现实赢得国民的拥护,由此使大家从内心感到"国之可爱"和"国之当爱",甘愿承担爱国的责任,不惜为之而牺牲自己的一切。既然如此,对民众作爱国主义的宣传教育虽然是应该的,却不必把这种宣传工作当作空洞的说教或口头禅,诚如先哲有言:"道可道,非常道。"以胡适的睿智,可能也正是从这一角度来理解的吧?

[注释]

① 《每周评论》第 31 号(1919 年 7 月 20 日)发表胡适的《多研究些问题,少谈些"主义"》后,紧接着发表署名李大钊、蓝志先的两篇文章,对胡文提出不同意见,而后胡适再发表了《三论问题与主义》和《四论问题与主义》两文予以答辩。上述文章后来均收入《胡适文存》。(上海亚东图书馆 1921 年版)本文所引胡适的相关文字均从此。而本文作为"研究提纲"对其他的引文材料,不一一注明出处。

② 从全面抗战之初到太平洋战争前的几年里,胡适作为驻美大使,做的主要工作之一是奔波于北美各地,不知疲倦地对各阶层人士做演讲,宣传中国的抗日战争的正义性,争取盟国民众从道义到物质上的援助。而这些演讲的中心主题显然贯穿着爱国主义精神,这是胡适一生中最集中的爱国主义宣传活动。这种情况表明,胡适对于谈爱国主义的场合和舆论环境的合适性问题是特别看重的。

后 记

　　1979 年春以来，国内随着社会政治局面在中共十一届三中全会召开后所发生的急剧变化发展，兴起了一场强劲的思想解放运动，学术文化界的部分有识之士，可谓心有灵犀一点通，则以"纪念五四新文化运动六十周年"为契机，有意把这一运动引入具体的学术研究领域，所谓"重新认识与评价胡适"由此成为一时的学术热点之一，其明显针对 1954 年的那场所谓"批判胡适反动思想"的政治运动，当然也溢出了另一些重大问题。本人因当时已经留在复旦大学工作，有幸接受了这一新的思想文化潮流的冲击与洗礼，当年就写作与发表了研究胡适的论文，由于受到同行师友的鼓励，之后的近半个世纪中，我还结合本人的专业研究活动，继续写了一批涉及"胡适研究专题学科"的若干著述（包括专书与论文）。其中的一些，在发表后也曾发生过一些社会影响。有鉴于此，现在我重新整理，请求上海远东出版社出版。

　　考虑到同行中有"说不尽的胡适"的感叹，所以就借此话为书名——当然或许也有必要加一副题，即"聊备一说的胡适研究"，表示书中所说的乃是本人的一家之言，期待同行师友和广大读者指正。

　　顺便说明：

　　对于已发表过的文字基本不做修改，尽管其中的某些论述留有写作与发表时的某种历史局限性；至于所收论文中的最末一篇，乃是新近才写的（且采用"研究提纲"的形式），因为我感到有必要补收这样一篇。

　　全书各篇大致按写作与发表的时间先后为序。卷首的那篇《我与胡适研究》，本是用作在学术同行圈子里交流情况的，现在移来作为本书的代自序。

朱文华

2021 年 12 月 17 日

写于上海市宝山区高境庙镇寓所